거울과 유리창

박명순 평론집

도서출판

첫판 1쇄 펴낸 날 2024년 8월 30일

지 은 이 · 박명순
발 행 처 · (재)공주문화관광재단
펴 낸 이 · 유정숙
펴 낸 곳 · 도서출판 등
기   획 · 유인숙
관   리 · 류권호
디 자 인 · 김현숙
편   집 · 김은미, 이성덕

ⓒ 박명순 2024

주   소 · 서울시 노원구 덕릉로 127길 10-18
전   화 · 02.3391.7733
이 메 일 · socs25@naver.com
홈페이지 · dngbooks.co.kr

정 가 · 18,500원

■ 본 도서는 (재)공주문화관광재단(대표이사 : 김지광) 사업비로 제작되었으며, 「2024 공주 올해의 문학인」 선정 작품집입니다.
■ 이 책은 저작권법에 따라 보호받는 저작물이므로 무단 전재와 무단 복제를 금합니다.
■ 이 책의 전부 또는 일부를 이용하려면 저자와 도서출판 (등)에 동의를 받아야 합니다.

작가의 말

01

세 번째 평론집을 상재합니다.

글쓰기를 통하여 자기 구원을 찾던 시절이 있었습니다. 그때만큼 굳건하지는 않지만 그래도 믿고 의지하면서 깊은 애정을 쏟을 수 있는 건 여전히 문학뿐입니다. 그렇게 읽고 쓰는 작업이 세상을 바꾸는 힘이 될 수 있다는 생각에는 변함이 없습니다. 다만 지금은 그런 열정들이 내가 갈망하던 삶의 몸짓 이상도 이하도 아니라고 생각합니다. 문장 작업으로 숲과 생명을 가꾸는 행렬에 끼어들어 창窓을 만들고 싶을 뿐입니다.

작가와의 귀한 인연으로 작품을 읽었고 글을 묶었습니다. '작품의 행간을 찾는 눈' 그리고 이정표를 만드는 일이 단비가 될 것이라 믿었던 시간의 흔적입니다. 인식과 표현의 불완전함도 언젠가는 반드시 극복될 것이라 여겼기에 멈추지 않을 수 있었습니다. 시간의 흐름에 의지하면서 여전히 미지의 세계에서 헤매던 흔적이기도 합니다. 그 고독의 도정들이 독자와 마주할 수 있는 연결 지점을 새롭게 맞이할 수 있다면 얼마나 좋을까요.

02

1부에서 다룬 이기영, 신채호, 강병철, 윤정모의 소설 작품론은 감시와 탄압의 시대를 기억하는 힘으로 정리했습니다.

2부에서는 권덕하, 유계자, 박송이, 이선희, 장인무, 임경숙, 오충, 조동례, 황정산, 박용주, 이문복 시인을 호명합니다. 동시대 작가와 호흡하고 그 소중한 인연을 나눈 시간의 흔적에 고마움을 표합니다.

3부에서는 청소년 문학을 담았습니다. 한국문화예술위원회에서 지원받았던 '청소년문학과 노동'이라는 주제로 발표했던 글과 청소년시집 해설을 포함했습니다. 청탁받아 쓴 글 가운데 1부와 2부에 포함하기 애매한 채광석 관련 글 등을 담았습니다.

03

세 번째 평론집 제목을 『거울과 유리창』으로 정했습니다. 이름은 그 자체가 주인공이 될 수는 없지만 존재의 몫을 톡톡히 감당합니다. 제목이 실체를 규정하기도 하고 때로는 실체의 등장만으로도 이름의 의미를 축소하거나 확대하기도 합니다.

거울은 존재를 비추는 반영체입니다. 누구든지 스스로 자신을 마주할 수는 없으므로 거울과 같은 반영체를 통해서만 자신을 만날 수 있습니다. 문학작품은 그 자체로 시대와 사회 그리고 개인의 내밀한 면모를 다양하게 보여줍니다. 그래서 반영의 의미가 그림자를 비춘다는 좁은 시각을 벗어나 세계관과 시대상으로 확장되어 드러냅니다. 그 세계의 테두리에는 '나'도 담겨있습니다.

유리창은 '너머'를 보여주니 '나'와 '너머'의 세계 사이에 함께 존재합니다. 동시에 '나'는 이곳에, '너머'는 유리창 저곳에서 움직입니다. '나'가 관여할 수 없는 그 객관화된 세계를 냉철하게 바라볼 수 있는 눈을 갈망했습니다.

『거울과 유리창』그 균형감각으로 존재하는 비평을 떠올렸습니다. 작가의 내면이나 사회를 반영하는 거울의 관점에서도 유리창이라는 '너머'의 객관성을 중시해야 하겠지요. 하지만 그 균형감각은 영원히 도달할 수 없는 이상일지도 모릅니다.

저에게 모든 문학작품은 거울이며 유리창입니다. 우선 작품이라는 거울을 통하여 작가와 만나고 하염없이 그 안에서 배우고 놀고 사랑하고 새롭게 창안한 세상을 발견하기도 합니다. 작품을 만나는 모든 순간, 또 하나의 거울을 간직하게 되는 기쁨을 특별히 사랑합니다. 한편 저의 선입견과 자의식을 버리고 객관화를 지향하고자 합니다. 하지만 이 노력은 그다지 성공적이지 못합니다. 제가 선택한 거울 속으로 들어가는 일이 너무도 편안하기 때문입니다.

아직은 '기울어진 운동장'처럼 균형감각이 부족하다면 그것은 문학작품도 사람과 같아서 모두에게 균일하게 사랑과 관심을 부여할 수는 없기 때문입니다. 앞으로 저는 유리창으로서의 작품해석에 주의를 기울이겠습니다만 거울로 만나는 작품해석에 더 깊은 공력을 쌓도록 노력하겠습니다.

 문학을 사랑하는 독자 누구나 편하게 읽을 수 있는 평론을 쓰고 싶었음을 고백합니다. 글쓰기의 공간을 마련해준 〈토지문화관〉과 〈연희문학창작촌〉 그리고 담양의 〈글을 낳는 집〉에서의 시간과 진도의 〈시에그린〉 등 아름다운 배경에서의 깊은 인연에 감사드립니다.

2024년 7월 공주에서

차례

작가의 말 / 4

1부 감시와 처벌의 시대

---

14   감시와 처벌의 시대를 기억하는 힘
     _ 강병철 소설집 『열네 살 종로』

36   이기영의 해방 이후 문학에 반영된 작가 의식
     _ 장편소설 『땅』을 중심으로

59   소설가 신채호를 어떻게 읽어야 하나
     _ 「꿈하늘」, 『용과 용의 대격전』을 중심으로

91   금기의 크로노토프에 도전하는 작가 윤정모
     _ 「님」과 『자기 앞의 생』을 중심으로

2부 공명하는 목소리, 거울들

122 그럼에도 불구하고, 화답하는 시
_ 이선희, 『환생하는 꿈』 _ 장인무, 『달려왔습니다』
_ 임경숙, 『모든 날이 첫날이었다』

140 공명하는 목소리, 세 개의 거울들
_ 권덕하, 『맑은 밤』
_ 유계자, 『목도리를 풀지 않아도 오는 저녁』
_ 박송이, 『나는 입버릇처럼 가게 문을 닫고 열어요』

158 잃을 것 없는 사람의 시 쓰기
_ 공감과 소통의 연대를 위하여

170 가장 먼 만행을 꿈꾸다 _ 조동례『길을 잃고 일박』

191 오독과 비문의 틈새로 읽기 _ 황정산 신작시를 읽으며

204 신화적 상상력으로 부르는 현실대응의 노래
_ 박용주의 신작시를 읽으며

217 타자되기의 상상력으로 시 쓰기 _ 이문복『영혼의 뼈』

3부 문학으로 만나는 세상

242 청소년 시인들 그 활발발(活潑潑) 세상
　_ 공주북중학교 공동시집 『꿈꾸는 사막여우』

258 아동문학에서 다루어야 할 '일' 이야기

270 아동 청소년 문학에서 노동의 의미 찾기

315 위기의 시대, 문학은 무엇을 할 것인가? - 채광석

329 아름다운 미래를 위하여

제1부

감시와 처벌의 시대

감시와 처벌의 시대를 기억하는 힘

강병철 소설집 『열네 살 종로』

1. 응답하라, 체벌의 시대여

작가는 '기억의 눈'으로 화두를 던진다. 2023년 겨울에 출산된 소설집 『열네 살, 종로』는 감시와 처벌의 시대를 그렇게 다양한 시선으로 바라보는 것이다. 동시에 '지금은 과연 그 야만의 시국을 무사히 통과했는가?' 물음을 던진다. 형태는 바뀌었지만 여전히 폭력과 감시 속에서 위태롭게 살고 있음에 서서히 감각이 깨어난다. 그 오래된 '길들여진 관성의 늪'에 갇혀 있음을 실감하기 때문이다. 권력 유지의 수단이었던 처벌의 형태가 아날로그 신체형에서 진화한 온라인의 판옵티콘으로 새롭게 변화했을 뿐인 것이다.

50년 세월이 흐른 현재도 그 두려움의 기류는 크게 다르지 않다. 그래서일까, '60-70'년 시대를 호명하는 소설집 『열네 살, 종로』[1]

---

[1] 『열네 살, 종로』, 강병철, 도서출판 등, 2024, 인용작품은 제목만 표기함.

의 인물 군상이 지금도 낯설지 않게 다가온다. 물론 민주화의 성취 이후 인권 감수성이 높아지긴 했지만 분단의 장벽이 여전히 공고하며 기득권의 권력과 처벌의 시스템 또한 복잡다기하다. 그 억압의 동력이 정치적 권력에서 자본과 결탁이라는 새로운 양상으로 이전된 것도 차이점이다.

이 소설은 주로 중등학교 성장기와 군 복무 시기에 초점을 모으면서 당대의 현장 목소리를 담고 있다. 그러면서 과거 완료형으로 사라지지 않고 지금 이 순간에도 우리 사회 곳곳에 남아 있음을 암시한다. 그것은 '적과의 동침'처럼 긴 세월 구조적으로 만연되어 있었던 삶의 양식이었다. 마치 '철갑의 마스크를 뚫은 미세먼지'처럼 온몸 곳곳에 침투당한 느낌이다.

이 소설집은 낱낱의 개별적 이야기라기보다 연작의 형태로 이어진다. 표제작 「열네 살, 종로」는 중학교 시절을 담고 있으며 「반공웅변대회」와 「나는 평화를 보았다」는 고등학교 사춘기의 풍경으로 이어진다. 이후 대학교 진학 이후 문학 습작생으로 일상을 보내다가 군대에 입대한 이야기가 「벙커 작업」에 담겨있다. 그러다가 성인이 된 서술자가 전교조 창립 사연을 이야기하는 쪽으로 세월이 흐르는 것이다. 그러니까 1969년부터 시작하여 '30-40' 년 삶의 이력을 담아 2000년대까지 이어진다.

작품 내용은 크게 두 가지로 나누어 보았다. 하나는 감시와 처벌의 시대를 순응하며 살아가는 당대의 자화상이며 또 다른 하나는 그와 맞서 대항하는 상황에 초점을 맞추어 보고자 한다. 전자에 해당하는 작품으로 「열네 살, 종로」, 「반공 웅변대회」, 「나는 평화를 보았다」, 「벙커 작업」이 있으며 대개 학교와 군대 이야기가 주를 이룬다. 후자에 해당하는 작품으로는 「머리카락 5센티」와 「응답하라 1989」가 있는데 이 소설 역시 시대는 다르지만 학교라는 공간을 중심으로 서사가 펼쳐진다.

그 사연들은 작금의 상황과 많이 다르지만 상식적이지 않은 학교, 학습권과 교권이 확보되지 않은 중구난방의 교실은 유사한 점도 없지 않다. 오늘날처럼 학부모의 요구와 교육권이 첨예하게 대립하고 있는 교육현장 상황에서 '두발 자율화'나 '전교조 창립 현장'의 뒷골목을 마주하는 시간의 의미는 각별해 보인다.

대부분의 등장인물들은 시대의 그물에 덮인 채 운명처럼 감수하며 살아간다. 선배나 기성세대들의 보복에 가까운 폭력을 고스란히 받아들일 수밖에 없는 것이다. 하지만 내면에는 잊지 않아야 한다는 '응시의 눈', '기억의 눈'이 꿈틀거린다. 그리고 폭력과 감시 시스템에서 저항할 수 없지만 굴종을 견디기 위한 웃음을 유도한다. 그 웃음은 통쾌한 한 방은 없더라도 숨을 쉴 수 있는 통로가 되는 만큼 소중한 것이다.

문제점의 자각과 함께 거창한 단체행동을 도모하기도 하지만 상황은 대개 흐지부지 종료된다. 일상의 감시와 폭력에 짓밟히면서 숨죽여 꿈틀거리는 '소리 없는 아우성'의 몸짓, 그것이 소설의 중심 테마이자 메시지이다. 그러면서도 특정 상황에 대한 비판이시으로 시대의 문제점을 고발하는 문체가 얼핏 김유정 소설에 흐르는 해학적 풍자의 분위기로 스치기도 한다. 그것이 문체의 힘이다.

소설에는 그만의 문법과 문체와 이야기 흐름이 있는데 수십 년 동안 오롯이 문장만 다듬으며 살아온 내공이 만만치 않은 것이다. 특히 충청도 서산 태생인 작가는 작품 곳곳에 고향 사투리 대화체를 맛깔스럽게 담는다.

강병철 작가는 운동권 대학생 세대는 아니라고 할 수 있다. 사회과학 서적의 이론적 명료함보다는 문학 서적의 애매성 속에서 자신의 감성을 풀어내는 체질에 가깝다. 그런데 단지 소설을 게재했다는 이유만으로『민중교육』지 해직 교사가 되었으니 감시 시스템의 희생양이 된 것이다. 그 후 4년 가까이 학교를 떠나서 학원과 민주화 세력의 연대 모임을 오가며 살았다. 공립학교로 복직 이후 해직 교사의 이력과 그렇게 만난 인연과 엮이면서 지역사회 운동권의 접장을 역임하기도 했었다. 작품집에 수록된 이야기는 상당 부분 자전적 체험을 바탕으로 하고 있음을 추측할 수 있다.

강병철의 소설은 주인공의 통 큰 움직임보다는 주변 인물이 이루는 섬세한 서사가 중심축을 이루는 점이 특징이다. 서술자나 초점화자는 주인공으로 전면에 부각되지 않는다. 그러므로 단편이나 장편 가릴 것 없이 에피소드의 중첩으로 이어진다. 인물의 갈등이 고조되면서 그 정점에서 반전이 진행되면서 대단원의 막을 이루는 단계는 조금 희미하다. 탄압 주체의 반동인물과 치열하게 싸우다가 쓰러지는 과정도 거의 존재하지 않는다. 단지 무수히 갈라진 샛길이

깊어지면서 조연과 주연이 구분되지 않는 이야기가 실감나게 펼쳐지는 것이다. 그의 소설을 읽으면서 '이렇게 많은 오솔길이 있었구나' 감탄하면서 그 길을 더듬는 즐거움이 큰 이유이다. 인간 군상마다 주인공으로 등장하는 다양한 삶의 길이다.

'60-70'년대에 학교라는 공간에도 군사 문화가 들어왔다. 교련 과목을 통하여 군대식 문화가 등장하면서 그 누구도 이 구조 앞에서 자유로울 수 없던 시국이 되었다. 그런데도 작가는 분노와 좌절의 대응 방식을 은근한 웃음으로 표현하니 생뚱한 문장이다. 중학교 교실의 무능 교사가 등장하고 반공 웅변대회를 열면서 모순과 진정성을 교차시킨다. 당연히 학교는 체벌이 다반사였다. 그 교육을 받은 이들이 나중에 세월이 흘러 교사나 공무원이 되던 풍경은 전교조 탈퇴각서 과정을 통하여 그려진다.

1989년 전교조가 결성되면서 학교는 쌍방향적인 새로운 변곡점을 마련한다. 전교조는 편향된 역사의식을 바로잡고 민주화운동 초석으로서의 사명감을 최우선 과제로 삼았고 이를 참교육이라 명명했다. 작가는 선동하는 인물을 전면에 내세우지 않고 하부구조에서 살아가는 현장의 목소리를 들려준다.

2. 웃음 코드로 그려낸 학교와 군대

작가가 바라보는 현장의 눈은 본인이 체험한 다성성의 층위가 독특하게 담겨있다. 「열네 살, 종로」는 무능 교사를 내세우너 교육 부재 혹은 교사 공백의 문제의식을 메시지로 담고 있다. 관찰자 시점의 중심인물로 등장하는 무능한 교사는 독재 시대 공무원의 표상이 된다. 5.16 군사 정변 이후의 혼란과 그로 인한 교원의 단체 활동 금지가 가져온 고립과 무기력이 만연했던 교육 현장을 증언한다. 정권 찬양에 밥줄을 내걸고 신념을 표출하는 성향도 조금 모자란 듯 표현하면서 연민과 웃음을 유발한다. 수업 시간에 교과서 읽기만 시키는 상업님은

"농사를 지으려면 에―또, 당연히 땅이 있어야 하겠지요? 여러분 그래? 안 그래? 물어보면 대답해야지."

"……니에―. 그렇습니다."

"에 또, 아무리 박사 학위를 받아도 땅이 없으면 농사를 지을 수 없지. 흐음. 석사로는 어림 반푼도 없고."

그렇게 어리둥절하게 대충 넘어가더라도 다음 시간부터 상업 단원 공부를 본격적으로 시도하는 줄만 알았다. 그런데 아이들이 필기에 몰입하려는 순간 상업님이.

"1번."

스승께서 창문을 바라보며 고개도 돌리지 않은 채 번호를 불렀으므로, 1번 성렬이가.

"네?"

뜨악한 표정으로 고개를 들자.

"1페이지부터 읽어."

"1페이지에는 아무것도 없는데요."
― 「열네 살, 종로」 중에서

전편마다 등장하는 교사의 유형은 주로 폭력을 휘두르거나 또는 무능하고 불성실한 인물로 등장한다. 그래서 그의 소설에서 문제 교사는 폭력과 무능으로 나뉜다. 폭력에 익숙한 아이들 역시 때리지 않으면 교사의 가르침을 따르려고 하지 않는 문제점이 있긴 하다. 폭력이 필수가 된 상황에서 교육적 열의를 상실한 교사는 생계의 방편으로 불성실하게 교단을 지킨다. 그 사실을 알리고 도움을 청했지만 아무도 관심이 없다. 동네 머슴 형님이나 대학생 선배들까지 그저 피식피식 웃어버릴 뿐이다.

교장님께 건의하는 과정도 가장 만만한 상업님 하나만 문제 삼을 뿐, 정작 폭력교사의 문제는 아예 거론조차 못한다. "비겁이 아니라 전략이"라고 하지만 "이러저러한 이유로 상업님 혼자 과녁으로 딱 걸린 것"은 근본적인 문제해결의 방책이 전혀 아님을 말해준다. 예나 이제나 만만한 교사가 그 표적이 되는 게 거대한 폭력의 수레바퀴에서 살아남은 우리들의 씁쓸한 자화상이다.

「반공 웅변대회」는 초등학교 이후부터 교내외의 큰 행사로 진행되었다. 반별 예선을 통과하면 학년대회를 치르고 전교대회에서 학교 대표를 선발한다. 그 기간이 한 달 이상이니 반공 글짓기, 표어, 포스터 그리기를 병행하면서 '6월 호국의 달' 특별 기획을 했던 것 같다. 그 와중에 수시로 민중 의식을 떠오르게 하는 문장이 작가의 의도성이다. 가령 최고 대상을 받는 학생은 "나는 공산당이 싫어요"를 외치던 이승복 어린이처럼 주입식 반공 의식을 열변하는 연사가 아니다.

"돛대도 없고 삿대도 없는 배가……."
거기에서 한 옥타브 올리더니.
"가기는 뭐가 잘 가. 아주 작은 풍랑 하나만 만나도 이리 비틀 저리 비틀……."
여기에서 또 한 옥타브 올리다가 눈물을 글썽이며.
"집채만 한 파도 한 방이면 산산조각 박살도 나는 아, 한반도의 5천 년 역사가 바람 앞의 등불처럼 호시탐탐 노려보는 강대국 침략 야욕으로 바람 앞의 촛불이 되었으니."

(중략)

"임진왜란 때 즈이 나라 백성들에겐 목숨을 바쳐 싸우라고 독려하면서 저 혼자 살겠다고 북녘 땅 압록강 너머 몽진길 떠난 태정태세문단세 예성연중인명선의 선, 선, 선, 조선 15대 선조 임금이 그렇고 도적무리 일제 자객들의 작전 명 '여우 사냥' 모리배의 기습 칼날에 가슴 찔려 갈기갈기 강탈당한 채 피를 토한 명성왕후 민비가 그렇지 않더냐고, 이 연사 강력히, 강력히 메시지를 올립니다."

―「반공 웅변대회」 중에서

이렇게 청중의 주목을 끈 연사는 사고의 전환을 불어넣으며 최고상을 받는다. 다음 연사 또한 역사의 주체가 왕이나 관료가 아닌 민중임을 말하니 이것이 바로 작가의식의 발로가 된다.

"그것은 임진왜란 이전에도 있었고 이후에도 살아 숨 쉬던 바로 이 땅의 백성들 그 민초들이니 바로 우리 아버지, 어머니, 형, 누이, 할머니 같은 대한의 백성들 모습이라고……그러니까 나와 너, 여러분, 우리 모두가 이 땅의 주인이라고 이 연사 애타게, 애타게 절규합니다."

– 「반공웅변대회」 중에서

그러나 봉구는 웅변대회 연사로 참석했으나 청중의 주목을 끌지도 못하면서 실망감에 빠진다. 작품의 중심 화자이자 다수 주인공의 한 명인 그의 반응을 통하여 작가는 전체주의가 지닌 모순에 대하여 토로한다. "나라를 지켰다."가 중요한 것이 아니라 "얼굴도 모르는 적군들과 목숨을 걸고 싸워야 하는 구조적 모순"이 더 안타까운 것이다. 왕과 사대부가 역사의 주인공이 아니라면 왜 민초는 목숨을 바쳐야 하는가에 대한 물음은 이 소설에서 작가가 말하고 싶은 강력한 메시지이다.

「나는 오늘 평화를 보았다」는 교련 검열을 받고 준비하는 서사를 드라마틱하게 전개한다. '열아홉의 눈' 들이 예비고사를 달포 남겨

놓고 실시하는 교련 검열 준비 15일간을 기록한다. "교실의 반장 명칭이 운동장에서는 소대장으로 바뀌었"고 "운동장은 연병장이 되었고 경례 구호는 '받들엇 총'이 되었"던 그 시국이다. 소설집 전체에서 중요한 영역을 담당하고 있는 교련 교사와 수업 그리고 검열은 감시와 처벌의 상징이다. 이미 명칭도 군사문화화 되었다.

　작가는 교련 검열 준비를 날짜별 구성으로 진행하면서 긴박감을 부여한다. 군대에서 실시하는 복장, 기물 검사처럼 학생들은 등하교 때마다 두발, 복장, 이름표, 책가방, 운동화를 검열 당하였다. 일반 청년들 또한 예외는 아니어서 '머리 길이', '치마 길이'를 감시당하던 시대이다. 대학교 교문 주변에서 통행인들의 주머니와 가방 속 소지품을 일일이 검사하였다. 작품에서 생략된 시대의 표정은 독자들 각자 상상의 몫이다.

　감시와 처벌의 일상적 강압은 제도권 나름의 규범을 세우기 위한 전략이다. 공정성이나 기준도 없으니 그때그때 기분에 따라서 다르게 적용된다. 신체형은 본보기이자 권력 강화를 목표로 한 체벌이기 때문에 요란해야 하고 소리나 위용이 크고 거창할수록 효과적이다. 끊임없는 감시를 하지 않더라도 독특한 과시행위의 화려함을 통해서 자신의 효력을 계속 쇄신시키기를 모색하는 것이다.

　　연대장의 우레 같은 구령 소리가 카리스마 넘치게 울려 퍼진다. 다시 '연대장→ 대대장→ 중대장→ 소대장' 순서로 복창 소리가 물수제비처럼 넘어간다. 그렇게 두 시간이 지났고.

이제 검열관의 종합평가도 끝물이다. 그가 마이크를 잡는 순간 찬바람이 이마를 '딱' 때렸으니 그게 늦가을의 입문 정표다.

"나는 오늘 제군들의 질서로부터 지상에서 가장 평화로운 표정을 보았다. 여러분이 오늘 흘린 땀방울이 고향의 부모 형제 모두 두 다리 뻗고 편안하게 잘 수 있는 초석이 될 것이며 그게 곧 대한민국의 안보가 된다. 에또 지금은 그런데 친북좌파나……"

- 「나는 평화를 보았다」 중에서

엄격한 감시란 교정훈련의 일환으로[2] 당시 학교 교련검열 현장은 군대식 훈련의 맥락에서 기획되었다. 그 최일선의 담당자로 교련 교사 '노 대위'가 전형적 인물이다. 교사들마다 정도의 차이가 있겠지만 학생이 볼 때는 폭력을 사용하느냐 아니냐의 차이가 있을 뿐 교육자로서의 의지나 신념을 표출하지 못한다. "멀쩡한 하이칼라를 던지고 군인 흉내를 낸다"고 희화되거나 "멍 때리는 케이스 해마님(윤리, 49세)은 학교마다 하나씩 존재하는 '미친개'나 '독사'의 전형"이며 감시 시스템 구축에 전력하는 학교의 상황을 증언한다고 보여진다.

특히 남자 학교에서는 왜 그토록 폭력 교사가 난무했을까. 작가는 성희롱, 폭력, 무능 교사의 다양한 표정에서 이런 풍경들이 특별 상황이 아닌 일상적 모습임을 형상화하여 보여준다. 그의 소설 『토메

---

2) 푸코, 『감시와 처벌, 감옥의 탄생』 미셸 푸코 지음, 박홍규 엮음, 강원대학교 출판부, 1989. 226쪽

이토 포테이토』, 『닭니』 등에 빈번하게 등장하는 이러한 교단 풍경은 조폭 스타일이 아니라 단지 카리스마 있는 수업으로 폭탄 웃음을 선물하는 평범한 교사일 뿐이다. 웃음은 어떤 경우에는 사회적 억압에 대한 저항이며, 시대의 거울이 된다. 웃음을 유발하면서 "기억하겠다", "잊지 않겠다"는 다짐만큼은 생략하지 않는 것이다.

우리나라의 기성세대, 특히 군필 경험의 남자들은 폭력에 대해 의외로 관대한 경향이 있다. 그들이 군대에서 겪은 폭력에 비하면 대부분 그 강도가 높지 않기 때문일 것이다. 그래서 폭력은 또 다른 폭력을 유발하며 가해자와 피해자를 싸잡아서 희생자의 늪으로 인도하며 그들은 독재 시스템의 하부구성원으로 자리매김이 되는 것이다.

「벙커 작업」은 가호철 이등병의 군대 체험기다. 1970년대 후반 대학생 신분으로 입영통지서를 받으면서 군대에서 겪은 이야기를 엮은 것이다. 막사에서 만난 다양한 인물 군상은 그 자체로 시대의 표상이며 현장 기록으로 이어진다. 군대에서 보내는 금쪽같은 청춘의 시간은 조국 수호를 명분 삼아 합법적으로 억압 구조를 재생산한다. 무엇을 위해서인가. 결국은 권력의 강화를 위한 감시체계의 일환이다. 1970년대 후반의 군대란 감시와 처벌의 제도가 행해지는 가장 폐쇄적이고 합법적인 장치였다.

군대 이야기가 강병철의 소설답게 다양한 인물 군상을 중심으로 곁가지를 펼쳐낸다. 마치 술자리 담론처럼 줄거리가 맥락도 없고 서사의 방향도 중구난방이지만 끊임없이 독자의 눈길을 사로잡는 틈새의 고리가 신기하다. 1970년대 후반 시국의 심각한 분위기 속에서 흐르는 음악이 대중 가수 전영과 윤항기의 감성인 점도 특이하다. 인간이 해결할 수 없는 거창한 문제에 감히 토를 달 수 없듯이 군대 문제 또한 감당해야 할 뿐 달리 방법이 없음을 디테일한 기록으로 증언하면서도 웃음으로 마주한다. 그러면서 우리가 그 시대를 살아남았다는 것이 기적처럼 느껴진다. 누군가는 그 시대의 증언을 참회록으로 그려낼 수도 있지만 누군가는 이웃집 사연처럼 담을 수도 있음을 발견한다.

이등병 가호철은 대학생 신분으로 부대원 전체로 보면 학력이 높지만 군대에서 적응하는 능력은 열등한 인물이다. 운동권의 시각이 아닌 작가 지망생을 초점 화자로 삼은 것은 군대의 문제를 이성적 논리가 아닌 감성적으로 환기하는 효과를 의도한 것이라 보여진다.

언제부터였나, 맞지 않으면 잠이 오지 않는다. 취침 소등 이후 끌려 나가는 게 비일비재하므로 일찌감치 몇 대라도 맞아야 잠이 왔었는데, 오늘은 너무 길다. 이제 소대에 들어가더라도 새벽 다섯 시 동초를 서야 하니 하룻밤이 송두리째 날아가 버린 것이다.

"입대 전부터 쫄따구를 절대로 때리지 않으려 작정했어. 앞으로 왕고참이 되더라도 쫄따구들 손을 대지 않을 거야. 그 대신 몇 마디만 짧게 할게."

– 「벙커 작업」 중에서

먼저 "공격"이란 경례 구호에서 기가 죽는다. 그리고 이등병 가호철은 군생활에 점차 익숙해지면서 "자유시간을 벌기 위하여"라는 자기합리화와 함께 양말, 속옷 등의 관물을 훔쳐서 고참의 몫을 확보한다. 이렇듯 자신을 포장하고 영혼을 파는 일이 자연스럽게 일상의 훈련으로 몸에 밴다. 군화 끈 매기, 보초 서기, 100킬로 행군, 벙커 작업 등의 일상을 그려내면서 '길들여진 몸'이 그 수단이 됨을 명시한다. 그게 열악한 상황에서 살아남기 위한 이야기가 된다. 그 상황에서 살아남은 한국의 남자들 무의식에 깊이 배어있는 폭력성과 감시에 직접 노출된 공포와 억압의 상처 또한 우리는 기억해야 할 것이다. 그리고 작가는 그들 모두 같은 배를 탄 이웃이었음을 웃음과 연민으로 발언하고 있다.

3. 감시와 처벌 그 어두운 시대를 너머

「머리카락 5센티」는 복장, 치마, 두발 규제가 당연시되던 시대를 살던 18세의 데모 사건이 중심을 이룬다. 감시와 처벌의 시국에서 모든 시위는 원천적으로 차단되어 있다. 단체행동 자체가 권위에 대한 도전으로서 처벌을 각오하고 일을 벌이는 것이다. 다음은 학생들이 작성한 탄원서이다.

〈달포 학우들의 탄원서〉
하나, 앞머리를 5센티까지만 기르게 해 달라.

하나, 세느강 너머 인형공장 쇠바퀴 소리가 너무 시끄럽다. 방음장치를 요구해서 소음을 줄여달라.
하나, 선생님들도 너무 심한 욕만큼은 삼가하라.
하나, 복장 단속 위반자에 대한 체벌이 너무 살벌하다.
하나, 운동화만이라도 자유롭게 구입할 수 있게 하라.

저 심장 깊숙이 고혈을 짜서 무릎 꿇고 바칩니다. 이 사안들이 해결되면 나머지 시간은 달포 건아 모두 예비고사 준비에만 열공을 바치고 싶습니다. 만약 우리의 요구가 관철되지 않을 시 전체 학동 모두 수업을 거부하고 광화문까지 진출하여 대통령 각하에게 탄원서를 올리겠습니다. 우리들의 일그러진 인격 회복과 동시에 스승님들의 존중감도 되살아날 수 있도록 두 손 모아 비나이다.

두발 규제 완화를 열망하는 달포인 대표 김두식 외 일천삼백 명 일동

1973년 11월 2일

-「머리카락 5센티」중에서

학생들은 집단적 의사 표출 방법을 교육 받은 적이 없다. 정확하게 이러한 상황을 간파한 것은 아니지만 집단행동을 하면 처벌을 받는다는 위기감 정도는 알고 있다. 그럼에도 불구하고 일을 벌인다는 각오가 있을 때 거사가 진행되는 것이다.

교장과 교사의 감시 하에서도 학생들은 흩어지지 않고 우르르 몰려나와 짧은 시간이나마 행동을 감행했다. 처음에는 담임이 회유 작전으로 달래면서 무마를 시도한다. 하지만 학생들이 물러서지 않자 드디어 물리적 강압으로 모임 자체를 막는다. 물론 그것이 전부다.

두식이가 학교를 떠났을 뿐, 변한 건 아무것도 없다. 적어도 겉으로는 그렇다. 하지만 "지고도 이기는 싸움"이 있음을 믿을 때 세상은 변화할 수 있다는 걸 배울 수 있었다는 건 중요하다. 2023년 현재 두발의 규제가 거의 없으며 특정 업체 운동화나 체육복 매입을 강요하는 행태 역시 가능하지 않다. 이러한 변화가 저절로 이루어진 것이 아니며 그 어두운 흑역사를 통과한 성과물이라는 점을 누군가는 기억해야 하지 않을까.

「응답하라 1989」는 전교조 창립의 해를 조명한다. '서명을 하느냐, 마느냐'로 직장에서 살아남느냐 죽느냐의 긴박한 순간을 담고 있다. 전교조 창립의 진통은 출산의 진통과 맞물린다. 웃음 코드가 엿보이지만 전체적인 흐름은 긴장감의 분위기가 강하니 그게 '해학적 비장미'이다. 그 진통의 순간을 작가는 두 개의 이야기로 이끌어 간다. 전교조 이전에 교사협의회가 있었고 나비효과처럼 미세한 움직임조차 감시당하면서 살았던 시대였다. 그 시대의 목소리를 서명, 탈퇴각서를 중심으로 서사가 진행되는데 소설의 다른 한 축은 "둘만 낳아 잘 기르자"는 표어가 나부끼던 출산 에피소드이다.

자연분만보다 제왕절개가 진보적 출산인 것처럼 홍보되던 시대에

예정일을 넘긴 산모는 당연히 제왕절개를 해야 한다고 생각했다. 이 때 등장한 시어머니와 친정어머니의 대화는 일품이다.

시어머니는 아기를 빨리 낳는 걸 해결책으로 판단하며 제왕절개라도 해야 한다고 주장하고 싶어 했다.

"작게 낳아 크게 키우라고 했어. 아기가 막힌 뱃속에서 오래 있으면 신체 발달에 나쁠 거 아니냐?"

그러나 친정어머니 이수선 여사는 달랐다. 사돈 앞에서는 말을 아꼈지만 딸이 혼자 있을 때는 뒷담화 섞인 귀엣말처럼.

"된똥 한번 누듯이 땀 흘려 힘을 주면 쑥쑥 나오게 되어있다. 내가 9남매를 낳았으니 너도 에미 체질 받았으면 쉽게 낳을 거다. 양수만 제대로 터지면 아기 머리부터 자궁 바깥으로 편안히 나오게 되어있어. 멀쩡한 생살에 함부로 칼을 대고 흠집 남기는 게 아니여."

- 「응답하라 1989」 중에서

전교조 교사 대량 해직 사태 이전에 주변부 이야기 몇 개가 리좀식 구성으로 이어진다. 그러면서도 전교조의 핵심 인물이 전면에 등장하지 않는다. 송태우는 탈퇴각서에 자의 반 타의 반으로 서명함으로써 해직되지 않고 현장 교사로 이어간다. 그의 아내 임희숙은 해직의 기회조차 주어지지 않는 미발령교사이다. 주변 인물로 등장하는 그 후배는 부부교사로 둘 중 한 명만 해직을 하겠다는 각오를 밝힌다. 그 가운데서 임희숙이 자연분만으로 아기를 낳도록 설득하는 장면이 인상적이다. 자신은 병원에 와서 얼떨결에 제왕절개를 했지만 상황을 살펴보니 의사의 상술에 놀아났음을 깨닫는다. 한 사람이라도 자신과 같은 실수를 반복하지 않도록 간곡하게 자연분만을 권유하는 것이다.

"잘못된 상식이 사람 잡아요. 제왕절개는 멀쩡한 생살을 찢는 거잖아요? 언니, 가정과 출신인 내 말을 제발 들어요. 자연 분만하면 일주일이면 아무는데……제왕절개는 마취를 하기 때문에 그 순간 아픔을 잠깐 덜어갈지 몰라도 그 뒤로 훨씬 길고 엄청난 고통에 시달려요. 두 명 이상은 낳지도 못하고요. 수술 통증 아무는 데만 한 달 이상 후유증에 시달려요. 나는 실수로 했지만 언니는 절대로 안 돼요. 병원은 돈을 벌지만 산모의 몸이 아파요."
-「응답하라 1989」중에서

돌이켜 보면 "다 죽으면 다 산다"며 해직을 감수하자는 전교조의 강경노선은 교육 민주화를 위한 논리로는 합당하면서도 무리수였다. 강병철 작가는 민중교육 해직교사로 간난의 세월을 보낸 후이기 때문에 전교조 해직을 감당하기에는 어려움이 있었을 것이다. 이후 그의 소설에서 해직 교사의 순결성과 현장에 남은 교사의 부채 의식은 길항 관계로 남아 참교육 실천의 에너지로 작용한다.

각서를 쓴다는 것은 기계적인 절차로 넘길 수 없는 일이다. 인생의 오점이며 수치스러운 일이다. 송태우는 그 과정을 조금은 수월하게 넘긴다. 함께 근무한 교장의 마음 씀씀이 덕분이다.

교사 송태우는 교육자적 양심과 신념으로 교사들의 노동조합을 결성하는 명단 공개에 참여하는 이름을 수록하였으나 교장선생님의 간곡한 설득으로 인하여 탈퇴각서를 수락합니다.

1989년 8월 10일 송태우

(중략)

"……자, 보시게. '교장의 간곡한 설득으로 인하여 탈퇴각서를 수락합니다'라고 적혀있지 않았나? 이 문서만으로는 내가 뒤집어 쓰는 내용이야."

- 「응답하라 1989」 중에서

1960년 5.16 쿠데타로 인하여 교원노조운동은 좌절되었으며[3] 이후 학교에서는 입시지도를 전면에 내세우는 통제의 방식으로 순응적 인간 양성에 집중하였다. 당연히 교사의 실력이나 수업의 질 향상을 위한 조치는 미약하였으며 '교육부→ 교육청→ 교장→ 교사'의 수직적 명령 체제 유지가 교육과제였다. 폭력 교사가 난무하였으

---

[3] 4·19 혁명을 계기로 교원노조의 결성에 대한 구체적 논의가 진행되어 1960년 4월 29일에 교사의 사회경제적 지위향상과 교권의 확립을 목적으로 하는 대구시 교원조합결성 준비위원회가 만들어졌다. 1960년 5월 1일에는 학원의 자유, 교육행정의 부패 제거, 교원의 자질향상과 권익옹호라는 목표 하에 전국조직을 결성하기로 하고 서울에서 시내 50여 개 초·중·고교 교사들이 모여 교원조합결성준비위원회를 결성하였다. 이후 5·16 군사정변에 의해 교원노조운동은 좌절되어 버렸나.

며 행정실과 결탁한 교장의 부정과 비리가 도를 넘던 시기에 학교 교육의 정상화를 위해 목소리를 모았던 힘으로 전교조 결성이 이루어진 것이다.

그러니까 교육계에서 전교조가 '절대선(善)'이었던 시국이 있었다. 교장은 교사를, 교사는 학생을 효율적인 입시교육의 명분으로 신체적 폭행과 폭언과 비리와 불법이 공공연하게 행해지던 그 시대이다. 군대에서 자행된 불법과 폭력과 무조건적 명령과 복종의 분위기가 그대로 교육계에 잔존하던 그 시대에 전교조만이 유일한 희망이었다. 학교마다 양심적인 교사의 대응이 있었으나 힘이 약했고 낙인이 찍혀서 담임을 박탈당하는 등 교장에게 괴롭힘을 당하기도 했다. 그런 상황에서 전교조가 주장하는 참교육의 구호는 막연한 부분도 있었지만 학교 현장에서 자행되는 불법과, 비인간적인 관행의 썩은 밑동을 잘라내는 가능성을 보여주었다.

「음주운전 오디세이」는 작품집 전체에서 샛길로 빠진 이야기이다. 음주운전에 대한 감시와 처벌의 시선이 고착화된 오늘날에 이 이야기는 생뚱맞을 수 있다. 음주 운전자는 범죄자라는 동일성의 시선에서 추호도 변명의 여지가 없기 때문이다. 작가는 구성진 입담으로 이야기를 펼치는데 법과 제도보다 더 중요한 것이 있었던 시대에 대한 향수가 담겨있는 것으로 보인다. 걸죽한 입담으로 웃자고 하는 얘기지만 처벌 우선보다 온정의 대화가 가능한 사회를 어떤 방식으로든지 포기할 수 없다는 고집스런 집념이 느껴진다.

4. 기억 그리고 작가의 존립 기반

　푸코는 『감시와 처벌의 역사-감옥의 탄생』에서 문명이 지닌 비인간적이고 통제적인 시스템을 날카롭게 지적하였다. 학교와 군대와 감옥과 병원이 지닌 공통점을 감시와 처벌의 시선으로 주목하였으며 이것이 권력구조를 강화하기 위한 실체임을 밝힌 것이다.

　강병철의 소설은 그 감시와 처벌 시스템의 틈새, 특히 사각(死角)의 사잇길을 비집어 뒤틀어서 조명한다. 현장을 증언하고 웃음으로 견디면서 그렇게 삶을 감내하면서 성장하는 우리들의 자화상을 그려내는 것이다. 감시자와 처벌자의 존재조차도 또 다른 우리일 뿐이라는 그의 폭넓은 인간 군상에 대한 관심이 동시대를 살아가는 연민을 자아낸다.

　그의 소설은 감시를 당하는 자와 감시를 행하는 자의 간극이 가깝다. 피라미드 최상층의 인물은 전혀 존재하지 않는다. 결국은 서로가 서로를 감시하고 처벌하면서도 개인적인 원한이나 보복심리로 작동하지 않는다. 그렇기 때문에 함께 웃음을 터뜨릴 수 있는 여지가 생기는 것이다.

　작가의 존립 기반이 되는 '기억의 힘'을 떠올리며 이 글을 마친다. 소설의 서술자는 성장소설의 주인공처럼 숭고능학교들 서져서 군대를 다녀오는 설정으로 이해해도 좋을 만큼 이야기의 구성이 긴밀하게 연결된다. 이는 우리 사회의 인간군상을 총체적으로 이해하는 실마리를 제공하며 읽는 과정의 재미를 부여한다. 고등학생이 되어 반공 웅변대회를 체험하고 교련 검열을 기록하는 '열아홉의 눈'으로 성장하는 현장성이 생생하게 살아있는 것이다. 이후 대학생이 된 가호철은 이등병 계급장을 거치면서 부조리한 현실에 편입하여 살아남기 위한 가치관을 내면화한다.

이 모든 소재를 스토리로 만드는 게 작가가 지닌 '기억의 힘'이다. 이는 순간의 감동이 오래도록 잔영을 만들어서 삶을 재해석하는 느낌과, 상상력이 오버랩된 감수성의 소산이다. 남다른 기억력으로 일상의 영상을 잡아 문장으로 만드는 작가 강병철의 '눈'에는 논리나 지식을 뛰어넘는 감성이 파닥인다. '기억의 힘'과 성장하는 '눈'이 만나 담아낸 시대의 표정에 다양한 인물 군상의 숨소리가 살아 호흡하는 이유이다. 그가 다음에 펼쳐낼 우리들 자화상의 풍자와 해학의 웃음이 담긴 이야기를 기대한다.

이기영의 해방 이후
문학에 반영된 작가 의식

장편소설 『땅』을 중심으로

1. 들어가며

『고향』의 작가 민촌 이기영의 문학은 해방 이전과 이후의 연결이 어느 정도는 자연스럽다. 이는 프롤레타리아 계급 해방을 목적으로 하는 KAPF 회원으로 작품 활동을 했던 이력이 이유가 된다. 민촌 특유의 처신으로 북한 정권에서 사회주의가 표방하는 '노동자 농민 해방'을 위한 작품 활동에 매진할 수 있었을 것이다. 분단의 상황에서 북한 체제의 목적의식적 창작의 제약이 따랐음은 따로 논할 내용이다. 다만 북한 문학을 이해하기 위해서는 체제문학에 대한 이해가 수반되어야 함 정도만 밝혀둔다.

분단 이후 남북한은 서로를 배격하면서 심각한 수준의 이질성을 키워왔다. 따라서 북한 문학에 대하여 언급한다는 건 단순하게 문학만을 의미하지는 않는다. 6.25 이후 전쟁으로 폐허가 된 상황에서 남북한 모두 건설과 복구를 위하여 단합을 부르짖었다. 새벽부터 밤까지 강행군의 구호와 운동을 펼치며 식량증산에 힘쓰면서 굶주리지 않는 세상이 최대의 목표인 시대였던 것이다. 70년대까지는 서로 체제는 다르지만 국제사회에서 대외적 영향력 만큼은 서로 비슷하다고 알려졌었다.

2023년 현재 남한과 북한의 물리적 거리를 좁히기 위한 밑당은 나름 이어지고 있지만 벌어진 심리적 거리는 더 이상 좁혀지기 어려운 상황이 되었다. 공산주의적 인간형과 자본주의적 인간형의 거리는 과연 극복이 가능할까. 회의적일 정도로 심각하다. 2023년도 현재 상태는 더 그렇다.

그나마 이기영은 극복할 수 있는 문화적 접점과 공동의 운명에 대한 사유를 제공해줄 수 있는 가능성의 작가이다. 무엇보다도 그가 구한말, 개화기, 식민지의 카프 시기, 전형기, 암흑기, 해방공간, 분단시대까지 그런 역사의 격변 속에서 철저히 작가라는 신분으로 살았다는 점을 떠올려야 한다. 그 속에서 남북의 이질성 극복과 민족의 동질성 회복의 실마리를 찾아보는 것이다.

분단문학의 질곡을 넘기 위한 노력이 없지는 않았다. 88년 월북 작가에 대한 해금 조치와 북한문학 소개 그리고 작품 연구가 그 시초이다. 남북 작가들의 만남과 분단극복 가능성을 담은 소설 작업들도 그 예가 될 것이나 여전히 미흡한 현실이다. 최근 이기영 문학에 대한 다각적인 관심이 현재 고향 천안을 중심으로 일어나고 있으니 그나마 다행스러운 현상이다.

그렇다면 이기영의 해방 이후 작품을 어떠한 눈으로 바라보아야 하는가. 주지하다시피 북한에서의 작품 활동은 창작의 제약이 따르며 일제강점기 그 이상으로 통제가 강화된 시스템이다. 북한 체제의 작가는 공무원 신분이며 소속된 문화창작부에서 주어진 업무로서 작품을 생산해야 하는 책임이 있다. 정해진 규율 속에서 창작 방법을 수련하고 당과 수령의 교시를 받아 작품 활동을 하는 것이다. 북한의 문예 정책과 시스템을 상세히 알 도리는 없으나 그동안의 연구 성과를 통하여 대략의 윤곽 정도는 짐작할 수 있다.

그런 면에서 이기영의 작품은 북한문학의 상황을 이해할 수 있는 다각적인 텍스트이다. 그가 역사적 정치적 상황에 민감하면서도 적절히 대응하던 작가였기 때문에 더욱 그러하다. KAPF의 중심작가로서 문예정책이 전환되거나 새로운 창작 지침이 나올 때 이기영은 누구보다 그것에 충실했고 또 그 작품은 프로 소설사의 중요한 자리를 차지하게 되었음은 익히 알려져 있다.

본고에서는 『땅』[4]을 주 텍스트로 하고 잘 알려진 『고향』, 「개벽」, 『두만강』 등을 보조 텍스트로 하면서 북한의 중심 작가였던 이기영의 문학세계를 다루도록 하겠다. 그러기 위해서는 위기의 상황에 있어서 문학이란 무엇이며 작가의 존립 여부와 시대적 사명과 같은 원

---

[4] 이기영 『땅』 상하(上下), 풀빛, 1992 기본텍스트로 삼음. 이기영의 상권 『개간』편은 1948년, 하권 『수확』편은 1949년에 북한에서 발행되었으며 이후 1973년 개작되었으나 풀빛 발행본은 개작 이전의 것이다. 본문 인용은 쪽수만 표기한다.

론적 문제를 피하기는 어려울 것이다. 물론 문학 외적인 문제와 문학 내적인 문제를 함께 다룰 수밖에 없다는 점을 감안해야 한다.

다시 말하자면, 문학 외적인 문제는 일제 식민지 통치, 8·15해방과 6·25전쟁, 남북의 분단으로 인한 이질성 극복이라는 역사적 특수성을 고찰해야 한다는 것이다. 문학 내적인 문제는 이데올로기와 당의 문예 정책, 문학론과 창작방법론, 전망과 전형성 등을 동시에 살펴야 한다.

일제강점기까지의 문학 외적인 문제는 남북이 함께 겪었던 시대적 질곡이었다. 하지만 분단 이후의 남북의 현대사는 공통점을 찾기가 쉽지 않다. 다만 남북의 독재자들이 자신의 권력 유지를 위하여 감시와 통제시스템을 강화했던 수난을 동시대에 겪었다는 점에서는 일말의 접점을 확인할 수 있다. 그때 남한의 작가들은 권력과 맞서서 싸웠지만 북한의 경우 살아남기 위한 현실 대응방식을 찾았다. 위기상황조차도 남북 작가들의 그 참상 정도가 같지 않았으니 북한 작가들의 경우 무자비한 숙청으로 일가족 몰살의 지경조차 일상이었음을 감안해야 할 것이다.

벽초 홍명희도 『임꺽정』 이후 작품 활동을 하지 않았고 백석은 체제에서 원하는 작품을 쓰려고 했으나 실패하여 작가로서의 삶을 포기하고 집단농장에서 생을 마무리했다. 반면 이기영은 북한에서 문학예술총동맹 대표를 지내면서 북한 문예운동의 실질적 지도자이며 존중받는 작가로 생을 마감했다. 한설야와 임화 등 카프의 중심인물들조차 숙청되던 현실에서 유독 이기영은 김일성 부자의 특별한 대우를 받으며 살았던 것이다. 그랬다. 이기영은 해방 이전부터 카프의 충실한 맹원이었고 그 시기에 적절한 목적의식적인 창작방향을 내면화하면서 작품으로 산출할 수 있었던 것이다. 해방 이후 자신이 지향하는 문학이 북한체제와 가까움을 인지한 그는 가족과 함께 월북하여 그곳에서 최고의 대우를 받으면서 생을 마감했다.

이제 민촌 이기영의 생애를 작품세계와 관련하여 간략하게 정리한다. 민촌은 가난한 집안에서 태어나 친모가 일찍 세상을 떠나면서 서모의 손에서 자랐다. 어렸을 때부터 이야기책을 좋아했고 낭송을 잘 했으나 가세가 점점 기울면서 친척집을 전전했다. 성격은 다정다감하고 소심한 편이지만 고집스러운 면도 있었다. 그 시대의 관례처럼 조혼의 굴레를 벗어나지 못했으며 본처를 멀리한 후 홍을순과 평생을 살았다. 본처인 조씨와 그 자손은 남한에서 살았으며 손자 이성렬은 『민촌 이기영평전』[5]을 써서 생존자의 증언을 충실히 남겨 귀중한 자료가 된다.

민촌은 다작의 작가[6]였다. 남한에서는 해방 이전 최고의 농민소설로 평가받는 『고향』의 작가로 알려져 있지만 북한에서는 『두만강』을 최고의 작품으로 인정하며 인민 작가로 불린다. 1988년 해금

---

5) 이성렬, 『민촌 이기영평전』, 심지, 2006.
6) 그는 「옵바의 비밀편지」(1924년 개벽)가 당선되어 작가 생활을 시작한 이후 「가난한 사람들」, 『고향』 등 대략 단편소설 101편, 중편소설 3편, 장편소설 17편, 희곡 5편, 꽁트 1편, 산문 228편 그리고 대하역사소설 『두만강』 등 왕성한 작품 활동을 했다.

조치로 대한민국에서도 민촌의 작품이 소개되었지만 김일성 찬양과 작위적이고 교조적인 부분이 드러나 있었다. 따라서 통일운동의 차원이나 문학연구자들에게만 귀중한 자료로 받아들여질 뿐 대중적인 관심을 받지는 못했다. 그러나 북한 문학을 연구하는 입장에서는 개인과 집단의 긴장관계 속에서 오직 집권자의 통치 수단으로 그 기능을 발휘하고 있는 문예정책을 진지하게 숙고할 줄 알아야 한다.

연구자들에게 그의 작품이 관심을 받는 이유를 두 가지로 정리하자면 다음과 같다. 첫째는 개작과정의 의도성과 사회정세의 반영이다. 둘째는 북한의 사회정세나 문화운동의 흐름에 부합하는 작품을 썼다는 점이다. 이기영의 체제순응적 경향이나 창작 지침을 충실히 원용하는 태도에 대한 입장은 연구자들의 공통된 의견이다.

북한의 초기 문학은 해방 정국과 인민정권 출범 준비와 보조를 맞추며 당의 지도를 받는 체제문학으로 기획되었다. 북조선문학예술총동맹은 재북 좌익문인들과 남한에서 월북한 문인들을 주축으로 결성한 대표적인 문화예술 단체였다. 이들은 사회주의적 근대문학의 전통, 옛 카프의 문학적 전통을 비판적으로 계승하면서 계급성에 기반을 둔 인민민주주의 문화건설을 지향했다. 사회개혁을 지지하는 노동자 농민 계층의 결집을 절대적으로 중요시했기 때문이다. 특히 토지를 분여 받은 소농과 소작민, 고농(머슴) 출신의 세력은 인민정권의 가장 강력한 지지 기반으로 성장했다.

이기영은 카프의 문예정책이 전환되거나 새로운 창작적 지침이

나올 때 누구보다 그것을 충실히 수용하는 작품을 썼다. 계급투쟁의 무기로써의 문학을 주장하며 실제로 그 작품들이 프로 소설사의 중요한 자리를 차지하게 되었다. 그리고 카프의 문예이론이 새로운 돌파구를 찾지 못하고 막혀 있을 때 그의 소설이 창작의 새로운 활로를 열게 됨으로써 이론적 발전에 기여하기도 했다. 이런 성과들은 작가로서 폭넓은 체험이 밑바탕이 된 상황에서 프로 작가로서의 자의식이나 의무감으로 노력한 결과이다.

이 글에서는 이기영의 『땅』을 주 텍스트로 하여 작품의 창작 과정과 개작 관련 내용을 다루며 작가가 창조한 인간형과 작가의식을 탐색하고자 한다.

2. 『땅』 창작의 사회적 배경과 인물 형상화 방식

이기영은 「개벽」, 『문화전선』(1946년 7월)에서 토지개혁으로 인해 난생 처음 땅을 소유하게 된 농민들의 충격과 기쁨을 그려내었다. 해방 직전부터 토지개혁까지가 시대적 배경이며 봉건적인 잔재의 농민 원 첨지가 서서히 세상의 변화를 받아들이고 주체적인 인간으로 성장하는 과정을 담았다.

『땅』은 토지개혁이 이루어진 이후를 담았다. 「개벽」에서 다룬 감동과 흥분의 기대감을 담았지만 보다 근본적으로 농민에게 분배된 땅의 의미가 '지주 소작관계'를 벗어나면서 주체적인 새로운 인간형의 탄생이 가능해짐을 그려낸 것이다. 「개벽」과 『땅』에 반영된 시회적 배경을 정리하면 다음과 같다.

　1946년 3월 5일 토지개혁법령을 공포하여 무상몰수 무상분배를 실시한다. 이후 8월 10일 산업, 교통, 운수, 체신, 은행 등의 국유화에 관한 법령을 공포했다. 이 법령에는 일본인 개인 및 법인 등의 소유 또는 민족 반역자의 소유로 되어 있는 일체의 기업과 광산, 발전소, 철도, 운수, 체신 은행, 사업 및 문화기관 등을 전부 무상으로 몰수하여 이를 국유화한다고 규정한 것이다. 이때 1034개의 중요 산업기관들이 무상으로 몰수되어 전 인민의 소유로 넘겨졌다.

　그해 6월 24일과 7월 30일 '노동법령과 남녀평등권' 법령을 실시하여 8시간 노동제와 사회보험제를 실시하였고, 여성들을 남성들과 동등하게 대우하도록 제도적 장치를 마련하였다. 1946년 8월 28일부터 8월 30일까지 3일간 조선노농당 창립대회가 열렸으며, 11월 3일에는 첫 민주선거가 실시되었다. 이러한 정치적 상황들을 이기영의 장편소설『땅』에서 형상화한 것이다.

　『땅』은 상하(上下) '개간'과 '수확' 2권으로 발행되었는데 상(上)권의 소제목과 중심내용은 다음과 같다.

　〈곽바위〉 - 강원도의 산골인 벌말에서 10년 머슴을 살던 그는 1946년 토지개혁으로 고병상의 논을 분여 받는다. 그 와중에 나무장수를 하다가 농사에 서툰 전순옥을 만나 밭을 일구어준다.

　〈지주의 환영〉 - 지주 고병상은 토지개혁에 불만을 품고 동조세력을 모은다.

〈현대 흥부전〉 – 흥부가 박을 타서 금은보화를 얻듯이 토지개혁으로 땅을 받은 김 첨지네 집의 기쁨을 그린다.

〈개간 준비〉 – 곽바위는 마을 공동농지 확보를 위한 개간의 의견을 제시하고 위원회에서 긍정적으로 검토를 마친다.

〈비열한 음해〉 – 전순옥은 빚에 팔려서 첩살이를 하다가 해방과 함께 자유의 몸이 되었으나 주변에서 과거를 들먹이며 음해를 하자 자결을 시도한다. 강균의 도움으로 목숨을 구하고 둘은 의남매를 맺는다.

〈숯 굽는 총각〉 – 강균의 아버지 강사과가 전순옥에게 '숯 굽는 총각' 이야기를 해주면서 신분보다 중요한 건 능력과 인품이라고 강조한다.

〈우망〉 – 고병상은 주태로와 결탁하여 곽바위가 중심이 되어 진행하는 개간산업을 방해하는 움직임을 시도한다. 조혼의 문제점을 부각한다.

〈재생〉 – 전순옥은 과거를 청산하고 주체적이고 적극적인 삶을 시작한다.

〈관개공사〉 – 곽바위의 비범한 능력과 헌신적인 노력으로 마을 사람들이 합심하여 논을 만들어낸다.

〈새싹〉 – 순이와 동수의 자유연애가 담겨있다.

다음은 『땅』 하(下)권 '수확' 편의 소제목과 중심내용이다.

〈결혼〉 – 곽바위와 전순옥의 결혼식은 마을잔치로 성대하게 진행된다. 토지개혁, 남녀평등, 사회주의 건설 관련 장황한 연설이 등장한다.

〈생활은 앞으로〉 – 곽바위와 순옥의 건전하고 모범적인 신혼생활을 보여준다. 창의적 농업을 고안하는 곽바위는 순옥에게 글을 배우고 부부는 강균에게 틈틈이 학습지도를 받는다.

〈충돌〉 – 순이가 낀 반지를 보고 매질을 하는 순이네의 부지깽이를 뺏은 전순옥이 감때가 사납기로 소문이 난 순이 모친과 맞선다.

〈두레의 힘〉 – 집단노동의 능률을 위해 두레를 활성화하여 일꾼들의 사기를 고무하고 노동의 즐거움을 최대화한다. 전순옥을 음해했던 개구장 마누라와 고병상이 결탁하여 곽바위를 죽일 계획을 세운다.

〈파혼한 처녀〉 – 1946년 7월 30일 남녀평등권 법령이 발표된다. 금숙은 이 법령을 이용하여 파혼을 선언한다. 고병상은 열다섯 살 손자의 파혼이 전순옥과 곽바위 탓이라 여기며 손해배상을 청구한다.

〈뇌우〉 – 파혼한 처녀 금숙은 동운이와 연애를 하고, 개구장마누라는 순이네를 찾아와 곽바위를 죽이는 문제를 상의하는데 순이가 이를 눈치 채고 받은 돈을 돌려준다. 고병상이 기한제를 드리는 것에 분개한 순이네가 산신님으로 현신하여 속인다. 전순옥이 순이네에게 문병을 가고 둘은 화해한다.

〈해방기념〉 – 해방 1주년의 감격을 기념하기 위해 벌말 사람들은 신명나게 농악판을 벌인다. 순이의 연설에 감동하며 순이네의 마음이 움직인다.

〈농업현물세〉 - 토지개혁 후 첫 수확의 감격과 기쁨을 표현하기 위해 곽바위는 가장 먼저 현물세를 납부한다. 고병상은 현물세를 적게 내기 위해 꾀를 쓰다가 창피를 당하고 분풀이로 창고에 불을 지르려다 발각되자 마을을 떠난다.

〈민주 선거〉 - 11월 3일, 곽바위는 선거를 통하여 대의원으로 선발된다.

〈인민 회의〉 - 1947년 2월 17일 북조선 인민대표자회의에 강원도 대의원으로 참가했다가 돌아오니 아내 전순옥이 첫아들을 낳았다.

『땅』은 이기영의 해방 이후 첫 장편으로 토지개혁이라는 역사적 대사건이 여러 계층들에게 미친 영향을 소재로 한 작품이다. 1947년 2월 북조선 인민대표자 회의에 참가했다가 돌아와 첫 아들을 보는 데까지 1년의 시간을 배경으로 그리고 있다. 지주 고병상의 집에서 10여 년간 머슴을 살던 주인공 곽바위가 1946년 토지개혁으로 고병상의 땅을 받으며 이야기가 시작된다. 그가 벌말 사람들을 추동하여 개간사업을 성공리에 끝내고 전순옥과 행복한 가정을 꾸리게 된다. 영농기술을 보급하고 농촌 환경에 적합한 새로운 노동형태를 만들어내면서 현물세와 애국미까지 내는 헌신적인 활동을 벌인다. 그리고 토지개혁 이후 새롭게 각성한 농민들을 총제석인 시각으로 형상화한다. 특히 토지개혁이 농민에게 준 감격은 〈현대흥부전〉 등에서 실감나게 그려진다.

> 기뻐 날뛰면서 산천이 울리도록 만세를 부르는 환호성이 구경꾼들까지 가슴을 뛰게 하는 장엄한 장면을 이루었다
> 　　　　　　　－『땅』상(上), 44쪽

> 논 자리에 쫓아가서 마치 초례청에 들어선 각시가 큰절을 하듯이 두 손을 펴서 이마에 붙이고는 동서남북 사방에다 정성껏 절을 하고 돌아왔다.
> 　　　　　　　－『땅』상(上), 66쪽

> 토지 개혁을 무슨 흥부전에다 대일 건 아니나, 하여튼지 놀부와 같은 지주들이 흥부와 같은 농민들을 못살게 군 것만은 사실이다. 그런데 해방의 덕으로 앞뒤가 꼭 막혔던 그들에게 금시에 살길이 틔었으니 이 아니 희한하냐? 오히려 그것은 흥부의 박 속에서 나오는 재물보다도 더 큰 삼천리 강산이 모두 다 내 것이 된 셈이다.
> 　　　　　　　－『땅』상(上), 80쪽

〈현대흥부전〉 장은 흥부네 가족처럼 가난하던 박 첨지네가 하늘에서 떨어진 토지개혁으로 자기 땅을 분여 받으며 누리게 된 행복을 즐기는 장면이다.

또한『땅』에서 인습의 완고함과 저항의 과정이 해학적으로 그려져 웃음을 유발한다. 토지개혁을 계기로 새로운 세상을 건설하는 인물과 그것에 반대하는 인물간 대립은 치열한 갈등관계로서의 위기와 해결에 초점을 맞추기보다 오히려 작품의 흥미와 재미를 위한 장치이다. 또한 전순옥처럼 스스로 과거의 인습에 갇혀 지내다가 그것을 넘어서려는 인물들의 필사적인 노력이 유기적인 관계를 맺음으로써 변화된 세상에서 그 주역을 담당하는 모습도 보여준다. 다만 고병상과 같은 지주 출신들이 작당하는 과거회귀로의 시도는 시대착오적이고 이기적으로 그려지면서 곽바위의 우월함을 증명한다.

  『땅』의 중심인물은 곽바위와 전순옥인데 작가의 의도가 개입하여 목적의식으로 이상화된 인물로 그려진다. 곽바위는 머슴 출신으로 농토를 사랑하고 노동을 통하여 단련된 이상주의적 인물이다. 토지개혁을 통하여 머슴의 굴레에서 벗어난 이후 지주 출신 고병상의 봉건적 인습에 젖은 가부장제적인 언행과 대비되어 그 존재가 더욱 부각된다. 하지만 인물 형상화가 작위적이고 평면적이어서 변화와 갈등의 묘미가 부족한 게 한계이다. 완벽한 영웅으로 그려지고 있기 때문에 소설적 감흥을 주지 못하는 것이다. 지주 고병상의 절대 악과 곽바위의 절대 선은 자칫 고대소설의 단순구성을 연상시킬 수도 있다. 또한『고향』에 등장하는 마름 안승학과 일본의 자본가가 투쟁 대상이었듯 해방 이후 북한사회는 토지개혁을 방해하는 잔존 지주 세력이 새로운 투쟁 대상임을 선전선동하기 위한 설정으로 보아야 할 것이다. 따라서 곽바위의 영웅화를 위한 문제점이 있다손지더라도 그 존재의 의미만으로도 시사하는 바가 크다. 그는 노동자와 농민이 주인이 되는 새 세상을 이끄는 상징적 인물인 것이다.

그와 대립적인 인물은 지주 출신의 고병상이다. 고병상은 머슴이었던 곽바위가 지도자급으로 마을을 이끄는 것을 받아들일 수가 없어서 다양한 계략을 시도하지만 모두 실패한다. 그 과정에서 독자는 이미 기울어진 판세를 읽지 못하고 아집에 사로잡힌 어리석음을 만나면서 앞으로 누구 편에 서야 할 것인가의 결단을 다지게 된다. 여기서는 선악 구도가 아닌 풍자와 해학의 미학이 민중적 단순구성의 이야기로 전달되면서 공감의 효력을 발휘한다.[7] 판소리의 골계미에 가까운 웃음과 연민을 자아낸다는 점에서 작가적 역량이 발휘된다.

곽바위와 고병상의 단순 대결 구성과 달리 여성인물의 생동감은 소설을 읽는 재미와 핍진감을 극대화한다. 그 대표적인 인물은 전순옥, 순이네, 금숙 등이다.

전순옥은 일제 강점기의 지주 윤상렬의 장리빚을 갚지 못하여 강제로 그의 첩이 된 인물이다. 그 구속에서 풀려나고 토지까지 받아 새 생활을 하고자 하나 '첩'이었던 과거 때문에 해방 이후에도 다시 송 참봉의 첩으로 들이려는 모략에 시달린다. 뚜쟁이 개구장 마누라가 여러 가지로 나쁜 말을 만들어내는 바람에 투신자살을 시도했다가 강균의 구원을 받아 새 생활을 하게 된다.

---

[7] 김동석, 「이기영의 『땅』 연구」, 『어문논집 51』, 2005. 참조

전순옥의 형상은 이기영의 소설에 자주 등장하는 '팔려가는 딸' 모티프와 연결되어 있다. 이기영의 초기 소설인 「민촌(1926)」의 점순이처럼 지주의 첩으로 팔려간 농민의 딸들이 해방과 토지개혁으로 삶의 양상이 어떻게 달라지는가에 대한 증언인 것이다. 점순이나 전순옥은 축첩이라는 봉건적 제도의 희생물이다. 토지개혁 이후 지주의 억압에서 풀려나고 마침내 제 땅을 소유하지만 첩이었다는 굴레로 인하여 여전히 행복을 누릴 수 없는 상황을 제시하여 봉건제도의 뿌리 깊음을 보여준다. 순옥 자신에게 내면화된 정조관념, 막 싹트기 시작한 곽바위에 대한 애정, 새 세상이 왔는데 새롭게 살 수 없는 억울함, 이런 것이 순옥을 자살로 몰고 간 것이다.

조혼과 강제결혼의 봉건적 문제 역시 일제 강점기부터 이기영 소설의 중요한 주제였고 『땅』에서도 이 부분은 심도 있게 형상되었다. 〈파혼한 처녀〉 장에서 금숙이 사주를 직접 들고 가서 돌려주며 파혼을 시도하여 용감한 처녀로 소문이 난 점이 특별히 주목된다.

3. 개작 과정과 작가 의식

이기영에게 문학은 보다 나은 세상을 만들기 위한 도구이다. 민족모순과 계급모순을 복합적으로 지닌 일제강점기 시대에 프롤레타리아혁명을 지향하며 현실 상황에 대응하는 작품을 산출하였을 때부터 확고하게 지닌 의식이었다. 『고향』은 일제의 검열을 피하기 위하여 직접적인 반일과 저항의 표현을 하지 못하였지만 이로 말미암아

주인공 의식의 극단성만은 피할 수 있었다. 시대적 제약이나 억압이 창작에 영향을 미칠 때 작가는 다양한 방식으로 이에 대처할 수밖에 없다.

이기영의 경우는 시대적 억압에 유연하게 대처해 작품 활동을 꾸준히 이어간 작가이다. 일제의 감시가 극으로 치닫는 상황에서 1944년 봄에는 생활고를 이유로 시골로 이동하여 농사를 지었다. 해방이 되자마자 상경하여 문학단체 결성에 적극적으로 참여하다가 이후 북한에서 최고의 작가로 대우받는 행적을 보인다. KAPF 시기부터 무산자계급에 복무하는 작품을 집필하였는데 북한에서도 그 연장선상에서 무리 없이 문예정책을 수행할 수 있었을 것이다.

이기영과 관련한 창작의 스토리는 몇몇 흥미로운 에피소드가 있다. 그 중 하나는 『고향』 집필과 관련된 사연이다. 알려진 것처럼 이기영의 『고향』은 카프 해산과 관련하여 수감된 상황에서도 신문에 꾸준히 연재되어 마무리 되었다. 소설 뒤의 부분은 이기영이 옥중에 있을 때 미리 부탁받았던 김기진에 의하여 대필된 것이다. 이 문제와 관련하여 이기영은 입장을 표명하지 않았는데 그 이유를 유추하면서 우리는 그가 작품을 대하는 공적인 입장을 중시하는 태도를 발견할 수 있다. 다시 말하면 작품이 작가의 개인적 소산물보다는 공공적 존재임을 중시하는 점이다.

이런 이야기를 길게 늘어놓는 이유는 북한의 창작 시스템 때문이다. 북한에서의 창작은 개인의 주관이 미치는 범위가 매우 제한적이다. 사회주의 리얼리즘이라든지 창작의 이론에 교조적으로 맞추지 않으면 안 되는 것이다. 김일성 교시라는 지침이 매우 상세하게 마련되어서 이를 따르지 않을 수 없는 사회 구조이다.

이기영도 예외는 아니다. 『땅』은 토지개혁 직후 그 감격을 바탕으로 집필되었다. 이기영은 북한에서 환영받았으며 그곳을 지상낙원으로 만들기 위하여 분투하였다. 카프활동 시기처럼 주어진 과제를 충실하게 완수하며 작품 활동에 매진하였을 뿐이다.

혁명이란 무엇인가. 우리가 살고 있는 자리에서 낙원을 건설하기 위하여 기존의 세상을 뒤집는 것이다. 일제강점기에 바꾸어야 할 것은 제국주의 지배세력이었으며 이전부터 잔존해오던 신분차별이나 조혼, 성차별 등의 문제를 간과할 수 없었다. 또한 농민이 절대 다수였던 시대에 토지개혁의 화두는 남북한 모두에게 가장 큰 이슈였을 것이다. 당시 북한의 토지개혁은 무상몰수 무상분배였다. 이에 비하여 남한의 경우는 개혁의 의미를 부여할 수 없을 만큼 그 변화가 미미했던 차이가 있다. 이런 시점에서 『땅』은 토지개혁의 감격과 흥분의 분위기를 고스란히 담고 있다. 앞에서 대략 줄거리를 소개했으므로 여기에서는 그 개작과정에 대해서만 간단히 언급하겠다.

1차 개작은 이기영 본인이 『땅』을 3부작으로 만들려고 시도했으나 『두만강』을 집필하느라 마무리를 하지 못했던 것으로 보인다. 1960년에 1부와 2부가 나왔다.

문제가 되는 건 2차 개작이다. 1973년 발행된 개정판은 곽바위와 전순옥의 고결함을 돋보이기 위한 의도가 지배적이었다. 지주 출신 고병상에 대한 단호한 척결과 전순옥의 과거를 첩의 신분에서 정혼자가 전쟁에서 죽었으나 처녀였다고 바꾼 점이 눈에 띈다. 개정판에서는 김일성에 대한 찬양을 대폭 삽입하고 소련에 대한 찬양은 전면 삭제된 장면이 눈에 띈다. 그밖에 강균과 전순옥이 결의 남매를 맺는 것도 삭제되었고 애정장면의 삭제 등 부분적인 첨삭이 가해졌다. 또한 고병상과 쾌동이가 현물세 창고에 불을 지르려다 붙잡힌 것으로 처리된다.[8] 이와 관련한 이기영 본인의 발언을 소개하면 다음과 같다.

> 소설의 주인공 곽바위는 지주집에서 머슴을 살다가 8 · 15해방을 만났다. 토지개혁 때에 그는 많은 땅을 분여받았을 뿐만 아니라 농촌위원회 위원으로 선거를 받았다. 땅의 주인으로 된 곽바위 같은 농촌의 새 주인공이 결혼을 한다면 응당 처녀장가를 들었어야 할 것이었다. 그런데 이런 사람이 어째 지난날 첩으로 살던 여자(비록 농채 대신 강제로 끌려갔다 하더라도)에게 장가를 들게 하였는가? 이것은 나 자신이 해방된 농촌의 새 현실을 똑바로 인식하지 못하였기 때문에 범한 오류이다. 곽바위는 처녀와도 결혼할 수 있는 해방 후에 성장한 새 인물이다.
> 위대한 수령님께서는 『땅』의 이 부분이 잘못되었다고 정당한 지적을 해주시었다. 이 교시를 접하였을 때 나는 자신의 사상미학

---

8) 이상경, 「토지개혁이라는 역사적 전변에 나타난 인간 변모의 형상화」, 이기영, 『땅』 하(下)권, 326쪽 참조.

적 관점에 대하여 심각히 반성해보게 되었다. 수령님의 배려에 의해 지난해에 이 소설이 다시 재판되게 되었을 때 나는 교시를 받들고 이 부분을 깨끗이 고치었다.

— 리기영, 「오직 충성의 한 마음으로」, 『조선문학』, 1974, 4

연구자들에 이해 밝혀진 것처럼 이러한 개작의 결과 작품의 핍진성과 인물의 생동감은 오히려 훼손되었다. "수령님의 배려에 의해 지난해에 이 소설이 다시 재판되게 되었을 때 나는 교시를 받들고 이 부분을 깨끗이 고치었다."고 김일성의 개작 권유를 순응적으로 받아들인 것으로 확인되지만 여전히 의문점을 지울 수 없다. 이기영은 KAPF 시절부터 문학이 이상사회 건설을 위한 도구이자 무기의 역할을 담당해야 하는 것을 적극 지지하며 받아들였던 것이다. 다만 이기영이 작품 초기부터 일관성 있게 그려왔던 인간평등 그리고 자유연애 사상과 여성해방 담론의 다양성에 비추어볼 때 "사상미학적 관점에 대하여 심각히 반성해보게 되었다."는 인용문의 구절은 어떤 강제적 제약의 영향 때문이었을 것이라 추정할 수밖에 없다. 다음 문장을 참조할 필요가 있다.

북한 문학을 다룰 때 유의해야 할 것은 북한의 전반적인 문예 정책 내에서의 개인들이 가질 수 있는 자율성을 고려해야 한다. 북한 문학은 당의 문예 정책과 긴밀한 관련을 가지고 진행된다. 그런데 그러한 과정에서 개인의 태도라든가 가치 평가와 당의 문예 정책 사이에 긴장이 일어날 수 있는데 이러한 것이 어떻게 해결되는가를 눈여겨 볼 필요가 있다. 필자가 보기에 대부분의 경우에 그 긴장의 해결은 당 문예 정책에 대한 개인의 수동적 승복으로 귀결된다.[9]

4. 마치면서

이기영은 해방 직후의 북한 사회를 이상적인 유토피아로 보았으며 해방 후 첫 장편 소설인 『땅』은 토지개혁[10]에서부터 자연스럽게 시작하게 된다. 토지개혁은 소유자의 변동에 따라 농촌사회의 생산 관계를 근본적으로 바꾼 대대적인 사건이다.

북한의 토지개혁법은 북조선임시인민위원회가 1946년 3월 5일 '북조선 토지개혁에 대한 법령' 제정 그리고 며칠 후 3월 8일의 '토지개혁법령에 대한 세칙'을 발표하고 단시일 내에 시행을 마무리했다. 이렇게 전격적으로 실시한 이유는 '지주로 하여금 토지 방매 등

---

9) 홍기삼, 『북한의 문예정책과 문예이론 연구, 북한의 문예이론』, 평민사, 1981, 15쪽.
10) 토지개혁법령은 다음과 같다.
　1. 일제의 소유토지와 친일파 민족반역자들의 소유지 및 5정보 이상을 가진 지주의 토지 계속 소작을 주고 있던 모든 토지를 무상으로 몰수하여 토지가 없거나 적은 농민들에게 무상으로 나누어주어 그들의 소유로 한다.
　2. 농호와 가족 수와 노력자 수에 따라 토지를 분배하며 분여된 토지의 매매와 저당, 일체 소작제도를 금지한다.
　3. 몰수한 산림, 관개시설, 과수원 및 농민들이 경작하기에 불리한 일부 토지를 국유화한다.
『현대조선역사』, 북한 사회과학원 역사연구소, 일송정, 1998.

의 여러 가지 술법에 의한 권리 유지수단을 강구할 기회를 주지 않는 동시에 농민들의 토지 소유욕을 충족시킴으로써 사회주의 체제의 물질적 토대를 시급히 구축하기 위해서였다.

아무튼 이기영은 북한당국의 비판과 숙청을 피해 살아남았다. 그리고 '조소친선협회' 위원장, '최고인민회의' 부의장, '조선문학예술총동맹' 위원장, '조국전선중앙위원'을 역임하는 등 해방 이후 월북한 상태에서 고위직으로 대우받은 극소수의 작가에 속한다.

작가로서 그는 끊임없이 북한 문예정책 및 문예이론을 원용하는 체제순응적 경향을 보이면서 많은 한계점을 노출하기도 하였다. 그러나 평생을 창작의 길로 매진하며 고유어 발굴을 통한 아름다운 우리말을 재현하는 등 우리 문학의 수준을 향상시키면서 한국현대문학사에 뚜렷한 흔적을 남겼다. 이기영의 문학과 삶이 통일문학 연구에 도움이 될 수 있는 가능성을 정리하면 다음과 같다.

- 고유어, 의성어 의태어 등 기층민중 언어의 생생함이 남아 있다. 현재 연구가 진행되는 중이다.
- 주제의식과 관련 깊은 속담, 설화를 작품에 활용하여 대중 문학의 단순구도를 수준 높은 작품미학으로 끌어올리는 필력을 증명한다.
- 두레, 농악, 쥐불놀이 등 공동체 문화를 작품 주제와 높은 밀도감으로 융합하여 특정시대의 인물형상화에 높은 성취를 보인다.

- 현실의 삶과 시대적 조건에 반응하는 다양한 인간상과 이상적인 인간형을 탐색하였다.
- 해방 이전부터 체험을 바탕으로 한 사실적인 삶을 소설화하여 남북한의 이질적 정서를 극복할 수 있는 가능성을 제시했다.
- 남북한에서 공통으로 존중하는 『고향』의 작가로서 그의 해방 이후 작품 또한 이와 관련하여 연구가 가능하다.
- 민촌의 자서전 『태양을 따라』가 남아 있어서 문학과 삶의 사회 상황을 중층적으로 살펴볼 수 있을 것이다.

 민촌은 해방 이전부터 해방과 분단시대를 거치면서 사회적 정세의 변화에 민감하게 대응하면서 작품을 남긴 문제적 작가이다. 이 점에서 그는 다분히 통일문학으로 이어질 가능성이 뚜렷한 작가라는 점에 초점을 맞추어 관심을 기울여야 할 것이다. 분단이라는 특별 상황에서 고립을 자초한 북한사회와의 연결 통로는 극히 제한적이다. 그럼에도 불구하고 이기영의 문학은 꺼지지 않는 필력으로 우리를 북한사회와의 접점으로 이어주고 있다. 다음 내용을 참조할 필요가 있다.

 이데올로기를 일상성 속에 해체해버림으로써 삶의 연속성을 드러내고자 한 염상섭과 관념에 모든 비중을 둠으로써 정치 문학일원론에다 창작방법론을 세우고 그것으로써 나라 찾기와 나라 만들기를 겨냥해온 혁명적 낙관주의 편에 선 한설야의 중간에 작가 이기영이 놓여 있다. 『고향(1934)』을 비롯 『봄(1940)』, 『농막선생(1942)』, 『땅

(1948)』, 『두만강(1954)』을 쓴 이기영은 그의 창작의 원점인 『고향』의 창작방법에서 거의 벗어나지 않고 일관되어왔다. 『고향』의 창작방법론이란 나라 찾기, 나라 만들기도 작가적 체험 속에서만 가능하다는 점이야말로 이기영의 창작방법의 핵심에 놓인 사상이다.[11]

살펴본 바와 같이 『땅』에는 분단 초기 토지개혁을 둘러싼 갈등과 이상사회 건설을 향한 의지적 분위기가 담겨있음을 확인할 수 있었다. 이기영은 『한 여성의 운명』 그리고 민족해방의 대서사를 담은 『두만강』을 집필했으며 자서전 『태양을 따라』를 집필하는 도중 숨을 거두었다.[12] 현재 천안을 중심으로 그의 삶과 작품을 통일문학 운동의 관점에서 조명하는 움직임을 주시하면서 글을 마무리한다.

---

11) 김윤식, 「이기영의 『땅』론」, 실천문학 1990년 겨울호 통권 20호, 실천문학사, 330쪽.
12) 박영식, 「이기영 장편소설 『땅』의 개작 연구」, 영남대 박사논문, 2007, 44-47쪽 참조.

소설가 신채호를 어떻게 읽어야 하나

「꿈하늘」, 『용과 용의 대격전』을 중심으로

1. 신채호의 생애와 문학

신채호는 1880년 12월 8일 충청도 공주목 산내면 도리산리(現 대전광역시 중구 어남동 233번지)에서 태어났다. 아버지는 8세 때 세상을 떠났고, 의지하던 형이 28세로 요절하여 조부 슬하에서 자랐다. 선비 집안이었으나 워낙 가난하여 끼니 걱정을 해야 하는 상황이었다. 그렇지만 신동으로 이웃 마을까지 이름을 날려서 그의 재주를 아끼는 어른들의 도움으로 일찍부터 개화 서적을 섭렵할 수 있었다. 대한제국의 마지막 시기에 태어나서 일제강점기에 독립운동에 앞장서다 뤼순 감옥에 수감되었고, 열악한 환경에서 죽음을 맞았으니 비운의 천재이다.[13] 그는 무애생(無涯生), 일편단생(一片生丹生), 한놈, 적심(赤心), 연시몽인(燕市夢人) 등 다양한 필명으로 『황성신문』, 『대한매

---

13) 『단재 신채호전집 9권』, 「신채호 연보」 참조.

일신보』 등에서 논설 기자로 활동하였으며 역사 관련 이외에도 사회정세, 문학, 교육 등 견결한 필치로 다양한 양식의 글을 남겼다.

그의 사상은 민족주의 영웅주의 사관에서 민중적 아나키즘으로 변화하였다. 이를 보여주는 자료가 그의 서사문학에 고스란히 담겨 있다는 점에서 문학작품의 의의는 특별하게 높다. 또한 그는 『이태리 건국 삼걸전』을 번역하고 「을지문덕전」, 「이순신」 등 역사의 영웅에 관심을 보였다. 이는 위기의 상황에서 영웅의 출현에 기대를 걸었던 시대 상황을 알 수 있으며 동시에 신채호 자신이 그런 인물을 닮고 싶었는지도 모른다. 그러한 배경에서 창작된 소설이 「꿈하늘」이다.

신채호는 임시정부와 뜻이 맞지 않아 결국 이승만 지도부를 인정하지 않고 탈퇴를 감행한다. 이 과정에서 신채호는 '의열단'의 선언문을 써달라는 부탁을 받고 지도부와 만나면서 아나키즘에 깊이 빠지게 된다. 역사의 주체가 민중이며 신분제도는 민중을 억압하기 위한 수단임을 깨닫게 되었으니 이게 혁명적 사상이다. 이러한 상황에서 창작된 소설이 『용과 용의 대격전』으로 알려져 있다. 그러나 이러한 변화가 선구자적 발상으로 의미가 있으나 신채호의 사상 변화를 점검할 수 있는 자료는 한정되어 있다. 특히 그가 수감되면서 저술 활동이 지속적으로 이루어지지 못한 점은 안타까운 일이다.

이 글은 소설가로서의 신채호에 대한 조명이다. 그가 남긴 글 가운데 소설이 차지하는 분량과 비중은 적지 않지만 그의 역사학자로서 혹은 언론인, 독립운동가로서의 명성으로 인하여 소실가로서의 조명은 거의 없는 상황이다. 물론 『신채호 전집』이 간행되긴 했으나 여전히 소설에 대한 관심은 절대적으로 부족한 상황이다.[14] 이 글은 소설에 반영된 그의 사상을 확인하는 점에서 뿐만 아니라 그가 이룩한 독특한 문학세계를 탐색함으로써 근대문학의 층위를 두텁게 하는 측면에서도 의미가 있을 것이다.

그가 사학자로서 이순신, 을지문덕 등 전기류의 작품을 통하여 고취하고자 했던 것은 민족에 대한 자부심이자 긍지였을지도 모른다. 전기류를 쓰다가 창작의 세계에 몰입하게 되는 것은 사회운동의 연장선상으로만 이해할 수 없는 지점이 있다. 또한 소설에 나타난 사상적 배경은 그의 정신세계의 변모 과정과 매우 밀접하게 관련이 있으니, 이 글을 통하여 구체적으로 밝혀보고자 한다.

신채호는 출중한 문학적 재능을 가졌으며 기개 또한 남다른 면모가 있었으니 예전의 관점으로 보면 문무를 겸비한 인물이었다. 『임꺽정』의 작가이자 그의 절친인 홍명희가 발언한 내용을 옮겨 본다.

> 단재는 모든 것을 조선을 기본으로 하고 관찰하고 분석하였습니다. 단재는 놀랄 만큼 철두철미 조선의 심장을 통털어 끌어안은 분이었습니다. 단재는 많은 소설들도 썼는데 그것을 어딘가 발표해보겠다든가 하는 그런 의도에 의해서 쓴 것이 아니라 참지 못해

---

14) 주목할 만한 연구는 『신채호의 서사문학 연구』라는 같은 제목의 최수정, 한양대학교 박사논문(2003)과 김희주, 고려대학교 박사논문(2018), 『단재 신채호 평전』, 김삼웅, 시대의 창. 2011) 등이 있음.

터져 나온 심장의 울부짖음이라 할까, 바로 몸부림치는 조선의 외침, 조선의 지조를 그대로 토로해 놓은 것이라 할 수 있습니다.[15]

홍명희가 말하는 "몸부림치는 조선의 외침, 조선의 지조를 그대로 토로해 놓은 것"이라는 표현 모두가 신채호 소설에 대한 전폭적인 지지와 인정의 관점이라고는 보여지지 않는다. 비전문가가 열정을 바쳐서 작업을 했으나 완성된 작품이라고 하기에는 미흡하다는 그런 의미로 받아들여지는 게 적절할 수도 있다.

홍명희는 대하 역사소설 『임꺽정』의 저자이지만 소설 작업을 여기(餘技)로 여겼다. 이는 문인과 전업 작가의 분업이 이루어지지 않았던 당시의 일반적인 풍조이기도 하였다. 홍명희의 안정감 있으면서 유연한 사고방식과 달리 신채호는 급진적이고 행동하는 다혈질 체질이었던 것으로 보인다. 신간회를 주도했던 홍명희와 의열단의 선언문을 작성한 신채호는 '신간회와 의열단이라는 단체의 차이' 만큼 그 사상의 격차가 보인다.

신채호는 북경에서 김원봉의 부탁으로 1923년 '조선혁명선언'을 기초했는데 참정론, 자치론 등의 타협적 민족주의 노선을 통렬히 비판하고 무력에 의한 독립투쟁 및 사회개혁을 주장했다. 그는 식민지 상태에서 민족을 구할 역사의 주체를 '민중'이라고 규정하면서 '민중에 의한 혁명'을 항일 독립운동의 핵심으로 부각시켰다. 그는 박

---

15) 《문학신문》,「단재 신채호의 소설에 대하여」, 1966년 3월 1일.

은식과 함께 식민사관을 극복하고 주체적인 민족사관을 확립하고자 했는데 특히 역사를 '아(我)와 비아(非我)의 투쟁'이라고 규정하면서 한국 근대사학의 기초를 확립했다.

『조선상고사』에는 단군에서 백제 멸망까지를 서술했고, 『조선사연구초』에서는 '묘청의 난'을 '조선 일천 년 이래의 대사건'이라고 높이 평가했다. 이것은 북벌로 진출하려던 세력과 사대주의 세력의 충돌 과정에서 사대주의를 대표하는 김부식 세력이 승리해 역사에서 북진정책이나 독립 정신이 쇠퇴하게 되었다는 주장과 일치한다.

신채호의 소설 창작은 「을지문덕」(1906), 「이순신」(1907), 「꿈하늘」(1916), 「용과 용의 대격전」(1928)으로 꾸준히 진행되었다. 그 사이에 다양한 서사문학과 수필류를 열정적으로 발표하였음은 익히 알려져 있다. 영웅의 일대기를 위주로 글을 쓰던 신채호가 기발한 상상력과 세련된 문장으로 새로운 형식의 글을 쓰게 되었으니 소설 창작을 사상 토로의 도정으로 삼은 셈이다.

「꿈하늘」과 『용과 용의 대격전』은 창작 시기에서 대략 10여 년 차이가 난다. 두 작품 모두 판타지 기법으로 시공간의 작품 배경이 천상과 지상 그리고 지옥과 천국을 오가는 양상을 보인다. 작품 이해를 위해 두 작품의 구성과 줄거리를 소개할 필요가 있다고 여겨진다. 작품의 전개 과정 속에서 중심인물이 당시의 사회, 역사적 배경과 어떤 관계를 지니고 있는지를 살펴볼 수 있을 것이다. 이후 두 작품이 지니는 사상적 배경의 공통점과 차이점을 정리함으로써 소설가 신채호의 문학과 정신세계의 일부나마 밝혀낼 수 있으리라고 생각한다. 이 글에서는 주로 작품 소개와 소설가로서의 신채호를 조명하는 것에 의의를 두고자 한다.

(1) 「꿈하늘」의 구성과 작품 이해

「꿈하늘」은 1916년 창작된 작품으로 200매 분량으로 중편소설에 가깝다. 전체 6장 구성으로 이루어지는데 3장은 거의 유실되었으며 미완성 작품으로 알려져 있다. 이 작품은 구국 운동에 몸 바친 주인공 '한놈'의 한국사 순례를 그리면서 민족의 참다운 자주 독립을 향해 각성해 가는 과정을 다룬다. 서두에서 등장인물 '한놈'을 작가 자신이라고 발언한 점이 특별하다. 동시에 '한놈'은 독립투사들의 상징이며 국가 상실의 위기를 맞은 한민족의 상징이기도 하다. 국민들에게 민족혼과 투쟁 의식을 고취시키려는 의도가 배어 있는 작품으로, 근대소설 측면에서 완성도는 부족하지만 한글문장과 자연스러운 입말의 사용, 강렬한 주제 의식과 문장의 독특함은 우리나라 신문학 초기의 판타지 소설로서 의의가 있는 작품으로 평가된다.

작품의 구성과 줄거리를 정리하면 다음과 같다.

1장, 주인공 '한놈'의 등장. 그는 천관의 명령을 받고 무궁화 꽃송이에 실려 천국에서 지국으로 내려와 무궁화와 을지문덕의 화답시를 듣는다. 을지문덕은 '한놈'에게 육계에서 싸움이 그치지 않으면 영계에서도 싸움이 그치지 않는다는 가르침을 준다.

2장, '한놈' 자신의 왼팔과 오른팔이 치열하게 싸운다. '한놈'의

손가락 끝에 다시 손이 나오기를 반복하면서 양손이 수만 개가 되고 뱀과 노루, 범, 매, 꿩 등으로 변해 서로 치열하게 싸움을 한다. 그 과정에서 투쟁의 목적과 방식에 대해 배운다. "싸우거든 내가 남하고 싸워야 싸움이지, 내가 나하고 싸우면 이는 자살이요 싸움이 아니니라."라고 민족 분열의 위험성을 경고받기도 한다.

3장, '한놈'은 을지문덕과 함께 조선의 영웅에 대해 회고하면서 비로소 시대적 의무를 자각하게 된다.

4장, 을지문덕을 따라 님나라(조국) 싸움터로 찾아간다. 아픔벌의 가시덤불, 황금산의 유혹, 새암과 시내의 질투 등의 질곡 속에서 친구로 만난 여섯 한놈이 모두 떠나고 홀로 남는다. 그러다가 풍신수길과의 대결에서 정신을 잃는다.

5장, 풍신수길과의 대결에서 실패하고 지옥에 떨어진다. 이후 강감찬 장군의 도움을 받아 겨우 이곳에서 벗어나게 된다.

6장, '한놈'은 목적지 님나라(조국)에 도착. 이후 민족의 겨레들과 함께 결전가를 높이 부르며 먼지가 쌓인 조국의 푸른 하늘을 비로 쓸고 있다.

이상 각 장별 내용을 요약했으니 이제 전체적인 줄거리를 다시 살펴보도록 하겠다. 단기 4240년이자 서기 1907년에 '한놈'이 동편의 오원기와 서편의 용봉기 밑에서 장졸들이 싸우는 것을 구경하는 장면이 시작이다. 이때 을지문덕으로부터 시국에 관한 설명을 듣는다. 이 싸움이 끝난 후 '한놈'은 대장 을지문덕의 말을 듣게 되고 외세를 몰아내는 전쟁에서 승리해야 한다는 역사적 사명을 깨닫는다. 을지문덕은 지금의 땅이 단군에 의해서 연해주까지 이르게 되었고, 서울은 세 곳, 부소, 백아, 오덕까지 모두 중요하므로, 이 중에서 하나라도 잃지 말라고 가르친다. 그렇게 이야기를 나누던 중 을지문덕은 다시 싸움터로 향한다. '한놈'이 여섯 친구와 님나라로 가다가 유혹에 빠진 친구들은 길을 벗어나고, '한놈' 역시 미인의 유혹으로 흔들려서 지옥에 떨어지게 되자, 강감찬 장군이 나타나 그의 죄를 일깨워주면서 지옥을 벗어나도록 도와준다. 마침내 천국에 당도하여 기뻐하였으나 역대의 겨레들이 하늘에 쌓인 인간의 죄를 쓸고 있었다. '한놈'은 눈물과 동포애만이 하늘을 깨끗하게 할 수 있음을 깨닫는다.

소설의 서두에서부터 세 개의 소리가 주인공 '한놈'의 의식 속에 들어와 강렬한 투쟁 의식을 고취한다. 천관(天官)과 무궁화 그리고 을지문덕의 소리는 일제에 나라를 빼앗기고 식민지가 된 망국민으로서 '한놈'이 해야 할 일을 일깨워준다. 여기에는 역사를 '아(我)와 비아(非我)의 투쟁의 기록'으로 보는 신채호의 민족사관이 반영되어 있다. 주인공 '한놈'이 반일의 애국정신을 굳건히 하여 강감찬, 을지문덕과 나란히 애국 용사의 반열에 서게 되는 과정을 그리고 있다.

이제 '한놈'에 대하여 본격적으로 알아보도록 하자. 여기에서 '한놈'은 고유명사가 아니라 보통명사이다. '놈', '노마'라는 표현의 신분이 낮은 사람을 지칭하는 명사와 '한'이라는 접두사에 남신

'크다', '가득하다' '중심' 등의 의미가 결합한 복합어이다. 결국 '한놈'은 국권회복의 열망을 실현할 가능성의 인물이다.

 동시에 그는 「꿈하늘」의 주인공이며 이는 신채호 자신이라고 서문에서 직접 언급한 바가 있다. 그렇다면 그가 떠나는 여정은 신채호가 평생을 바친 독립운동, 국권회복의 길과 직접 관련이 있을 것이다. 작품의 배경을 1907년으로 설정한 것은 국권 상실 이전의 시대를 돌아보며 밝은 분위기를 유지하기 위함으로 보인다. 꿈이라는 허구를 빌어서 불가능한 현실의 조건을 뛰어넘겠다는 의지적 발상이다.

> 봄비슴의 고운 치마 님이 나를 주시도다
> 님의 은덕 갚으려 하여
> 내 얼굴을 쓰다듬고 비바람과 싸우면서
> 조선의 아름다움 쉬임없이 자랑하려다
> 나도 이리 파리하다
> 영웅의 시원한 눈물
> 열사의 매운 피물
> 사발로 바가지로 동이로 가져오너라
> 내 너무 목마르다
>
>   – 『단재신채호 전집7』,[16] 「꿈하늘」, 517쪽

위 인용은 무궁화가 파리해지고 여윈 것을 안타까워하는 을지문덕의 시에 대한 화답시이다. "영웅의 시원한 눈물/ 열사의 매운 피물"이 시급한 시국의 상황을 보여준다. 무궁화는 암담한 조국의 현실을 상징한다. 이러한 위기의 시대에 역사적 영웅인 을지문덕이 등장하여 '한놈'에게 나라와 민족을 구하는 가르침을 준다.

소설의 많은 부분은 조국에 대한 자부심과 긍지가 차지한다. 역사와 전통이 빛나는 조국을 지키기 위한 처절한 전투이다. '한놈'의 무리가 님나라 싸움터로 달려갈 결의를 다지고 떨쳐나서는 길에서 만난 조국 산천의 아름다움은 그 대표적인 예이다.

받고 차며 이야기하며 가더니 이것이 어데관대 이다지 좋은가. 나무 그늘 가득한 곳에 금잔디는 땅에 깔리고 꽃은 피어 뒤덮였는데 새들은 제 세상인 듯이 짹짹이고 범이 오락가락하나 사람 보고 물지 않고 온갖 풀이 모두 향내를 피우며 길은 옥으로 깔렸는데 얼른얼른하여 그곳에 한놈의 무리 여섯이 비치어 있고 금강산의 만물상같이 이름 짓는 대로 보이는 것도 많으며 평양 모란봉처럼 우뚝 솟아 그린 듯한 빼난 뫼며, 남한산의 꽃버들이며, 북한산의 단풍이며, 경주의 3기8피(3奇八怪)며 원산의 명사십리 해당화며, 호호탕탕한 강물에 뛰노는 잉어며, 찬안 삼거리 늘어진 버들이며

---

16) 『단재신채호전집7』「신채호문학유고선집」, 단재신채호전집편찬위원회, 독립기념관 한국독립운동사연구소, 2007. 「꿈하늘」 텍스트는 위 원문을 참고하여 현재의 맞춤법으로 바꾸었음. 작품 인용은 제목과 쪽수만 밝힌다.

송도 박연에 구슬 뿜듯 헤치는 폭포며, 순창 옷과 대발이며 온갖 풍경이 갖추어 있어 한놈의 친구 여섯 사람으로 하여금 '아픔벌'에서 받던 고통은 씻은 듯 간데없다.

– 「꿈하늘」, 540쪽

벗과 함께 목적지를 향해 걷는 길은 비록 고행이지만 아름다운 산천을 통과하면서 정신을 새롭게 가다듬는 계기가 된다. 하지만 험난한 길이기에 끝없이 시련이 이어진다. 비유와 상징으로 가득한 소설 속 고난의 시기와 반목 투쟁의 시기와 내부 분열의 시기를 극복하고 '한놈'은 드디어 풍신수길과 한판 대결을 펼치는데 어느 순간 지옥에 떨어진다. 이 작품에서 가장 창의성이 돋보이는 부분이 지옥에 대한 묘사인데 친일 매국노에 대한 처단의 성격을 띠고 있는 점이 카타르시스를 유발한다.

첫째는 국적을 두고 지옥이 일곱이니,
(가)국민의 부탁을 맡아 임금이 되자거나 대신이 되어 나라의 흥망을 어깨에 메인 사람으로 금전이나 사리사욕만 알다가 적국에게 이용된 바가 되어 나라를 들어 남에게 내어 주어 조상의 역사를 더럽히고 동포의 생명을 끊나니 백제의 임자(任子)며, 고구려의 남생(男生)이며, 발해의 말제(末帝) 인찬(諲譔)이며, 대한말(大韓末)의 민영휘(閔泳徽), 이완용(李完用) 같은 무리가 이것이다. 이 무리들은 살릴 수 없고 죽이기도 아까우므로 혀를 빼며 눈을 까고

쇠비로 그 살을 썰어 뼈만 남거든 또 살리고 또 이렇게 죽이되 하루 열두 번을 이대로 죽이고 열두 번을 이대로 살리어 죽으면 살리고 살면 죽이나니 이는 곧 매국 역적을 처치하는 '겹겹지옥' 이니라.

(나)백성의 피를 빨아 제 몸과 처자를 살찌우던 놈이니 이놈들은 독 속에 넣고 빈대와 뱀 같은 벌레로 그 피를 빨게 하나니 이는 '줄줄지옥' 이니라.

(다)혓바닥이나 붓끝으로 적국의 정책을 노래하고 어리석은 백성을 몰아 그물 속에 들도록 한 연설쟁이나 신문기자들은 혀를 빼고 개의 혀를 주어 날마다 '컹컹' 짖게 하나니 이는 '강아지 지옥' 이니라.

(라)목구멍이 포도청이라고 해먹을 것 없으니 정탐질이나 하리라 하여 뜻있는 사람을 잡아 적국에게 주는 놈은 돼지껍질을 씌워 '꿀꿀' 소리나 하게 하나니 이는 '돼지 지옥' 이니라.

(마)겉으로 지사인 체하고 속으로 적 심부름하던 놈은 그 소위가 더욱 밉다. 이는 머리에 박쥐 감투를 씌우고 똥집을 빼어 소리개를 주나니 이는 '야릇 지옥' 이니라.

(바)딸각딸각 나막신을 끌고 걸음걸음 적국놈의 본을 뜨며 옷 입고 밥 먹는 것도 모두 닮으려 하며 자식이 나거든 내 말을 버리고 적국말을 가르치는 놈은 목을 잘라 불에 넣으며 다리를 끊어 물에 던지고 가운데 토막은 주물러 나나리를 만드나니 이는 '나나리 지옥' 이니라.

(사)적국놈에게 시집가는 년들이며 적국의 년에게 장가가는 놈들을 불칼로 그 반신을 끊나니 이는 '반신 지옥'이니라.
　　　　　－「꿈하늘」, 548-549쪽

　이어서 '똥물 지옥' '맷돌 지옥', '엉금 지옥', '댕댕이 지옥', '어둥 지옥', '단지 지옥', '지짐 지옥', '잔나비 지옥', '가마 지옥', '쇠솥 지옥', '아귀 지옥'이 이어진다. 1910년대 소설 창작의 시기만 해도 매국노와 친일배들을 소설 속에서 처단하면서 풍자와 해학의 여유가 살아있음을 확인할 수 있다. 신채호는 독립운동을 도모하면서도 강직한 성품으로 인하여 비타협적인 태도로 일관하였던 일화가 많이 전해지고 있다. 그는 파벌과 학연, 지연으로 늘 주변부로 밀려나면서 일체의 권위나 권력에 대한 부정적 사고를 키우게 되었다. 입으로는 민족과 독립을 말하면서도 이기심이나 명예욕을 앞세우는 사람들을 만날 때마다 끓어오르는 분노를 참기 어려웠을 것이다.
　「꿈하늘」에서 '한놈'이 배우는 싸움의 방식은 전술 전략적 측면에서 중요하지는 않지만 그만큼 절실했던 문제의식을 담보하는 것이다. "싸우거던 내가 남하고 싸워야 싸움이지 내가 나하고 싸우면 이는 자살이요. 싸움이 아니라." 이는 '한놈'의 왼팔과 오른팔의 싸움을 보고 훈계하는 무궁화의 말이다. '한놈'의 몸에서 벌어지는 환상적인 싸움과 그에 대한 무궁화의 훈계를 통하여 반일독립단체 내부에 있었던 파벌싸움을 처절하게 비판하고 있다.

특히 소설 문장마다 일신의 향락과 부귀영화에 눈이 어두워 나라와 민족을 팔아먹는 매국 역적들과 사대주의자들의 죄행을 샅샅이 열거한다. 그것은 풍신수길과의 격전에서 참패를 본 후 지옥에 떨어진 '한놈'에게 순옥사 강감찬이 지옥에 감금된 놈들의 죄행을 가지가지 열거하면서 폭로하는 장면에서 생동감 있는 표현으로 묘사된다.

일곱 '한놈'이 하나가 되어 나라를 구하러 길을 떠나지만 고된벌, 아픔벌 새암 샘물로 표현되는 위기를 만나면서 결국 임나라까지 도착하는 건 '한놈' 혼자이다. '한놈'은 신채호 자신의 투영으로 볼 때 1인칭 주인공 시점의 소설로 읽을 수 있는 여지도 보인다.

'한놈'은 친구가 없이 악전고투하는데 여섯 친구가 생겼으나 이들은 중간에 스스로 포기하거나 재물의 유혹에 빠지거나 음해에 말려들어서 자멸하여 다시 혼자가 된 것이다. 말하자면 스스로 영웅이 되지 않으면 안 되는 딜레마에 빠지게 되니 '한놈'의 이름을 오직 유일한 한사람으로 해석할 수도 있을 것이다. 결국 목적지인 임나라에 도착했지만 그곳에서는 "하늘을 못 보느냐? 오늘 우리 하늘은 땅보다는 먼지가 더 묻었다"면서 비질을 하는 곳이다. 이곳에서 바쳐야 할 것은 돈도, 쌀도, 보배도 아이고 눈물이라고 하는데 그 눈물의 의미는 무엇인가.

「안이다. 그 눈물은 못 쓰나니라.」

「열한아 열두 먹던 때에 남과 싸우다가 분하여 운 눈물도 눈눌입니까?」

「안이다. 그 눈물도 값없나니라.」

「그러면 오직 나라사랑이며 동포사랑이며 대적에 대한 의분의 눈물만 씀닛가?」

「그러니라. 그러나 그 눈물에도 眞假를 고르느니라.」

이렇게 주고받으며 말하다가 左右를 돌아보니 한놈의 평일 친구들도 어데로부터 왔는지 문 앞에 그득하더라. 이에 눈물의 정구가 되는대 한놈의 생각에는 내가 가쟝 끝이 되리로다. 나는 원래 무정하야 나의 인간에 대하여 뿌린 눈물은 몇 방울인가 세어라.

- 「꿈하늘」, 560쪽

마지막 장면이다. 「꿈하늘」을 미완성작품이라고 본다면 이후는 각자의 상상으로 완성해야 할 것이다. "오직 나라사랑이며 동포사랑이며 적에 대한 의분의 눈물만" 님나라를 위해 바칠 수 있다는 대목이 서정적 울림을 준다. 이때까지 그의 민족주의 사상은 절대적으로 애국애족의 차원에서 평등하고 다수가 행복한 세상을 만들고자 하는 막연한 추상적 이념에 머물러 있었다.

항일 독립 운동가이자 역사학자였던 단재 신채호가 중국 상해에 머무르던 1916년 무렵에 쓰여진 이 작품은, 당시로서는 보기 드문 한글체 형식으로 개화기의 시대 의식과 외세에 대한 저항 의식, 영웅 탄생에 대한 염원을 최대한 형상화한 스토리이다. 단재는 이 작품에서 주인공 '한놈'을 내세워 민족에 대한 절대적 애정을 보이면서 일제에 빼앗긴 조국을 되찾으려는 강한 의지를 담고 있다. 시·공간을 초월하는 환상 기법은 주제 의식을 표현하기 위한 독특한 문학적 표현 방식으로 작가의 기발한 상상력이 돋보인다.

「꿈하늘」은 작가가 서두에서 '한놈'은 작가 자신을 의미한다는 것, 이것이 꿈이라고 했다. 결국 현실에서 이루어질 수 없는 꿈을 소설로서 성취를 시도한 것이다. 을지문덕도 만나고 강감찬도 만나 커다란 흐름을 바로잡는데 도움을 받지만 결국은 스스로 흘리는 '눈물'의 힘이 가장 중요하다는 결론을 내린다. '눈물'은 희생과 투쟁 의지를 상징하는 것임은 분명하나, 직접적 언술이 아닌 이러한 비유적 표현으로 독자의 다양한 반응을 기대할 수 있는 가능성이 풍요로워진다.

우리가 문학작품을 통하여 신채호의 사상과 당시 독립운동 노선에 대하여 시시비비를 가리거나 장단점을 논하는 것은 적어도 이 자리에서는 의미가 없어 보일 수도 있다. 중요한 것은 독립운동이라는 방향을 향하여 일관성 있게 행동하되 시기와 상황에 맞추어 정세를 정확히 분석하고 개인의 아집이나 권력의지를 위한 결단이 아니라 다수의 행복에 포커스를 맞추는 것이다. 신채호는 이 점에 있어서 스스로의 변신을 가능케 한 인물로 소설 창작이 그 변신의 면모를 증명하는 도구로 사용하였다고 말할 수 있겠다.

「꿈하늘」은 다양한 역사적 등장인물, 대사의 은유적 상징성과 설화나 시가의 삽입이 많아 작품이 쉽게 읽히지 않는다. 서문에서 밝혔듯이 꿈으로 들어가는 것이 아니라 꿈속에서 글을 쓰는 것이라 했다. 근대소설이나 몽유록계 소설과 연관지어 그 미비점을 논하는 것보다는 현대판 판타지 소설로 받아들이는 것이 더욱 자연스럽다. '아픔 벌', '고됨 벌', '새암' 등의 공간을 한놈과 나머지 여섯 친구들이 지나는 부분은 우리 민족의 수난기를 그대로 옮겨놓은 듯 생동감 있게 형상화되어 있다.

소설에서 쓰인 시가와 역사적으로 전해오는 단군신화, 동명왕 전설, 낙화암 전설, 을지문덕 전설 등의 설화, 그리고 상고로부터 당대에 이르는 역사적 인물의 일화도 다양하게 등장한다. 이 모든 것은 장엄했던 조국의 영광을 되살리면서 회복해야 할 국권의 당위성을 강조하기 위함이다.

3. 『용과 용의 대격전』의 무정부 사상

『용과 용의 대격전』은 신채호의 민중의식과 무정부 사상을 교과서처럼 명료하게 드러내는 작품이다. 소설적 구성이나 흐름은 거칠지만 기개가 살아있으며 사상의 정수를 드러내기 위해 직진하는 구성의 일관성이 설득력 있게 다가온다. 민중 승리나 권선징악의 평면적 주제 의식은 고전소설의 틀에 머물고 있지만 판타지 기법이나 급진적 사상 전개가 참신하다. 전체 10장으로 각각의 소제목으로 구성되어 있는데 그 줄거리를 요약하면 다음과 같다.

1장, 미리님의 나리심 : 무진(戊辰)년(1928년 창작연대) 미리의 반민중성을 폭로한다. 미리는 인민들이 피를 뽑아 술을 빚고 눈물을 짜 떡을 만들어 바치지만 정성이 부족하다며 이들을 처참하게 죽인다.

2장, 천궁(天宮)의 태평연(太平宴), 반역에 대한 걱정 : 미리는 인민을 죽인 공으로 상제에게 훈장과 작위를 받는다. 인민은 굶주리고 상제는 천궁에서 태평연(太平宴)을 베푼다. 석가, 공자, 예수를 인민의 반역을 방지하기 위한 마취제로 표현.

3장, 미리님이 안출(案出)한 민중 진압책 : 식민지 민중을 기만하는 문화정치의 허상 폭로와 식민지 정책 풍자.

4장, 부활할 수 없도록 참사(慘死)한 야소(耶蘇) : 드래곤과 그 무리(민중)는 상제의 외아들 야소를 죽임. '고통자가 복 받는다, 핍박자가 복 받는다'는 거짓말로 망국 민중과 무산 민중을 속여 지배와 통제를 돕는 종교를 풍자수법으로 부정한다.

5장, 미리와 드래곤의 동생이성(同生異性) : 동양의 용 미리와 서양의 용 드래곤은 형제다. 그들만의 천국이 전멸되기 전에는 드래곤의 정체가 오직 '0'으로 표현될 뿐이다. '0'은 민중의 변화무쌍한 무한대의 가능성이다. 천국과 지국은 채움과 비움의 상반관계를 지닌다. 그 가능성은 (폭력)혁명이다.

6장, 지국(地國)의 건설과 천국의 공황(恐慌) : 지국의 민중이 힘을 얻고 천국의 상제는 위기를 맞음. 민중들이 야소를 죽인 뒤에 공자·석가·마호메트……등 종교 도덕가 등을 때려죽이고, 정치·법률학교·교과서 등 모든 지배자의 권리를 옹호한 서적을 불 지르고, 교당(敎堂), 정부, 관청, 은행 등 건물을 파괴하고 과거의 사회세도를 일절 부인하고 지상의 만물이 민중(民衆)의 공유(公有)임을 선언. 민중이 단합하여 독립을 선언하면 천국은 존재할 수 없음. 노동과 경제를 담당하는 하부구조 없이 정치 문화 권력의 상부구조는 존재할 수 없음을 드러냄.

7장, 미리의 출전과 상제의 우려 : 자존심을 팽개치고 바가지로 빌어 먹으며 살 길을 도모하던 상제에게 미리는 드래곤과 한판 승부를 벌이겠다고 지상으로 출전함.

8장, 천궁의 대란(大亂), 상제의 비거(飛去) : 천궁까지 울려 퍼지는 "왔다 왔다, 드래곤이 왔다. 인제는 천국의 말일이다." 소리에 상제는 아끼던 연인도 죽이고 천궁은 불타고 상제는 바람에 날린다.

9장, 천사의 행걸(行乞)과 도사의 신점(神占) : 천사는 사라진 상제를 찾아 구미(歐美) 각국으로 다니고 사도 바울을 만나지만 미친놈 취급을 당한다. 민중이 주인이 된 평등한 세상에는 황제대왕, 대통령, 국무총리도 없고, 은행, 회사도 없다. 천제는 연극에서나 존재한다. 도사가 점을 쳐서 상제의 위치를 알려줌.

10장, × × × : "억만 민중들은 고양이가 되고 과거 모든 세력자는 쥐가 되었다. 상제를 찾으려거든 쥐구멍으로 가라."며 미리는 토우상이 되어 상제를 찾아다니는 천사를 비웃는다.

소설은 위와 같이 총 10개의 장으로 구성되었으며 1920년대 반일 민족해방운동의 사회 역사적 상황을 소설화하여 수탈과 억압 세력의 공간을 천국으로, 지배당하는 민중이 사는 공간을 지국으로 설정한다.

주요 등장인물은 하늘의 상제와 그의 충실한 신하인 천사와 행동대장인 미리이다. 미리는 동양의 용이며 서양의 용인 드래곤과 형제로 설정된다. 하늘의 상제와 그의 신하는 지상의 백성들을 수탈하여 부귀영화를 누리며 태평성대를 노래한다. 그런데 어느 날부터 하늘이 멸망하고 새로운 세상이 온다는 소리가 들려오면서 상제를 불안에 떨게 만든다. 새로운 세상을 이끄는 주체 드래곤은 모습을 드러내지 않으면서 세력을 확장한다. 드래곤은 '0'으로 표기되며 무한소에서 무한대로의 변화무쌍한 성격을 지니는데 이는 곧 민중의 역량과 가능성을 의미하는 것이다. 결국 민중의 지지를 받는 드래곤과 민중과 대립하는 상제의 신하인 미리와의 대결이 '용과 용의 대격전'이다. 대격전의 구체적 정황은 생략되면서 천궁은 멸망하고 상제는 쥐새끼가 되고 미리는 토우가 된다. 천사는 이러한 상황에서도 상제를 찾아다니는 어리석은 존재로 풍자된다.

작가는 소설에서 드래곤의 승리를 기정사실로 점차 그 의미를 확장한다. 이는 폭력혁명을 통한 민중의 승리를 의미하는 것이다. 천국과 지국의 공간 설정은 판타지 기법으로 전개되지만 전반적인 사건과 대화는 사실적인 기법이 사용되었다. 소설에 등장하는 선악의 대결은 풍자와 해학의 기법으로 재미를 준다. 침략자 일본과 친일파만 공격하는 것이 아니라 점진적인 개혁론자 등과도 타협하지 않는 원칙을 드러낸다.

소설 전체가 인간해방의 의지와 사상을 형상화하는 것으로 일관성 있게 진행된다. 먼저 해방을 가로막고 있는 주체가 무엇인가? 그 실체를 폭로하기 위해 천국의 인물을 매우 상세하게 그려낸다. 상제는 자신의 안위를 위해 신하와 천사를 이용만 할 뿐 전혀 권위를 보여주지 못하는 어리석은 인물이다. 위기에 처한 나라의 운명 앞에서 강대국에 의해 꼭두각시처럼 움직였던 대한제국의 마지막 왕을 보는 듯하다.

심지어 상제는 충동적으로 자신이 총애하던 여인까지 죽인다. 사태가 최악에 이른 것을 알자 바가지에 빌어먹을 궁리를 하며 자신의 한 목숨 구걸에만 연연한다. 미리는 상제에 비하여 자신의 소임을 위하여 마지막까지 역할을 수행하는 인물로 설정된다. 사태를 지나치게 낙관하여 이길 수 없는 싸움에 목숨을 걸고 뛰어드는 결기를 지닌 인물이다.

미리는 자신에게 주어진 책무를 감당하기 위해 몸을 던지지만 하루아침에 자신을 미리님과 미리놈으로 달리 대하는 상제를 인지할 수 있는 능력의 소유자다. 결국 미리의 존재는 겉으로는 충절을 부르짖으면서도 자신의 명예와 권위를 위해 왕에게 복종하는 조선제국의 마지막 충신을 풍자한다. 반면에 천사는 마지막까지 포기하지 않고 상제를 찾으러 다니는 우매함을 보인다.

"(전략)상제를 찾으려거든 쥐구멍으로 가 보아라." 천사가 미리의 말을 듣고 괘씸히 생각하였지만, 그 마음이 벌써 상제에게 떠나 돌릴 수 없는 바에야 다언(多言)이 쓸 데 있으랴. 상제나 찾아가리라고 묘문(廟門)을 나오니 서역방지(鼠疫防止)를 위하여 쥐를 박멸하려고 출동한 민중들을 만났다. 천사 문득 도사의 점에 상제가 쥐구멍에 있으리란 말을 생각하고 울면서

"여보시오. 쥐를 잡지 말으시오. 쥐는 곧 하늘에서 도망하여 온 상제올시다."

하나, 이 말에는 대답이 없고 다만

"왔다 왔다, 드래곤이 왔다. 인제는 쥐의 말일이다."

하는 소리만 사방에 일 뿐.

— 『용과 용의 대격전』 618쪽[17]

   천사를 이토록 어리석은 존재로 묘사한 신채호의 의중을 생각하면 웃음이 터질 정도이다. 그는 그렇게 강직하고 비타협적인 독립운동을 하면서 각양각색의 다양한 인물을 만났을 것이다. 그 가운데 도둑 심보를 지닌 악인이나 모사꾼을 처단하기는 색출 과정을 통하여 얼마든지 가능했을 것이다. 하지만 일제의 악랄함에도 불구하고 끝까지 천사의 얼굴로 맞서는 인물을 어떻게 해야 할 것인지 참으로 난감하지 않았을까 짐작이 간다. 소설 속 천사는 쥐새끼로 변한 무능하고 어리석은 군주를 위해 마지막까지 충성의 끈을 이어가려는 대한제국의 마지막 충신에 대한 비유이다. 천사라는 이름으로 미화

---

17) 텍스트는 『단재신채호전집』의 원문을 참조하여 현대맞춤법에 맞추어 적었음. 인용은 제복과 쏙수만 표기함.

된 이러한 인물을 안타깝게 여기면서도 철저하게 비판하는 신채호의 의중을 읽을 수 있다. 마지막 상제의 비참한 말로와 그를 지지하던 세력의 몰락과 더불어 천사의 울부짖음이 속 시원한 통쾌함으로 풍자와 해학의 웃음을 선물하면서 작품성을 부여한다.

미리는 어떤 인물인가? 첫째, 그는 인민을 괴롭히는 행동대장이다. 이러한 미리의 포악성과 인민의 어리석음을 1장에서 보여준다.

'이놈들, 정성을 내지 않고 행복을 찾는 놈들 죽어 보아라' 하고 아가리를 딱 벌린다. 아이구, 어머니 그 아가리가 놀보의 박이런가, 그속에서 똥통쓴 황제며 쇠가죽 두른 대원수며 이마가 반지러운 재산가며, 대통이 뒤로 달은 대지주며 냄새 피우는 순사나리며 기타… 모든 초란이들이 쏟아져 나온다. 나와서 모든 빈민들을 모조리 먹는다.

피를 짜먹고 살을 뜯어먹고 나중에는 뼈까지 바싹바싹 깨물어 먹는다. 먹히지 않으려면 탄알의 받이요, 감옥의 책임이다. 아, 지옥의 세계! 가련한 인민!

－『용과 용의 대격전』 604-604쪽

차린 음식과 제물이 풍족하지 못하다고 인민을 박해하는 장면이다. 미리의 잔인함이나 욕심은 성격에서 오는 것이 아니다. "똥통 쓴 황제며 쇠가죽 두른 대원수며 이마가 반지러운 재산가며, 대통이 뒤로 달은 대지주며 냄새 피우는 순사 나리"가 미리의 아가리에서 나온다는 설정은 결국 이들 모두가 한통속으로 제도적, 구조적으로 인민을 수탈한다는 의미를 표현하는 것이다. "아, 지옥의 세계! 가련한 인민!"의 표현은 탈춤극에 등장하는 대사처럼 연극적이며 강렬하다. 반복적인 대구의 표현으로 인민을 수탈하는 존재들을 열거하면서 미리의 상징성을 보여준다. 소설의 전지적 시점에서 사용하는 감탄식 서술자의 표출은 근대소설적인 기법으로는 미숙함이라고 볼 수 있다.

둘째, 미리는 인민의 수탈자로서 간악한 속성을 지니는데 그 주도면밀하고 철저한 착취를 가능하게 하는 것이 식민지제국주의의 실체임을 간파하여 표현하고 있다. 다음은 미리가 상제에게 식민지의 인민이 반역하지 못하도록 계책을 말하는 장면이다.

"(전략) 그런즉 식민지의 민중처럼 속이기 쉬운 민중이 없습니다. 철도·광산·어장·삼림·양전(良田)·옥답(沃畓)·상업·공업…… 모든 권리와 이익을 다 빼앗으며 세납과 도조(賭租)를 자꾸 더 받아 몸서리 나는 착취를 행하면서도 겉으로 '너희들의 생존 안녕을 보장하여 주노라'고 떠들면 속습니다. 가죽 채찍·철퇴·죽침질·단근질·전기뜸질, 심지어 입에 올리기도 참악(慘惡)한 『XXX』『XXX』같은 형벌을 행하면서도 군대를 출동하여 부녀자 찢어 죽인다, 소아를 산 채로 묻는다, 온 마을을 도륙(屠戮)한다, 곡속(穀粟)가리에 방화한다……하는 전율할 수단을 행하면서도 한 두 신문사의 설립이나 허가하고 '문화정치의 혜택을 받으라'고

소리하면 속습니다. 학교를 제한하여 그 지식을 없도록 하면서도, 국어와 국문을 금하여 그 애국심을 못 나도록 하면서도, 저들 나라의 인민을 이식하여 그 본토의 민중을 살 곳이 없도록 하면서도, 악형과 학살을 행하여 그 종족을 멸망토록 하면서도, 부어터질 동종동문(同種同文)의 정의(情誼)를 말하면 속습니다. 건국, 혁명, 독립, 자유 등은 그 명사까지도 잊어버리라고 일체 입과 글에 오르지도 못하게 하지만, 옴 올라갈 자치·참정권 등을 주마 하면 속습니다. 보십시오. 저 망국제를 지낸 연애 문단에 여학생의 단 입술을 빠는 청년들이 제 세상을 자랑하지 않습니까! 고국을 빼앗기고 쫓김을 당하여 천애(天涯) 외국에서 더부살이하는 남자들이 누울 곳만 있으면 제2 고국의 안락을 노래하지 않습니까? 공산당의 대조류에 독립군이 떠나갑니다. 걸(乞)아지 정부의 연극에 대통령의 자루도 째집니다. 속이기 쉬운 것은 식민지의 민중이니, 상제시여, 마음 노십시오. 세계 민중들이 다 자각한다 하여도 식민지 민중만은 아직 멀었습니다. 우리가 식민지의 민중만 잡아먹더라도 몇 십 년 동안은 아무 걱정 없을 것이올시다."

─『용과 용의 대격전』, 606-607쪽

상제는 "인민들이란 것은 선천적으로 반역성을 타고나서 툭하면 반기를 드나니" 이 문제를 어떻게 할 것인가 고심하는데 미르가 식민지 통치의 수월함을 역설한다. "입으로 너희들의 생존 안영을 보장한다"고 속이면서 "신문사의 설립이나 허가하고" '문화정치', '자치참정권'으로 속이면 된다고 호기롭게 말하는 장면이 그것이다.

신채호가 당시의 시대적 위기 상황을 어떻게 받아들이고 있는가를 극명하게 보여주는 장면이다. 당시 신채호는 임시정부의 이승만 중심 체제를 받아들이지 않고 임시정부와 반대 투쟁을 감행하는 노선에 있었다. 민족주의적 영웅사관에 입각한 조선의 독립운동이 지닌 문제점을 자각하고 일체의 권위와 권력을 부정하는 입장에서의 인간해방론에 깊이 경도되었다.

『용과 용의 대격전』은 민중적 인간해방 사상을 담은 작품이라는 점에서 의미가 있다. 그렇다면 차별과 폭정의 세상이 끝나고 평등하고 평화로운 인간해방의 세상은 어떻게 가능한 것인가. 신채호는 이 문제에 대한 확신은 있었으나 명료하게 이론서를 남기지는 못하였으며 소설을 통하여 자신의 사상을 펼쳐보였는데 드래곤의 존재가 그 열쇠를 가지고 있다.

"천국이 전멸되기 전에는 드래곤의 정체가 오직 「0」으로 표현될 뿐이다. 그러나 드래곤의 「0」은 수학상의 「0」과는 다르다. 수학상의 「0」에는 「0」을 가하면 「0」이 될 뿐이지만 드래곤의 「0」은 1도, 2도, 3도, 4도 내지 십, 백, 천, 만 등 모든 숫자로 될 수 있다. 수학상의 「0」은 자리만 있고 실물은 없지만 드래곤의 「0」은 총도, 칼도, 불도, 벼락도 기타 모든 테러가 될 수 있다. 금일에는 드래곤이 「0」으로 표현되지만, 명일에는 드래곤의 대상의 적이 「0」으로 소멸되어 제국도 「0」, 천국도 「0」, 자본가도 「0」, 기타 모든 지배세력이 「0」으로 될 것이다. 모든 세력이 「0」으로 되는 때에는 드래곤의 정체적(正體的) 건설이 우리의 눈에 보일 것이다."

-『용과 용의 대격전』, 610쪽

미르의 정체를 제도와 구조의 총체적인 존재로서 구체화하여 형상화한 점에 비하면 드래곤의 정체는 매우 형이상학적이며 상징으로만 표현한다. 물론 그 존재가 의미하는 바가 무엇인지 가능성과 미래의 승리를 의미하는 실체임을 인지하는 데는 전혀 문제가 되지 않는다. 드래곤의 존재를 구체적으로 형상화하지 않은 것에 대하여 정확하게 알 길이 없다. 신비화하고 절대화할 수밖에 없는 미지의 세계이며 상상과 기도, 주문의 형식으로 완성되는 새로운 세상의 도래를 비유하는 것으로 받아들여야 할 것이다.

작품에서 반복되는 "왔다 왔다, 드래곤이 왔다. 인제는 쥐의 말일이다."가 실체화되면서 드래곤의 존재감이 점차 형상화된다. 다시 말하자면 무한소에서 무한대를 오가는 존재이며 이는 혁명을 통하여 그 세력이 확장되어서 현재의 모든 "지배 세력이 '0'으로 되는 때에는 드래곤의 정체적(正體的) 건설이 우리의 눈에 보일 것이다."는 의미를 담는다.

결국『용과 용의 대격전』은 이상주의자 신채호의 아나키즘 사상을 풀어 쓴 이야기라고 볼 수 있다. 소설의 형식에 얽매이지 않고 자신의 생각을 거침없이 표현했음에도 허구라는 양식 속에 저자의 사상을 일정 부분 묻어놓을 수 있었기 때문에 검열에서 다소 자유로울 수 있었으리라 짐작할 수 있다. 그러나 신채호는 소설 창작의 시기인 1928년 자금 마련을 위해 행동대원으로 나섰다가 체포된다.

이 작품은 바로 그 1928년 작품이다. 소설의 처음 부분에 "나리신다, 나리신다, 미리(龍)님이 나리신다. 신년(新年)이 왔다고, 무진(戊辰)년의 신년이 왔다고 미리님이 동방 아시아에 나리신다."가 나오는데 여기에서 무진년은 1928년으로 연초에 창작되었다고 보는 것이다. 또한 연시몽인이란 필명으로 되어 있는 것으로 보아 북경에서 창작된 것으로 추측할 수 있다. 연시는 북경을 의미하며 몽인은 신채호의 필명으로 북경에서 신채호가 창작하였음을 의미하는 것이다.

그렇다면 이 작품이 창작되기까지의 시대적 배경으로 작용한 것은 무엇일까. 먼저 1917년 러시아혁명의 성공은 식민지 치하의 지식인에게 새로운 희망으로 작용한다. 무산대중이 역사의 주인공이라는 의식은 마르크스의 프롤레타리아 혁명론에서 비롯하는 것이다.

그러니까 신채호는 1919년 3.1운동 이후 민중의 가능성에 눈을 뜨게 된다. 이전에 민족주의 영웅사관에서 민중사관으로 변화하게 된 점을 주목해야 한다. 이후 의열단 선언문 작성을 하면서 아나키즘 사상을 펼칠 수 있는 만남이 이루어졌다고 한다. 크로포트킨을 비롯한 아나키스트들은 대중(민중)의 힘을 믿는다. 대중 스스로 자신의 목소리를 스스로 낼 힘을 가지고 있다는 것이다.

마르크스, 레닌, 마오쩌둥은 인민혁명을 통하여 억압과 차별이 사라진 평등한 세상을 구현할 수 있다고 주장했다. 신재호는 어떻게 하면 모두가 함께 잘 살 수 있는 세상을 만들어 갈 것인가의 화두를 위해 끊임없이 이들의 사상을 섭렵했던 것으로 보인다. 하지만 사회주의 혁명의 실체를 접하면서 이 또한 권력투쟁의 일부임을 자각하고 이와 성격이 다른 크로포트킨의 무정부사상을 받아들였을 것이다. 민중의 해방이 개인의 해방과 맞물리는 투쟁의 방식으로 국가와 민족을 넘어서는 새로운 세상을 갈망하게 되었던 것이다. 신채호는 이러한 이상세계 건설을 위해 직접 행동으로 전선에 자신을 바쳤던 자유인이자 혁명가가 아니었을까 싶다.

4. 「꿈하늘」과 『용과 용의 대격전』에 나타난 사상적 배경

「꿈하늘」과 『용과 용의 대격전』의 작품 내용과 창작 배경을 살펴보았다. 이 두 작품의 공통점과 차이점도 대략 윤곽이 드러났다고 보여진다. 신채호는 역사 전기류의 작품을 번역, 창작할 당시부터 문학은 계몽의 수단이며 사상의 효과적인 전달이라는 관점에 서 있었다. 문학이 조국의 독립을 위해 의미 있는 매체가 될 것으로 믿어 의심치 않으며 이를 뒷받침할 수필 형식의 글을 다양하게 발표한 바 있다. 그 가운데 「금전·철포·저주」와 「낭객의 신년만필」이 특히 주목할 만하다. 그는 「낭객의 신년만필」에서 문학예술이 민족 현실적 소명에 참여하고 기여해야 한다면서 조선의 문예가 나아갈 방향을 아나키즘과 연관하여 강조하고 있다. 「금전·철포·저주」에서 작가는 문학에서의 저주(咀呪)를 중요한 기능으로 인식하고 있다는 점에서 주목을 요한다.

「꿈하늘」과 『용과 용의 대격전』 두 작품 모두 민족주의가 바탕에 담겨 있으며 하늘과 천국의 공간이 설정된다. 「꿈하늘」에서 하늘은 이상적 공간이며 조국의 상징이 되는데 『용과 용의 대격전』에서 하늘은 상제의 무리가 지상의 인민을 수탈하여 부귀영화를 누리는 악의 공간으로 박멸해야 하는 곳이다.

두 작품의 창작연대인 1916년과 1928년이라는 12년의 시대 속에서 신채호가 이전에 지녔던 민족주의 사상에 아나키즘 사상이 자리를 잡았던 흐름을 짐작해 볼 수 있다. 이는 급변하는 정세 속에서 새로운 이론을 받아들여서 국권 회복과 민족의 자강을 위해 우리 현실에 맞는 어떤 행동을 감행하고자 했던 것으로 보인다. 그 가운데서 1917년 러시아 혁명의 성공은 희망으로 작용했을 것이다. 신채호는 사회 혁명의 가능성을 믿었고 무력투쟁론[18]을 지지했던 것으로 알려져 있다. 「낭객의 신년만필」에서 그는 크로포트킨의 사상을 적극 받아들일 것을 강조하고 있다. 아나키즘의 어원은 그리스어 'anarchos'인데 이는 '지배자가 없다'는 뜻이며 인류사회의 궁극적인 이상사회와 직접 맞닿아있다. 사전적 의미로 아나키즘은 개인을 지배하는 모든 정치 조직이나 권력, 사회적 권위를 부정하고 개

---

18) 크로포트킨의 『청년에게 고함』에서 "국가를 모든 악의 근원으로 규정"하는데 이는 국가의 권력 구조는 인간의 자유를 억압하고 있기 때문이다. 그로 인해 인간의 자유가 억압됨으로써 인간의 정신과 신체를 모두 속박한다. 즉 혁명을 통해 국가를 전복 시켜야 한다는 수상을 펼쳤다.

인의 자유와 평등, 정의, 형제애를 실현하고자 하는 사상이나 운동을 의미한다.

그는 1919년 임시정부와 결별한 이후, 중국 아나키즘 운동가들과 교유한 것으로 보인다. 아나키즘 운동은 당시 진보적인 인사들에게 급진적인 사회개혁사상으로 사회주의와도 거리를 두고 독자적인 노선으로 전개되었다. 1923년 의열단 김원봉이 의뢰하여 작성한 「조선혁명선언」 역시 아나키즘적인 대의를 담고 있으면서 그의 민족주의적인 정신도 들어있음을 보여준다. 1931년 연행되어 1938년 옥사할 때까지 그는 에스페란토어 학습서 차입을 부탁하기도 했다고 하는데 이는 아나키즘과 연관되는 것임을 알 수 있다. 그는 민족주의에 머물지 않고 아나키즘에 이념적 논리적으로 공감할 뿐 아니라 스스로 아나키스트로 사고하려 했음을 보여준다. 한문, 국한문, 영어를 거쳐 에스페란토어에 대한 관심은 그의 사상의 전개 양상이기도 하다.

국가 주권을 상실한 변동기에 신채호가 추구한 것은 민족의 회복이지만, 이것은 개화자강사상, 민족독립사상 그리고 아나키즘을 통한 그 밑그림의 변화를 만나게 되는 과정이다. 이러한 그의 사상과 그 심층을 생생하고 구체적으로 보여주는 것이 『용과 용의 대격전』이다.

「꿈하늘」은 조국산천의 아름다움에 대한 묘사가 매우 세밀하고 구체적인 이미지를 동원하여 전개된다. '한놈'이 여섯 친구를 만나서 결국 그들이 님나라에 도착하기 전에 포기하는 모습 또한 설득력 있게 전개된다. 무기력, 유혹, 배신 등 그 양상이 현실적 독립운동의 파벌이나 문제점을 드러내는 효과적 형상화를 보여준다.

　그 반면 『용과 용의 대격전』은 이미 예견된 싸움의 승리 그 자체만 강조할 뿐이다. 일종의 주문(呪文)인 "왔다 왔다, 드래곤이 왔다. 인제는 쥐의 말일이다."가 평면적으로 반복될 뿐이다. 이는 신채호가 문학은 주문(呪文)이 되어야 한다는 사상을 담고 있는 것으로 해방의 세상을 달성하기 위해서 조금이라도 적에게 타격을 가하고자 하는 의지의 실천이라고 보여진다. 「금전·철포·저주」에서 그는 '저주는 무력자의 행복을 구함이 아니라 유력자의 불행을 축(祝)하는 것이니, 거룩한 저주는 금전의 농락에 빠지지 아니하며, 철포의 위협에 물러서지 안하고 목적을 이룬 뒤에야 그 소리가 그치는 것'이라고 밝히고 있다.

　1928년 『용과 용의 대격전』을 쓴 그 해 신채호는 자금 마련을 위해 행동대원으로 움직이다가 체포된다. 그리하여 1937년 57세로 옥사할 때까지 그는 스스로 믿었던 혁명을 위해 몸으로 붓으로 할 수 있는 모든 것을 실천한 것이다. 특히 격동의 시기에 창작한 신채호의 소설은 역사학자, 언론인, 교육자로서의 면모를 총체적으로 풍부하게 해주고 있음을 새롭게 확인할 수 있었다. 「꿈하늘」과 『용과 용의 대격전』의 본격적인 작품론은 지면 관계상 다음 기회로 미루고자 한다.

금기의 크로노토프에 도전하는 작가 윤정모

「님」과 『자기 앞의 생』을 중심으로

1. 금기의 크로노토프에 도전하다

 대의(大意)를 위하여 몸을 바쳐 행동하는 원동력은 무엇일까. 최근 인권운동가 『김복동』 영화를 보면서 이런 의문을 품게 되었다. 김복동은 자신과 같은 피해자가 다시 나타나지 않는 세상을 위한 인권운동에 동참하면서 비로소 위안부 피해자 의식에서 벗어날 수 있었다. 싸움의 최종 목표는 개인의 희생을 넘는 구원이라는 지점을 겨누어야 할 것이다. 대의가 개인에게 씌운 굴레를 벗는 과정에서 세상의 편견이나 잘못된 제도를 바꾸는 희망이자 마지막까지 지켜야 하는 십자가와 동등해지는 순간 희생과 구원 또한 동등해질 수 있다.
 프로이드는 '리비도와 슈퍼자아'라는 뇌물질의 해석을 시도하면서 비로소 인간의 심리를 과학적으로 설명할 수 있는 초석을 마련했다. 인간의 육체와 정신을 일원화시키는 작용에 대한 그의 연구는, 당시에는 고결한 인간의 영혼을 훼손한 것으로 여겨지기도 했으나,

21세기 학문의 방향을 강타했고 절대적인 영향력을 끼쳤다. 하지만 종교만큼은 예외라 할 수 있다. 대부분의 종교에서는 구원이라는 키워드를 준비하여 현세에서의 희생과 봉사가 내세의 보상으로 약속된다는 교리를 설파하고 있다. 영육의 세계를 이원화하는 논리는 절대적인 영향력은 다소 약해졌을지언정 여전히 맹위를 떨치고 있다. 특히 '불안'을 먹고 호흡하는 현대인에게 종교의 구원논리는 뿌리칠 수 없는 유혹이다.

좋은 소설은 금기와 구원 두 개의 저울추를 마련해서 독자를 끌어들인다. 그런 이야기 중에서 최고의 마력을 지닌 건 금기의 갑옷을 쓰고 있는 경우이다. 그 갑옷은 '탈'이 되기도 하고, '풍자'로 웃음을 유발하기도 한다. 그러니까 결국 비유나 상징같은 장치는 강자에 대항하는 이야기꾼의 페이소스와 관련이 있는 것이다.

금지항목에는 두 가지 경우가 있는데 그 하나는 내 스스로 어떤 잠재의식이나 회피 등의 심리로 인하여 스스로 억압하는 것이다. 그 억압은 사회적 관습이나 도덕 때문이기도 하고, 자신의 트라우마 때문이기도 하다. 이것을 표면으로 드러내는 작업이 예술, 특히 귀중한 문학적 자산이 되기도 한다. 고대에 이러한 문제를 해결해 주었던 주술가나 무당의 절대적 역할이 점차 종교나 문학 등으로 나누어지면서 그 영향력도 서서히 약해졌다고 볼 수 있다.

이러한 억압이 지나치면 악몽에 시달리거나 타인에게 책임을 전가하면서 공격성을 보이며 일상생활에 지장을 받을 만큼 사회생활이 힘들어지기도 한다. 그러므로 '인간이 사회적 동물'이라는 건 그

만큼 불완전한 존재라는 의미이기도 하다. 인간이 자아를 존중받지 못했던 왕정시대나 피지배계층의 신분제도에 비하여 민주주의 도래 이후 이러한 억압이 줄어들었는가에 대하여 자신 있게 '그렇다' 라고 대답할 수는 없다.

　작금의 최첨단 테크놀로지 시대에 접어들어 오히려 개인의 자아가 분열의 위기에 처하게 된 것임은 자명하다고 할 수 있겠다. 지구촌 시대의 혜택으로 폭넓게 타인을 포용하고 무한한 시공간의 자유를 누릴 수 있을까? 인류에게 '중요한 무엇' 의 초점 자체가 사라진 이 시점에서 긍정적 답변을 내리기는 힘들다. 그런 의미에서 절대적 가치가 실종된 이 시대에, 세계 유일한 분단국가라는 대한민국의 현실은 반드시 불행만을 의미하지는 않는다. 평온한 바닷길 항해에서 선원들은 사소한 일로 시비를 걸고 싸움질을 일삼는 악당의 역할을 맡을 확률이 높다. 하지만 배가 난파될 위기를 불러오는 풍랑을 만난다면 어떨까. 대자연과 대항하는 위대한 인간의 풍모를 보여주면서 총체적 역량을 발휘하게 되지 않을까?

　웰빙이 삶의 최우선 지표가 되는 21세기 삶의 흐름은 자본의 고급술책에 휘말리게 된다. 무사한 일상생활을 위해서 시시콜콜한 위안들조차 상품으로 탄생하고 있다. 자본주의의 장점은 이 위안이 무궁무진하게 창출될 수 있다는 점이다. 중세인들이 교회에서 얻을 수 있었던 천국으로 가는 입장권을 인터넷 클릭과 결제를 통하여 실제로 얻어낼 수 있는 세상이 되었다. 스마트폰이나 인터넷 세상이 그 지름길로 증명되고 있다.

또 하나의 금지된 잠언은 공권력에 의한 것이다. '언론 출판의 자유'는 그 속에 억압이 내재되어 있다. '임금님 귀는 당나귀 귀' 이야기는 공권력이 어떻게 표현의 자유를 억압하고 그로 인하여 개인의 신체를 병들게 하는가를 간결하게 보여주는 예화이다. 팩트를 캐지 않더라도 의미는 동일하다. 주눅 들지 않고 진실을 말해야 한다는 표현 욕망이 죽음과 팽팽하게 대결을 펼친다는 것이다. 또한 땅 속에 대고 몰래 말하도록 허용된 범위 역시 죽음과 맞바꾼 최대치의 몫이다. 땅 속에 몰래 던진 말 역시 '밤말은 쥐가 듣고 낮말은 새가 듣는' 식으로 소통되면서 공감의 파급력이 크다. 주어진 한계 안에서 진실을 말할 수 있는 용기와 작가의 역량으로 탄생하는 것이 작품이라는 점이다.

윤정모는 한국 사회의 분단문제와 모순과 억압의 문제를 위해 '문학이 무엇을 할 수 있는가'에 작품으로 응답한 작가이다. 그가 작품화한 문제는 시대의 금기를 깨는 행위인 동시에 사회문제 해결을 위한 염원이자, 억압받는 자들이 터트리는 외침처럼 시대의 숨통이 되기도 하였다. 그리하여 국가권력의 희생자나 부당하게 억압당하는 음지의 타자를 호명하는 작업은 특별한 위상을 지닌다.

『에미 이름은 조센삐였다』[19]에서 위안부 피해자 문제를 최초로 전면화했으며, 『고삐』[20]를 집필하며 기지촌 여성문제를 가부장제와 결

---

19) 1982년 발표, 중편소설.
20) 1988년 풀빛. 장편소설

탁한 주한미군과 연계하여 정치적 이슈로 부각시켰다. 윤이상이라는 세계적인 음악가, 간첩단 사건으로 사형선고까지 받았던 그를 호명하여『나비의 꿈』으로 펼쳐놓았으니 한국문학은 윤이상에 대한 빚을 조금은 갚은 셈이다. 또 있다. 광주항쟁을 처음으로 폭로한 소설「밤길」은 작가로서의 위상을 유감없이 각인시켰다. 소록도 한센병 환자를 위한 소설『그리고 함성이 들렸다』[21]는 금기의 크로노토프[22]에 도전하는, 타자에 대한 지속적 관심의 연속성 속에서 독해할 때 확장된 의미망의 수렴이 가능할 것이다.

이 글에서 만나는「님」[23]과『자기 앞의 생』[24]은 타자에 대한 관심과 분단현실의 질곡에 대응하는 작가정신이 녹아있는 작품이다. 하지만 필자는 이 글을 통하여 분단의 아픔이나 사회의 민주화에 대한 공적담론을 제쳐두고 사적담론을 중심으로 작품을 독해할 것이다. 윤정모 소설은 거대담론을 중심에 놓으면서도 그 안에 '일상생활의

---

[21] 일제 나환자 항쟁사『섬』을 1983년 발표. 이 작품을『그리고 함성이 들렸다』로 개작하여 1986년 출간함
[22] 크로노토프는 미하일 바흐친이 '문학작품에 나타난 시간공간의 내적 형식' 이라는 의미로 사용하여 일반적인 문학용어로 보편화되었다. 이글에서는 '금기의 크로노토프'를 한국의 근현대사에서 금지된 시공간이라는 폭넓은 의미로 사용하고자 한다. 윤정모는 광주, 기지촌, 북한, 소록도, 통영, 윤이상, 낙랑클럽, 여간첩 김수임 등 해방 전후와 5,18 등 엄혹한 시대에 접근이 금지된 영역을 작품의 전면으로 호명했다. 이러한 의미를 담아서 '금기의 크로노토프' 라 지칭하였음을 밝힌다.
[23] 1987년 문학과 역사에 발표한 중편소설. 1987년 한겨레 소설문학으로 윤정모 창작집『님』을 출간함. 이후의 인용문 출처는 작품 제목과 페이지만 밝힌다.
[24] 자기앞의 生(생), 촛불민주주의 시민혁명 운동 전사前史, 문학과 행동, 2017. 이후의 인용문 출처는 작품 제목과 페이지만 밝힌다.

민주화'라는 화두를 심어놓고 있기 때문이다. 여성인물을 중심에 놓은 이유이기도 하지만 이는 작가에게 드러내지 못한 무의식에 새겨진 창작의지일 수도 있다.

윤정모는 리얼리즘 소설의 틀을 충실하게 이행한 작가이다. 전형성의 문제적 인물을 설정하여 이슈가 되는 사회문제를 재현하면서 전망을 제시하는 것이다. 작가의 출발이 처음에는 흥미 위주 상업소설이었다가 전향한 특이한 유형의 작가이기에 리얼리즘 소설이론을 철저히 이행하고자 했을 것으로 여겨진다.

근현대사에서 금기와 억압의 기제는 일제강점기 독립운동 탄압의 역사가 그 씨앗이었고 그 줄기가 현재까지 이어지고 있는 중이다. 독재정권을 막아보겠다고 직선제를 요구했고 선거를 통해 대통령을 뽑는 쾌거를 이루었으나 그 열매는 가해자 측 노태우 후보가 거두웠던 실패담을 우리는 여전히 반복하고 있다. 선거를 통해 유신 독재자의 딸을 대통령으로 뽑았는가 하면, 4대강 건설을 화두로 내건 전과자 후보가 대통령으로 선출되기도 했다. 일제의 식민지 지배와 결탁한 세력들이 창출한 독재정권의 후유증은 사방을 에워싼 짙은 안개처럼 촘촘하면서 경계 없이 공적·사적 경계를 막론하고 모든 공간에 스며들어 지금 이 순간도 포자 번식을 멈추지 않는다.

세계 유일의 분단국가이지만 개성공단이 가동되는 시대가 있었고 북한으로의 자유여행이 금강산, 개성, 평양, 백두산까지 열려있었던 때가 아주 잠깐 있었다. 김대중과 김정일이 만나서 웃으며 대화를 나누고, 김정일 위원장의 웃음에 남한사회가 덩달아 한바탕 웃음바다가 되었던 때가 진짜로 존재했었다. 지금은 그때와는 프레임조차 다르지만 예전과는 정치적 억압과 금기가 많이 누그러져 보인다. 물론 제도정치라는 공적영역에 한해서 가시적인 성과는 확연하다.

 이 글에서의 관심은 사적영역으로 한정하고자 한다.

 먼저 공적영역과 사적영역에 대한 구분은 하버마스가 『공적영역의 구조변동』에서 언급한 바 있다. 그의 말 중 '현대성의 가장 큰 생명력은 민주적 소통구조를 통해 비판적 합리성이 성립가능하다'는 내용을 참조할 필요가 있다. 공적영역, 즉 제도화된 정치 영역에 머무르지 않고 '생활정치'라는 영역을 주목할 필요가 있는 것이다. 현대성의 옹호자로서 하버마스가 공적영역에서의 정치적 소통을 하나의 전범으로 제시한다면 앤서니 기든스는 그 배면에 있는 가장 사적인 영역, 곧 친밀성 영역에서 일어난 사회 심리적인 변동을 추적함으로써 현대성의 그림자를 들추어내려 한다. 하버마스가 계몽의 이성을 받아들이려 한다면, 기든스는 여성의 뒷면, 곧 감정의 세계에 일어난 변화들을 속속들이 파헤치려 한다.

 민주주의의 원칙을 공적 영역에 국한시키지 않고 개인적인 관계의 영역으로까지 확대하는 것, 곧 인간관계의 문제이다. 여기에서 논의할 수 있는 문제는 연애, 혼인, 가족, 성이 중심이 된다.

 현대사회의 인간은 자신의 라이프 스타일에 대해 계속 선택해 나가야 하며, 타인과의 관계에서도 전통이나 관습에 따르기보다는 그 관계망의 의미와 지속 여부에 대해 끊임없이 고민하고 협상해야 한다. 이러한 협상 과정은 외적인 배경의 지탱에 익숙해 있는 사람들에게는 힘들고 괴로운 과정일 수 있다. 순수한 관계 혹은 조형적 섹슈얼리티와 합류적 사랑은 타자의 개별성에 대한 존중이라는 바탕 위에서 이루어지는 개방되고 평등한 의사소통을 기반으로 끊임없이 협상될 때 가능한 것이다. 협상의 영역은 '일상적 민주화'를 이야기할 수 있는 사적영역이며 친밀성의 영역이다. 순수한 관계란 성적 감정적으로 평등한 관계이며 기존의 성차별적 권력 형태에 대해 폭발적인 의미를 지니고 있다. '일상적 민주화'란 성과 가족관계를 평등하게 이루어 나가는 것을 의미한다.

「님」[25]을 어떻게 읽을 것인가'는 전적으로 독자에게 달려 있다. 30년 이전 발표 당시에는 이 작품을 분단의 아픔을 형상화한 소설로 분류하기에 급급하였다. 과연 그러한가? 텍스트의 다양한 해석은 이 소설에 적응하는 것이 부적절한가. 그렇지 않다. 누구의 작품이건 소설독해의 기준을 공적인 정치적 영역으로 환원하는 것이 바람직한가에 대해서는 찬동할 수 없다.

부모가 고향을 찾아 북한으로 떠난 조총련계 여학생과 연애를 하였다는 사실만으로 간첩으로 수배되던 일본유학생이 문 교수의 희생적 지원으로 무사히 한국사회를 떠난다는 줄거리는 당연히 공적인 정치적 영역이다. 제목인 「님」이 당국의 검열을 피하기 위한 장치만은 아니다.

---

5) 『님-윤정모 창작집』, 윤정모 지음, 한겨레출판사, 1987, 기본텍스트, 『다시 읽어야 할 우리 소설』, 문학교육 연구회, 시계절출판사, 1991, 참조.

윤정모의 최근 소설『자기 앞의 생(生)』은 촛불민주주의 시민혁명 운동 전사(前史)라는 부제를 달고 있다. 이 작품을「님」과 겹쳐 읽으면서 두 소설의 공통분모로 '일상적 민주화'[26)]라는 화두를 풀어보고 싶었다. 이 글은 30년의 격차를 두고 창작된 두 작품을 '합류적 사랑'과 '순수한 관계'라 명명할 수 있는 연애와 사랑과 성 그리고 인간적 관계에 초점을 맞추어 읽는 작업이 될 것이다.

2. 소설「님」, 간첩. 금기의 크로노토프

중편소설「님」[27)]은 제목처럼 애틋하다. 주인공이 치러내는 공포감과 이별의 고통은 터무니없는 억압 정치의 일면이다. 광주의 진실을

---

26) '일상적 민주화'라는 화두는 필자의 오랜 관심영역이다. 민주화운동의 공적영역과 보조를 맞추지 못하는 개인의 라이프 스타일의 관습적 보수적인 답습에 대한 의문에서 출발했다. 이 용어는 변화된 현대사회에서 소통과 공감의 가능성을 넓히기 위한 새로운 시각을 이론적으로 정리한 사회학자 앤서니 기든스의 『현대사회학』과『현대사회의 성, 사랑, 에로티시즘』에서 차용함을 밝힌다.

27)「님」의 줄거리는 다음과 같다. 유학을 떠난 고진국은 평범한 일본의 젊은이처럼 문제의식 없이 자유분방한 생활 속에서 래영을 만난다. 그후 래영의 부모가 선친이 눈에 어른거린다며 고향인 북한으로 돌아가서 래영은 오빠와 둘이 일본에 남겨진다. 우연히 한국 음식을 파는 시장에서 진국을 만나 사랑하는 사이로 발전하였다. 진국이 한국으로 떠나기 전날 연인 래영은 임신사실을 알린다.
한국에 첫 발을 디디는 순간 진국의 어머니는 긴급히 피신하라며 편지와 도피자금을 안기고 급히 떠나고 진국은 문 교수에게 사정을 알리고 은신처를 구한다.
진국은 문 교수의 집에 기거하는 8일 동안 자신이 수배자가 된 이유를 알게 된다. 래영의 부모가 북한에서 래영에게 지령을 내려서 진국을 포섭했다는 간첩죄 운운하는 문 교수에게 진국은 자신과 래영의 만남과 사랑에 빠진 과정을 고백하면서 간첩활동과 무관함을 주장하지만 문 교수는 쉽게 믿어주지 않는다.
문 교수의 아내는 마지못해 숙식을 제공하지만 진국과 대립하고 낯선 태도를 보인다. 그리고 진국에게 문 교수는 한국을 벗어날 수 있는 배를 알선한다.

가려야 유지할 수 있었던 신군부 정권의 부도덕은 극에 달했고 민중들의 일상은 감시와 통제의 억압에서 쥐도 새도 모른 채 끌려가서 초주검이 될지 모르는 상황이었다. 분단이데올로기로 통제되는 감시망의 올가미에 걸려든 희생자의 답답함과 억울함을 이 작품은 애틋한 연인의 아픔으로 치환하였다. 이로 인하여 억울하게 간첩으로 몰려 일본에 있는 연인을 그리워하는 서사는 실향민이나 분단가족의 슬픔을 끌어안는 공감을 불러일으킬 수 있었다. 참고로 8-90년대는 이미 '우리의 소원은 통일'보다 '작은 연못'이나 '직녀에게'를 즐겨 부르던 시대였다. 통일담론은 공적영역의 정치적 문제로서보다는 일상생활의 영역으로 파고들어 무의식으로까지 내면화되었던 시대였다.

 래영과 진국의 사랑은 분단이데올로기의 폭력에 의해 "학원가에 침투"한 간첩활동을 위해 '미인계'에 '포섭'당한 것으로 수사당국의 보고서가 작성된다. 당시 심심치 않게 신문 1면을 장식하던 간첩단 사건과 겹쳐지는 건 당연하다. 작가는 용공조작의 실체를 고발하기 위해 래영과 진국의 연애를 섹슈얼리티에 집중하여 그려낸다. 열정과 낭만이 배경음악처럼 깔리면서 평등하고 순수한 에로티시즘은 혼전임신으로 진행된다. 이들의 사랑방식은 1980년대 시대상황으로 볼 때 급진적으로 보여진다. 하지만 1920년대를 풍미했던 신여성의 자유연애와 비교하면 그리 특별할 것도 없다. 신여성의 자유연애가 시대정신을 선도하는 해방의 아이콘이었으나 이들은 남성의 외도를 합리화하는 기제로 이용당한 측면도 있음을 부인하기는 어렵다. 이와 달리 래영은 성과 연애의 자유를 구가하며 주체적으로 삶을 누리는 인물이다.

그들은 단 며칠 떨어져 있게 될 예정이 어쩌면 무너질 수도 있다는 것을 마치 예견이라도 한 듯 그날 밤 여러 차례 함께 불타올랐다. 여느 땐 더러 실패하기도 하던 래영이가 그 밤만은 단 한 번도 거르지 않고 그와 똑같은 순간 절정에 올랐다. 또 전에 없이 그 앤 가장 뜨거운 그 순간에 팔과 다리를 친친 동여오면서 여보! 여보! 하고 달게 부르짖기도 했다. -「님」, 22쪽

단 한 번도 서울을 배반한 일이 없는데…그렇다면 래영이? 그것도 이유가 될 수 없다. 그럼 래영이와 함께 광주의거에 대한 비디오를 본 것 때문에? 그건 이미 그 당시에 텔레비전으로 방영까지 되었다던데… 또 그 테이프라면 교포들 사이에 짜아하게 소문이 났는데, 그렇게 모든 사람들이 다 본 것을 나만 꼬집어 문제 삼을 리도 없다. 더욱이 그게 언제 적 일인가. 그런 사소한 일까지 추적할 만큼 서울은 할 일이 없는가. 아닐 것이다. -「님」, 31쪽

진국과 래영은 공적인 집회나 시위에 참가한 적도 없으며 광주항쟁 비디오를 함께 본 것이 전부이다. 이것 때문에 쫓기는 입장이 된 것일까. 답답한 마음으로 말을 꺼내지만 오히려 김교수는 "북한 공작원의 지령을 받은 여학생한테 포섭당했냐"고 묻는다. 서로에게

'무시무시한 이야기'는 계속된다. 심지어 '공작금'까지 운운한다.

"만약 연락이 오면 꼭 신고해 달라, 며칠 내로 검거되지 않으면 현상금을 걸고 기사화를 시켜 신문에 낼 수밖에 없다 … "

"그러니까 북한 적을 둔 여학생과 사랑했다는 것 때문에 … "

"그 정도로 현상금까지 걸어? 자네, 대한민국이 어리숙한 아저씨 같은 줄 아나? 정보수사만은 선진급이야. 이젠 솔직해져. 미인계에 걸렸다면서? 북한 공작원의 지령을 받은 여학생한테 포섭당했나?" "포섭이라구요?" - 「님」, 77-78쪽

국민들이 누릴 수 있는 사적 영역은 분단이라는 배경에서 그 범위가 축소된다. 하지만 물 건너 외국이라는 공간은 한국의 치안법의 범위에서 벗어난다. 특히 1980년대 일본은 북한과 사업 파트너로서 긴밀한 관계를 유지한 상태였고 북한방문 역시 현재 한국의 해외여행처럼 자유로웠다. 일본이라는 공간은 이미 북한과 교접이 가능한 상황인데도 불구하고 한국의 수사망은 집요하게 해외유학생만을 겨냥했다. 기회가 닿을 때마다 그들을 올가미에 가두는 건 일도 아니었다. 일상생활에서 자연스럽게 접하는 북한사람들과의 접촉만으로도 충분했다.

아버지처럼. 초등학교 2학년 때, 어디였는지 잘 기억할 수 없지만 아버지는 다른 장교들과 함께 술을 마시면서 이렇게 말했었다. 야, 그 대학 나왔다는 여자 있잖아? 아무도 콧대를 못 꺾었다는

> 요정마담, 엊그제 내가 먹어치웠어. 그러자 친구들이 정말이야? 어떻게? 하고 눈을 빛내며 되물었고 아버지는 어깨를 쓱 치키면서 간단하던데? 라고 대답했다. 권총을 들이대고 야, 옷 벗어 하니까 제 스스로 착착 벗어내던데…그때 아버지는 중령이었다. 그 얼마 뒤 예편해서 국회의원으로 출마한 아버지는 군사혁명 때 숨은 공로자이기도 했었다. －「님」, 48-49쪽

 문 교수가 아내를 대하는 태도는 가부장적이고 권위적이다. 아내는 아이의 엄마나 집안을 지키는 사람 이상의 존재로 존중받지 못하고 있다. 또한 무고하게 쫓기는 주인공에게 세상은 호락호락 선의만을 베풀지 않는다는 설정으로 역할을 제한하는 인물이 아내이다. 아내는 권력자의 편에 서서 진국을 의심한다. 잘못이 없는데 쫓기는 몸이라는 현실을 부정하는 것이다. 자신이 누리는 안락함을 방해하는 사람에 대한 미움과 증오가 어린 시절 성추행을 당했던 피해의식을 자극하고 스스로를 지켜야 한다는 자기보호본능이 강하게 작용한다.
 아내는 군인 아버지가 누린 기득권의 그늘에서 성장하여 현재는 대학교수인 남편과 부족함 없이 중상층 가정의 안락함을 누리며 살고 있다. 분단국가의 빨갱이 콤플렉스나 국가권력에 의해 자행되는 폭력과 억압이 자신과 무관하다고 믿는다. 범죄자는 당연히 그 죗값을 치러야 한다는 신념을 가지고 있다. 문 교수를 통해 진국을 신고하거나 자수를 시키라고 권유한다.

3. 『자기 앞의 생』 근접 촬영과 원거리 촬영의 크로노토프

『나비의 꿈』[28]은 윤이상의 고향, 통영[29]을 중심으로 그의 음악가로서의 꿈과, 분단된 조국에 대한 사랑과 갈등을 형상화한 소설이다. 윤이상은 남한에서 추방된 후 북한과 왕래가 있었다는 이유로 죽을 때까지 입국허가를 받지 못했다. 부당한 정치권력에 의해 분단의 희생양이 된 사례를 열거하자면 끝이 없다. 철학자 송두율은 입국을 강행하였다가 검찰에 전격 기소되어 간첩 죄목으로 5년 집행유예를 선고받고 강제출국 당하였다. 동시에 이들을 기억의 전면으로 호출한다는 건 체제에 대한 저항이었으며 불순한 세력의 표지였다. 이들을 기억하고 쓴다는 것, 그것은 바로 우리가 잃어버린 시간, 더 정확히는 잃어버리기를 강요당한 시간의 상처를 더듬는 것이며, 한국 현대사의 전부를 오롯이 반추하는 일이기도 하다. 또한 우리의 지난한 역사와 시대의 중압 속에서 철저하게 유린당했던 기억들, 그럼에도 현실의 폭력 앞에 강렬히 저항했던 항쟁의 모든 절망과 희망을 목격하는 일이기도 하다.

『자기 앞의 생』[30]은 다양한 인물이 과거와 현재를 넘나들며 대화적 상상력으로 등장한다. 역사적 사건을 대하는 그들의 방식은 철저히 참여적이다. 미국 교포사회에 정착한 다양한 인물들이 과거와 현

---
28) 『나비의 꿈』은 1996년 한길사에서 상·하 두 권으로 출간되었다.
29) 통영은 예술과 저항의 공간으로서 윤이상이 음악가로서의 꿈을 펼치는 절대적 상징적 공간이다.

재를 오가며 한국현대사의 주요사건들을 회상, 유언, 발표, 보고의 형식으로 주체로서 발언한다.

작가는 금지된 이야기를 비밀스럽게 하는 이전까지의 방식을 모두 버렸다. 작가와 독자 모두에게 이 점은 불행한 일이다. 금기나 비밀의 탈을 벗은 이야기는 역사는 될 수 있을지언정 소설이 되기는 역부족이기 때문이다. 픽션과 논픽션의 경계에서 금기와 알레고리의 외피가 두터울수록 소설적 상상력의 아우라가 빛을 발하는 법이다. 안타깝게도 이 소설에는 외부로 드러나는 금기의 장치를 활용할 수 없다. 그러함에도 논픽션 자체가 '대화적 공존'의 수용으로 '낯설게 하기'의 장치가 될 수 있음은 현대사의 거대서사로 우리를 안내하는 중요한 임무를 충실하게 수행하기 때문이다.

작가가 선택한 '낯설게 하기'의 방식은 영화촬영처럼 거리감의 차이를 활용한다. 근접과 원경의 확연한 구분은 이 소설을 독해함에 있어서 독자를 밀고 당기는 힘이기도 하다. 한국에서의 과거 시민혁명은 원경촬영기법으로 처리하여 오늘의 현실을 조감한다. 미국에서 활동하는 이주민을 중심으로 서사가 진행되기 때문에 고국의 상황은 현재조차도 근접촬영이 불가능하다. 영상이나 광주항쟁의 피

---

30) 『자기 앞의 생』의 줄거리는 생략한다. 작품에서 현재는 미국을 중심으로 활동하는 인물들이 등장한다. 다양한 사연으로 한국을 떠난 이민자들이 겨레운동본부에서 전쟁반대 핵반대 한반도 평화를 지원한다. 한국에서보다 치열하게 통일운동과 평화운동에 매진하는 인물들의 과거와 현재가 펼쳐지면서 한국 현대 민주화투쟁의 역사가 자기고백과 증언과 투쟁기록의 형식으로 이어진다. 진행되는 역사의 기록이 과거회상만이 아니라 현재진행형인 것은 겨레운동본부의 회원들이 일구어낸 가족같이 친밀하게 나누는 담소가 중요한 몫을 차지한다.

해자 증언만으로는 교포사회에 진실의 울림을 전달할 수가 없다.[31]

하지만 근접촬영으로 적용된 장면은 사적영역이다. 대부분의 경우 섹슈얼리티로 표현되며, 동성연애나 이성연애나 결혼관계의 친밀성을 상징적으로 보여줄 수 있는 섹슈얼리티 장면이 처음부터 끝까지 근접촬영으로 보여진다. 당연히 소설적 구성의 긴밀성과 긴장감이 높아진다. 인간관계의 신뢰감과 진실은 근접촬영으로 그 실체를 확인할 수 있다. 반면에 역사의 진실은 적절한 거리감이 필수적으로 요구된다.

부당한 권력에 맞서는 건 민주시민의 의무이자 권리이다. 인류의 역사를 볼 때, 시민권의 탄생은 끊임없는 저항을 통하여 창출된다. 한국의 근현대사는 세계 어느 나라에서도 유례가 없이 짙은 굴곡으로 저항의 탑을 쌓고 있는 중이다. 일제강점기에는 나라를 찾겠다고 항쟁의 대열에 참여했으며 남북 분단 이후 계급투쟁으로 평등한 세상을 만들겠다며 목숨을 걸었던 사람들이 남북 모두 권력다툼에서 소외되었고 지금도 역사의 이방인으로 떠돌고 있는 그들을 빨치산으로 부르며 타자시하고 있다. 부당한 권력은 정권유지를 위해서 간첩단을 조작하고 대학생을 용공으로 만들었으며 비밀경찰을 합법화하여 검찰과 결탁하여 국정원으로 세력을 확장했다.

---

31) 박한길의 딜레마가 여기에 있다. 그는 광주항쟁의 생생한 증언인물이다. 한국과 미국을 오가며 헌신적인 활동을 했으나 정치적 활동으로 심신을 망가뜨리고 동료들에게 날카로운 칼날을 휘두르며 결국 어느 곳에도 자리를 만들어내지 못했다.

『자기 앞의 생』은 한국근현대사의 굴곡진 아리랑 고개를 넘나드는 우리 민족에게 바치는 애절한 사랑과 희망의 서사시이다. 장편소설로 출간되었으나 이 속에는 피카레스크식 구성으로 이야기들이 픽션과 논픽션의 혼종으로 담겨있다. 그러면서도 이야기를 이끄는 중심인물이 있으니 그는 미국 이주민으로 세계의 민주화와 인권활동을 전업으로 하는 한용하이다.

중심인물인 한용하는 비범한 능력의 소유자로 돌출되지 않으면서도 정신적인 지주로서 격조있는 삶의 규범으로 주변인들에게 정신적 지주의 역할을 맡고 있다. 사회운동가들의 노선과 정책 다툼에 끼어들지 않으면서도 가장 힘들고 위험한 일을 수행하는 진정성 있는 활동가로서뿐만 아니라 남편으로, 선배로 존경받는다. 겨레운동본부를 중심으로 일을 통하여 마주치는 공적인 관계의 인물도 더러 있지만 대부분의 인물들은 친밀성으로 결속되어 있다.

두루 알려진 바처럼 사회학자 앤소니 기든스는 '친밀성'의 기반으로 이루어지는 '순수한 관계'를 '일상생활의 민주화'와 연관 지어 고찰한 바 있는데 그의 소설에서 참조할 만하다.[32] 『자기 앞의 생』에서 필자가 펼치고자 하는 논지는 기든스가 언급한 '일상생활의 민주화'에서 단초를 얻었다. 기든스는 현대 사회에서 개인의 존재의의를 고찰한다. 개인은 자본주의 사회에서 익명성과 상품성 속으로 소멸될 위기에 처해있다. 전체주의 사회에서는 개인이 전체를

---

32) 『현대사회의 성, 사랑, 에로티시즘』, 새물결, 2001.

위해 희생하고 헌신하는 미덕을 강조하였지만 자본주의 사회에서는 '개인중심'이라는 정반대의 선전이 현란하다. 이는 철저히 소비자로서의 개인임을 간과하면 안 된다. 개인은 철저하게 소비의 주체로서 존중받고 떠받들어질 뿐이다.

수동적인 자본의 소비자가 아닌 능동적이고 생산적인 주체적 개인으로 행복한 삶을 영위해야 한다는 당위성을 바탕으로 '일상생활의 민주화'를 논의할 수 있겠다. 그렇다면 구체적으로 무엇이라고 정의할 수 있을까. 공적영역에서 이루어낸 민주화는 차라리 설명이 수월하다. 언론, 집회결사의 자유라든지, 정치 제도나 차별금지법, 불평등 해소를 위한 장치나 교육제도의 기회균등 등 헤아릴 수 없이 많다.

그런데 막상 '일상의 민주화'를 거론하자면 열거하기가 거북스러워진다. 그 범위를 개인과 가정에 국한해도 너무 시시콜콜하여 담론으로 삼기가 부담스러울 지경이다. 민주화를 위해 투쟁의 선봉에 섰던 사람들일수록 이 문제에 대한 진지한 대화를 거부할 가능성이 높다. (필자가 실제 경험한 적도 많지만 사례를 생략한다.) 그렇다면 왜 '일상생활의 민주화'라는 용어에 우리 활동가들조차 차갑게 반응하는가. 혹시 이 문제가 우리가 쟁취하고자 했던 민주주의와 노선이 다른 것인가. 이들은 페미니즘만 주장하려는 것인가. 이런 우려가 노파심만은 아닐 것이다.

정치적 민주주의 달성만으로는 해결되지 않는 것이 '일상생활의 민주화'이다. 여기에는 인간관계의 근저에 깔려있는 불평등성에 대한 실천적 노력이 필수적이다. 불평등한 인간관계의 범위는 무의식적인 감정과 사고까지 포함하면 터무니없이 광범위하다. 오랫동안 당연시되는 상하관계나 위계관계에 대한 인간적 반성과 실천의지가 뒤따라야만 일상의 민주화 시도가 가능해질 것이다. 특히 인간관계에서 아동, 여성, 장애인, 성소수자 등 사회적 약자에 대한 관심과 배려가 준비된 바탕이 기본전제가 되어야 할 것이다.

하지만 언제 그런 바탕을 준비할 수 있단 말인가. 민주주의가 그런 세상을 보장한다는 믿음이 있었지만 지금은 아니다. 민주주의는 자칫 자본이라는 권력자의 하수인 노릇으로 지쳐서 인간에게 봉사할 여력이 남아 있지 않을 수도 있다. 개개인이 만들어가는 '일상생활의 민주화'가 중요하게 부각되는 이유이다.

「님」에서 20대의 뜨거운 사랑을 남남북녀의 만남으로 형상화했다면 이 소설에서 그려내는 다양한 사랑이야기에도 작가의 그러한 의도가 개입했다고 보여진다. 소설에서 논픽션으로 등장하는 역사이야기에 관심을 부여하기 위한 단순한 외피가 아닌 중요 알맹이처럼 여겨지는 이유이다.

소설의 전체 구성은 1부 현재 이 시간, 2부 과거의 너울, 3부 생의 무늬들, 4부 시지포스의 시간, 5부 썰물과 밀물 그리고 부록(일지)이 첨부되어 있다. 이 글에서는 한용하와 그의 아내 경숙을 중심으로 '일상생활의 민주화'에 대한 이야기를 풀어보도록 하겠다.

어린 나이에 빨치산 아버지를 신고해서 죽게 했고 역사교사모임에 참여했다가 수사망의 덫에 걸려 몇마디 실토했다가 동료교사를 죽음으로 몰고 간 용하의 형인 한용국의 고백으로 이어지는 2부는 분단시대 비극적 역사의 생생한 증언이자 알레고리이다.

용하와 아내 경숙이 처음 만나서 35년 관계를 사랑으로 유지하여 '인생의 등급을 높일 수' 있었던 건 '일상생활의 민주화'와 관련이 깊다. 이들의 관계는 두 사람의 정체성이 과거에는 각기 달랐음을 인정하는 토대 위에서, 다가오는 미래의 시간을 향하여 유대를 공유하고 새로운 정체성을 형성하는 합류적 사랑으로 설명할 수 있다. 소설에서 합류적 사랑은 한용하를 중심으로 아내 경숙과의 인간관계를 설명할 수 있는 단초가 된다. 그리고 형제끼리 맺어진 특별한 가족사의 비극을 정리할 수 있는 힘도 설명할 수 있다.

한용하와 경숙은 깊은 유대감으로 맺어져 부부로 평등하게 친밀성을 나누며 살아간다. 그것은 민주화 운동 이상으로 어려운 과제일 수도 있다. 특히 사회변혁운동에 참여하는 사람들에게는 의무이자 권리로서 중요한 삶의 지향점이 되어야 할 것이다. 왜냐하면 개인이 이룰 수 있는 사회변혁의 결실이자 출발점이 바로 '일상생활의 민주화'일 수 있기 때문이다. 우리는 그동안 대의를 위한 민주화 운동에서 개인의 희생 덕목만을 강조하지 않았는지, 오히려 일상의 민주화를 외면하지 않았는지에 대한 성찰의 시선을 깊이 있게 나눌 필요가 있다.

한용하와 경숙은 35년을 함께 살아가는 부부이다. 한용하는 간혈관종을 앓아서 발기부전증으로 섹스를 할 수 없다. 어느 날 아내가 꿈속에서 섹스를 하면서 자신의 이름을 부르는 소리를 듣는다.

방문 손잡이를 잡으려던 순간 방안에서 이상한 소리가 들려왔다. 아내의 교성이었다. 남자가 있는 모양이었다. 모른 척 집을 나가주어야 한다와, 두 눈으로 확인해야 한다는 생각으로 잠시 갈등하다가 문을 열었다. 어두운 침대 위에서 몸뚱이가 격렬하게 출렁거렸고 뒤이어 절정의 소리가 높아지더니 가장 극점에서 이름을 불렀다. 용하 씨, 아아, 여보, 아내는 꿈속에서 용하 자신과 섹스를 하고 있었다.(중략)

"아내가 잠자면서 섹스하는 걸 봤어."

"그게 어때서?"

"그 바보는 꿈속에서도 내 이름을 불렀어. 그게 얼마나 비참하던지…."(중략)

"그런 사람에게 내 목숨보다 더 소중한 사람에게 내가 해줄 수 있는 게 아무것도 없어. 부부로서 가장 기본적인 일도 말이야."

-『자기 앞의 생』, 47-48쪽

한용하의 가계는 그 자체가 민족비극의 역사를 상징한다. 빨치산 아버지, 그 아버지를 밀고하여 죽게 만든 형, 그는 동료교사를 죽음으로 몰아넣게 된 오작교 사건의 내부 고발자로 낙인찍혔고 어머니는 그 충격으로 자결하였다. 그럼에도 불구하고 한용하는 형의 정성스러운 뒷받침을 받고 맑게 자랐다. 이런 비극의 진실을 알지 못한 채, 미국유학(형의 권유로)을 갔지만 아버지를 이어받았는지 대의를 앞세우는 인물이 되었다. 미국에서 겨레운동에 매진하기 위해 박사

학위를 포기한 채, 30여 년을 조국의 통일과 민주화를 지원하며, 세계인권 활동가와 연대하는 전업활동가로 살고 있다. 간호사로 근무하는 아내의 뒷바라지가 없다면 불가능한 일이다.

한용하를 중심으로 미국에서 만난 겨레운동에서 일하는 재미동포들이 서로를 의지하며 가족을 일구어 살아가는 이야기는 대체로 잔잔하다. 입지전적인 성공이나 극렬한 투쟁 속에서 갈등하는 모습보다는 대체로 순정과 겨레사랑으로 공동체적 정서로 서로를 아끼는 모습으로 등장한다.

소설을 읽으며 우리는 끊임없이 내가 사는 세상을 그곳에 투영한다. 나의 체험과 닮아 있으면 적절한 인물이나 공간에 자신을 밀어 넣기도 한다. 내가 그리워했으나 체험하지 못했던 상황일 경우 또 다른 세상인 소설적 공간에서 자신이 풀어내지 못한 에토스와 파토스를 펼쳐보는 묘미가 있다.

80년대는 언론이 철저하게 통제되었던 시대이다. 세계적인 수준을 자랑하는 수사능력의 원천이 어디에서 연원하겠는가. 분단을 고착화하며 독재의 강화를 위한 통제와 감시체제가 절실했기 때문 아니겠는가. 78년 최초로 4.3을 호명한 현기영이 『순이삼촌』을 발표했는데 그 폭로의 수위는 치매상황에서 터져 나온 금기의 언어를 옮겨 적은 것에 불과하다. '임금님의 귀는 당나귀 귀'의 금기를 소극적으로나마 세상에 폭로한 것이다. 그렇지만 금기는 수위의 높고 낮음과 관계없이 성벽을 '무너뜨린다'는 도전의 의미를 부여할 수 있기에 이 소설의 파장이 어마어마했던 것이다.

　내가 어릴 때부터 봐 온 여성들은 남편에게 학대당하거나 가족의 울타리 안에 갇혀 있거나, 철저한 개인주의에 빠져서 사는 사람들이었어. 난 그렇게 살고 싶지 않았거든. 다른 삶을 소망했고, 당신이 이루어준 거지. 사회나 조국의 넓은 마당, 아무나 뛰어들거나 볼 수 있는 것도 아니잖아? 통일이나 의식혁명시대가 오기 전부터 나는 이미 누렸…
　경숙의 말이 끝나기도 전에 남편이 그녀를 껴안고 키스를 했다. 아랫도리가 불룩해지고 입술도 뜨거워졌다. 경숙이 살짝 밀어내며 속삭였다.
　"여보, 여기서 누우라고? 잔디도 없는데?"
　용하가 웃지도 않고 대답했다.
　　　　　　　　　　　－『자기 앞의 생』, 283-284쪽

　마지막 장면에서 겹쳐지는 커플은 얀과 아딜이다.『자기 앞의 생』은 유독 섹슈얼리티를 많이 등장시킨다. 딱딱하고 지루한 촛불민주주의 시민혁명 운동사를 풀어내기 위해 바른 꿀의 효과이기도 하지만 더 중요한 의미가 있다. 예를 들자면 동성애 커플인 얀과 아딜은 팔레스타인과 이스라엘의 극단적 대립처럼 위태롭다. 결국 둘은 열정과 낭만을 포함한 합류적 사랑의 관계로 발전하지만 얀이 의문의 죽음을 맞는다.

아딜과 나는 버클리 동기예요. 그는 처음 보는 순간부터 강한 지남철 같았어요. 매혹의 기운이 내 목을 감아 숨도 쉴 수 없었어요. 멀찍이 서서 보아도 내 모든 감각기관이 그에게로 향하는 거예요. (중략) 팔레스타인이라고 강조하던 그의 말이 가시처럼 명치를 찌르는 거예요. (중략) 난 아딜의 말이 혼란스러웠어요. 그가 지적하고 싶은 것이 내가 유대인에 대한 정체성이 확립되어 있지 않다는 것인지, 유대인이라 전쟁 얘기 따위를 논할 상대가 아니라는 것인지 말예요. 혼란에 매몰되어 있다간 그대로 쫓겨날 것 같아 직격탄을 날렸죠. 아딜, 난 네가 좋아. 사람을 좋아하는데도 국적을 가려야 하는 거야? (중략)

"자신의 사랑철학을 말했어요."

"사랑철학?"

"사랑은 뱃속 아기처럼 키우는 거라고 했어요. 아기의 생장처럼 머리, 눈, 손발, 차례로 키우는 거라고요. 완성을 위해 끝없이 노력하는 거라고."

경숙이가 당신과 나의 사랑법이 비슷한 것 같다고 말할 때 얀이 코를 골았다. -『자기 앞의 생』, 115-118쪽

이밖에 기지촌에서 태어난 흑인혼혈인 티나의 창우를 향한 사랑과, 미미와 지섭의 열정적 사랑이 남긴 장애아들을 혼자 키우다 새로 꾸리는 재혼가정 등 일상의 장면들이 합류적 사랑의 양상을 보여준다. 픽션이 아닌 사건들 역시 에로티시즘이 시대를 흔들어댔던 그

림자를 불러낸다. 모윤숙과 메논의 비하인드스토리를 잉태한 낙랑 클럽은 김수임과 이강국의 연애를 여간첩 사건으로 둔갑시키는 것에도 관여했음을 임수란이 생생하게 증언한다.[33] 이는 「님」에서 위협당한 개인의 에로티시즘과 겹쳐진다. 작품에 등장하는 에로티시즘은 단순한 사적영역에 머무르지 않는다. 근현대사의 굴곡에 잘못 꼬인 매듭처럼 위태롭게 공적담론을 위협해왔다. 언젠가는 다시 풀어서 제대로 아귀를 맞추는 이야기를 만들 수 있을까. 윤정모는 『자기 앞의 생』을 통해서 이런 물음을 풀어놓고 있는 것이다. 비극적 역사를 살아왔던 우리들에게 스스로의 삶을 책임지는 사랑의 방식을 묻는다. 민주화를 위한 다양한 사랑의 방식을 묻는 것이다.

4. 소설(小說) 속 더 작은 이야기들이 만드는 세상

바흐친은 '문학작품 속에 예술적으로 표현된 시간과 공간 사이의 내적 연관'을 '크로노토프'라 하고, 문학예술 속의 공간적 지표와 시간적 지표가 용의주도하게 짜여진 구체적 전체로서 융합되고, 문학작품 속의 인간 형상 또한 언제나 질적으로 크로노토프적이라고 주장한다. 아울러 그는 시간과 공간이 인간의 인식작용 속에서 갖는 중요성을 역설한 칸트의 주장을 수용하면서도 그것을 '선험적 형식'이라고 보았던 칸트와는 달리 '직접적 현실의 형식'이라고 보

---

33) 『자기 앞의 생』, 259-265쪽 참조.

앉다.[34]

그런 의미에서 볼 때 윤정모 소설에서 시공간의 의미는 모두 작품을 움직이는 원동력으로 전환된다. 작가는 무한도전으로 금기의 영역을 원고지에 공들여 수놓았다. 그가 수놓았던 '광주'와 '북한'과 '기지촌'과 '통영'과 '윤이상'과 '유학생 간첩'의 이야기는 이제 더 이상 금기가 아닌가? 아니다. 반공교육의 수혜자였던 이 땅의 보통 사람들에게 자리 잡은 금기의 영역은 안타깝지만 여전히 고정불변이다. 다만 그 외피가 조금은 세련되게 포장되어 보일 뿐이다.

1987년 「님」을 2017년 『자기 앞의 생』과 나란히 독해하면서 '일상생활의 민주화'와 '합류적 사랑'에 대하여 연관되는 지점을 만날 수 있었다. 작가는 한국 근현대사의 궤적을 원거리촬영과 근접촬영을 혼합하는 기법을 통하여 객관적 진실을 보다 명료히 하면서 인간의 삶이 역사의 한복판을 통과하고 있음을 효과적으로 접근하는 것이다. 「님」에서는 일본과 한국에서 느끼는 다른 거리감으로서의 북한을 대한다. 한 단계 더 나아가 『자기 앞의 생』에서는 미국과 한국 그리고 북한과 고통당하는 세계시민을 무대로 한국근현대사의 시민혁명 운동을 피카레스크식 구성으로 다룬다.

소설에서 한국의 시공간은 바흐친의 크로노토프를 차용한다면 억압기제가 작용하여 개인을 무참하게 투쟁과 고발의 현장으로 몰아

---

[34] 미하일 바흐찐 지음, 전승희 외 옮김, 장편소설과 민중언어, 창작과비평사, 1988, 260-261쪽.

대는 전쟁터와 같다. 그게 한반도의 역사에 그대로 대입된다. 좌우 이데올로기의 대립과 분단의 비극을 겪으면서 6.25나 5.18과 같은 참변이 있었다. 개인은 역사의 비극에 직접 간접으로 얽혀있어서 민초들은 오로지 살아남는 것이 지상과제일 뿐이다. 생존권과 생명권의 위협으로 대항한 광주항쟁을 기점으로 시민혁명의 불꽃은 꺼지지 않고 화산분출의 밑거름이 된다.

처절하게 가난과 국가폭력에 맞서야하는 상황에서 한국에서는 시민혁명의 편에 서는 순간 「님」에서처럼 일상생활의 민주화 자체의 가능성이 부재한다. 구속과 억압만이 일상이 되어 사적영역 자체가 부재하는 것이다. 『자기 앞의 생』에서 한국의 시공간은 빨치산 아버지를 고발하여 죽음에 이르게 한 레드콤플렉스와 오이디푸스 콤플렉스로 얼룩진 상처를 품은 사람들이 살아가는 아비규환의 장이다.

「님」에서 진국과 래영, 진국과 문 교수가 이루어낸 신뢰감과 친밀감의 정서는 합류적 사랑으로 설명이 가능하다. 반면에 『자기 앞의 생』에서 근접촬영기법으로 묘사되는 섹슈얼리티는 일상적 민주화를 뒷받침할 가능성이 높다. 이들의 사랑은 얀과 아딜의 동성애를 비롯하여 성담론이 풍요롭다. 한용하처럼 한국에서 벌어진 비극의 당사자이면서도 피해의식에서 비교적 자유롭다. 그런 의미에서 일상생활의 민주화는 '작은 이야기들이 만드는 세상'이다. '대화적 상상력' '공론장의 구조변동'은 개인과 개인의 대화와 협상, 상호교섭의 중요성을 의미한다.

결론적으로 본인이 의도한 것이든 아니든 윤정모는 또 하나 시국의 금기에 도전한 셈이다. 그러니까 민주화 투쟁의 대열에서 앞장서는 행위는 공적영역에 한정되어서는 안 된다. 우리들 역시 힘든 과제를 외면하면 안 된다. 정치적 민주화를 지향하는 것에서 멈추어선 안 될 것이다. 무의식의 지평을 넘어서 개인의 라이프 스타일을 만들고, 연애와 결혼과 가족 상호간의 합류적 사랑으로 성숙하는 성찰적 계기가 일상화될 때만이 진정한 대의와 자아의 구원이 만나는 지점이 보다 근접해질 가능성이 열리는 것이다.

제2부

공명하는 목소리, 거울들

그럼에도 불구하고, 화답하는 시

이선희, 『환생하는 꿈』 장인무, 『달려왔습니다』
임경숙, 『모든 날이 첫날이었다』

1. 그럼에도 불구하고, 시

우리는 유한한 삶을 살아간다. '어제의 나'가 '오늘의 나'가 아니며 '내일의 나'는 당연히 부재한다. 시를 쓴다는 건 그 변화하는 순간을 감지하는 사랑의 행위이다. 무엇에 대한 사랑이라고 단언하는 것은 의미가 없다. 노력하는 사랑만이 오직 새로운 것을 만나게 하고 오늘을 넘어 내일의 존재를 마주치게 한다. 불가항력의 마주침에서 사랑은 늘 그렇듯 중요한 변곡점이 된다. '인간은 노력하는 한 방황하는 존재'라고 말했던 독일의 시인을 떠올리며 세 권의 시집에서 만난 곡진한 사랑의 노래를 듣는다.

이선희의 『환생하는 꿈』에는 사소하고 미미한 존재에 대한 공감이 돋보인다. 존재하는 모든 것들은 반드시 서로 연관되어 있다는 불교의 윤회사상과 관계망들의 소실점에 머무는 감정이입이 약동한다. 임경숙의 『모든 날이 첫날이었다』에는 깊고 차분한 사유와 명상의 언어가 일상의 풍경 이미지로 다가온다. 그의 시는 삶의 화해가 자연스러워 독자의 접근이 쉬워진다. 장인무의 『달려왔습니다』에 담긴 시편들은 곡진한 열정이 가득하다. 대상을 향한 순정과 화합의 정조가 평이한 언어로 아름답게 새겨진다. 이 세 명 시인이 저마다의 곡조로 아롱진 진한 삶의 응어리가 담긴 사유와 이미지의 흔적을 만나보자.

2. 이선희 시인의 소통하는 시 쓰기

시를 쓴다는 건 만물과 소통하는 행위이다. 그리고 시인은 그 물상에 영혼을 불어넣으면서 생명의 숨결을 토해내는 주술사이다. 이러한 점에서 이선희의 시가 꿈꾸는 환생은 '소통과 공감을 넘어서는 타자되기'의 방편이다. 따라서 그의 시는 환생과 상생의 사이에서 "상처를 꿰맨 실 녹아 살이 되"어 머뭇거린다. 시집을 읽으며 시편 하나하나에서 영롱하게 빛나는 인드라망의 구슬을 만난다.

그 인연의 확인 작업이 사물과 감응하는 혜안이며 동일시의 주인공이 된다. 시인과 마주하는 존재는 시인과 대등한 주인공이 되면서 함께 호흡한다. 우리는 전생과 전 전생에서 어떤 인연이었으며 앞으로 어떠한 존재로 마주할지 예측할 수 없는 세상에서 오직 현재 이 순간에 집중해야 함을 일깨운다.

어느 생에선가는 각별했을 사이
이 한 번의 만남을 위해

몇 생을 시공과 종을 바꾸어가며
이토록 어긋나게 태어났던가

전생과 전 전생까지 다 통함에는
한순간이면 충분했다

이생에서 새끼 고라니는 갈대숲으로 가고
나는 가던 길을 걸어갔다
　　　　　　　－「통하는 시간」 부분

　산책길에서 만난 고라니 한 마리에게 영혼을 불어넣고 어긋나게 태어난 시공의 거리를 좁힌다. 서로의 길이 다르지만 통함의 결로 연결되는 순간을 공유하는 것이다. 그래서 이선희에게 시를 쓴다는 건 우주만물과 소통하면서 관계를 확장하는 작업이다. '통하는 시간'으로 차곡차곡 시야를 확장하는 시문은 주문(呪文)처럼 읽히기도 한다. "전생과 전 전생까지 다 통함에는/ 한순간이면 충분했다"가 시의 포인트다. "이 생에서 슬프고 외롭게 시를 쓰는 일이 복을 쌓는 일(「환생하는 꿈」)"이라 여기는 것이다.

> 휘어지다 마침내 꺾이고 마는 삭정이는 지나간 인연
> 번뇌들이 분질러져 바닥에 쌓인다
> 삭정이로 쓰인 두툼한 경전들 빼곡한 사원
> 잎사귀 책장 넘기는 소리 소슬하게 들린다
> 어느 경구에선지 툭 돌멩이 하나 기슭에 미끄러진다
> ― 「나무 수도승」 부분

숲은 수행자가 가득한 사원이 된다. 수행자에게 공간은 언제 어디서나 사원이며 그곳에서 감지하는 변화는 죽음과 소멸에 이르는 흐름이 된다. 그리고 화자는 숲의 한가운데 들어서서 주변을 마주한다. "휘어지다 마침내 꺾이고 마는 삭정이는 지나간 인연/ 번뇌들이 분질러져 바닥에 쌓인다"처럼 삶 자체를 경건한 수행으로 받아들인다. 그래서 시적화자의 내면에는 "비탈진 기슭"에서 자라는 "나무 하나 살고 있다"로 수렴하는 것이다.

> 어느 날 그리 센 비바람이 아니었는데도
> 나무는 가지 한 쪽이 꺾이고
> 뿌리까지 드러낸 채 기우뚱 쓰러진다
>
> 그것으로 끝이라 생각했는데
> 봄이 되자 쓰러진 채로 잎이 나고 있다

잘려 나간 가지는 잘려 나간 채로
　　뿌리 뽑힌 뿌리는 뿌리 뽑힌 채로
　　비딱하게 비탈에 다시 터전을 잡고 있다
　　　　　　－「그럼에도 불구하고」 부분

　마침내 자신과 관계를 맺고 있는 장소나 물건, 자연물과 깊은 교감을 통하여 서로 몸의 일부를 잘라 나누는 경지에 이른다. 시인은 이를 전생의 윤회로 받아들이는 것이다. 시인이 관계하는 상황, 감응하는 사물과 자연 그리고 인연으로 맺어진 시편들을 통해 그 사연을 읽을 수 있다. 「그럼에도 불구하고」의 제목도 "기슭에 나무 하나"에서 출발하여 자연의 법칙을 성찰하는 것이다. 시집의 모든 사연은 다양한 존재물로 등장하지만 이는 시인의 의식과 변형물이다.

　　그늘만 찾아다녔다 잘 짜인 질서 속
　　얕은 정신은 행동반경을 넓히지 못했다

　　걷어내야 하는 잎사귀는 시들시들 바닥을 덮고
　　단단해 보이던 줄기도 허망한 뼈대일 뿐
　　뿌리는 젖은 땅속에 붙들려 있다

　　벗어나야 할 곳이 여기뿐이겠는가
　　빠져나가려 할수록 점점 더 옥죄어온다

잘못 찾아든 그늘 속
　　빼빼 말라 백골이 되거나
　　물러 터지기에 십상이다

　　미끄덩한 슬픔에 비틀거리다가
　　물 한 모금 먹고 다시 중심을 잡다 보면
　　시절도 모르고 자꾸 내가 다시 살아보려고 한다
　　　　　　　　　　　－「시든 채소처럼」 전문

　앞 4연은 위태롭게 살아가는 현대인의 처지를 채소의 생태에 빗대었다. 생존 자체가 불안한 존재에게 "그늘만 찾아다녔다"는 고백은 결국 "잘못 찾아든 그늘 속/ 빼빼 말라 백골이 되거나/ 물러 터지"는 곤경에서 헤어나지 못한다. 하지만 마지막 5연에서 시인은 "미끄덩한 슬픔에 비틀거리다가" "시절도 모르고 자꾸" "다시 살아보려고 한다"로 마무리한다. 단순한 환유가 아니라 시든 채소와 시적화자가 동일시되는 지경에서 공감의 깊이가 확장된다. 타자성을 지닌 존재와 일심동체로 끈끈하게 관계 맺는 이선희 시의 특장이 발휘되는 지점이다.

　　엉키다가 끊어지고 매듭이 지는 날도 있지만
　　비비 꼬인 질기디질긴 날도 있다
　　부드러운 듯 날카로운 적의에 살이 베이고

상처를 꿰맨 실 녹아 살이 되기도 한다
떨어지려는 인연 단단히 붙잡으려고
실실 웃으며 콕콕 찌르는 바늘을 따라다닌다
　　　　　　－「실」 부분

　실의 존재 의미는 꿰매고 연결하여 새로운 쓸모의 완성체를 이룰 가능성에 있다. 시인은 관계 맺기의 복잡다단한 과정을 '실'과 '살'의 인연으로 명증한 이미지를 제시한다. "상처를 꿰맨 실 녹아 살이 되기도 한다"를 주목하자. 깨달음을 얻기까지 얼마나 많은 시간 실이 녹고 살이 덧나는 아픔을 겪었을 것인가. 그 과정에 집중할 때 우리는 비로소 이선희 시인이 보내는 텔레파시의 부름에 응답하게 될 것이다.

3. 임경숙 시인의 밀착된 시 쓰기

　임경숙은 "시는 길 위에서 찾아야 한다"는 정언명제를 스스로 실천하는 노력의 시인이다. 그의 시가 아름답게 포개지는 이유는 생활과 밀착된 사연에서 생성되는 친화력 때문이다. 그가 받은 선물은 "모든 날이 첫날이었다"처럼 설렘 두근거림으로 만나는 경외의 삶이다. 시인에게 시는 삶이 돋보이는 치장이 아니라 보다 나은 삶을 꿈 꾸고 실현하기 위한 배움터이며 사원이다. 그래서 "새로운 길은 두렵고 아득하지만/ 신발 끈 고쳐 매고 빈 마음으로" 날마다 성찰하는 것이다.

> 어제는 바람이 불다가
> 오늘은 안개로 시작되었다
>
> 어제는 깃발처럼 펄럭이다가
> 오늘은 깊은 바다처럼 고요했다
>
> 내 안에서 내 밖에서
> 날마다 달라지는 세상은
> 한순간도 머물지 않았다
> ―「모든 날이 첫날이었다」 부분

누구나 '첫'에 대한 애틋함을 지니며 산다. '처음'으로 만난 세상은 봄, 여름, 가을, 겨울, 모두 얼마나 경이롭던가. 첫사랑과 첫키스의 그 순정과 떨림의 온도는 얼마나 큰 위안인가. 시인은 그 '처음'의 소중함으로 살아갈 수 있기를 노래하는 것이다.「모든 날이 첫날이었다」의 의미는 시인이 다짐하는 시작법의 진정성과도 통할 것이다. 그 진정성을 구체화할 수 있는 시간이 지금, 여기, 이곳에서 처음처럼 다시 시작하고 있다.

시인에게 세상이란 포용하고 사랑으로 완성해야 하는 수련과 같은 것이다. 동시에 성찰과 자기단련의 과정을 통하여 날마다 달라지는 변화에 맞서는 일이다. "단 하루도 같은 날은 없었다"는 고백은 절차탁마의 심정으로 살아온 자신의 이력을 대하는 담담함이다. 고여 있지 않으려고 분투했던 나날을 "내 안에서 내 밖에서/ 날마다 달라지는 세상은/ 한순간도 머물지 않았다"고 발언한다. 이제 시인이 살았던 흔적은 그 자체가 시가 되었다. 세상을 바꿀 수는 없지만 나를 바꿀 수는 있다는 다짐도 이 안에 포함될 것이다.

> 어디 한두 번 넘어지나요
> 상처보다 두려운 건 타인이지요
> 사람들은 저마다 바쁜 밥상을 준비하느라 발길을 재촉하고
> 억수로 퍼붓는 밤의 빗길을 걱정할 뿐인데
> 무릎은 참 사색적이지 않나요?
> 수십 번 넘어졌어도 오뚜기 자화상을 요구해요
> ―「무릎에게」부분

비가 세차게 내리던 어느 날, 우산이 뒤집히면서 웅덩이에 미끄러진 해학적 사연이다. 시적화자는 "무릎은 참 사색적이지 않나요?" 물음 겸 감탄을 던진다. 그러나 "어디 한두 번 넘어지나요"에서 보듯 오랜 내공의 결과물이다. "무릎은 피를 흘려보내지만 표정은 아무렇지도 않게 복원시켜요"에서 시인의 "무릎 꿇는 시간"이 위로가 되면서 시간과 삶은 그만큼 깊어진다. 살다 보면 폭우에 맞닥뜨릴 때가 한두 번이었던가. 시인의 말처럼 우리는 "상처보다 두려운 건

타인"일 경우가 많다. 사실 타인은 "억수로 퍼붓는 밤의 빗길을 걱정할 뿐인데" 세상의 시선에서 자유로울 수 있기까지 "오뚜기 자화상"을 가능하게 한 건 바로 무릎이 아닌가. "땅을 짚고 일어설 때마다 뼈가 부러지지 않아 참 다행이라고 위로"할 수 있게 되었다는 깨달음이 중요하다. "인생이 깨진 건 아니니까요" 마무리는 가볍게, 그러나 의미심장하다.

> 나라가 없어 사막을 떠도는
> 베르베르족에게 가장 귀한 것은 물입니다
> 어디를 둘러봐도
> 오아시스는 가뭄입니다
> (중략)
>
> 노인은 어둠 속으로 내려가 죽을 힘으로 내리칩니다
> 콰앙 콰앙 콰앙, 돌 판은 억셉니다
> 깨지지 않으려는 힘과 내리치는 고집이 맞붙습니다
>
> 드디어 돌 판이 깨지고 노인은 산산이 흩어집니다
> 분수처럼 치솟는 물줄기에 사람들 얼굴에는 물기가 돕니다
> 퍼 올린 첫물에는 아버지의 아버지, 피의 맛이 어른거립니다
> ―「우물 이야기」 부분

극한 지대에 살아가는 종족의 생존투쟁기로 읽힐 수도 있지만 그 시적 의미는 무한 확장이 가능하다. 특히 100세 시대를 살아야 하는 현대인에게 어떻게 살고, 어떻게 죽을 것인가의 화두를 던지는 듯하다. 노인이 "돌 판" 제거를 위해 "죽을 힘"을 제대로 쓰는 삶에 대한 성찰을 유도하는 사연이다.

또 하나, 임경숙의 시에는 여행 이야기가 차지하는 비중이 꽤 높다. 그의 소설을 읽으면서도 어렴풋이 그런 생각을 한 적이 있었다. 「엘콘도르 파사」, 「경계를 넘을 때」 등의 시에서는 한반도와 떨어진 지구 반대편에서 살아가는 이야기가 담겨있는 것이다. 시인의 이야기는 그 자체가 기록이나 사연이라기보다는 알레고리로 확장되며 읽는 재미를 더한다. 다음 시를 보자.

소금 섬보다
짠한 시편들이 들판에 나부낀다
먼바다로부터 달려온 바람들이
구구절절한 시어들을 읽고 있다

쉽게 내뱉지 못해 가슴에만 담아둔 말
히말라야 준봉의 타루쵸처럼
깃발에 적어서 누군가에게 전하고 싶다

진한 생의 농도가 풀어지는 동안

소금기에 절은 통보리사초와 사데풀
　　바람이 읽어주는 사연
　　나긋나긋 귀 기울이고 있다
　　　　　－「증도 시화전」 전문

　증도는 전남의 다도해 신안면의 무수한 섬들 가운데 하나이다. 시인의 "짠한 시편들이 들판에 나부낀다" "먼바다로부터 달려온 바람들이/ 구구절절한 시어들을 읽고 있다"처럼 증도의 풍경과 사연을 녹여내는 시화가 곳곳에 나부낀다. 그러니까 누구나 한 번쯤 품었음 직한 상상력을 시인이 펼쳐내는 중이다. 그의 시에는 이토록 평범한 시어와 상상력이 나부끼어 비범한 여운으로 우리의 고요한 마음 깊숙이 파문을 일으킨다.

4. 장인무 시인의 자기암시와 생성하는 에너지의 시 쓰기

　장인무는 대상을 끌어안아 새로운 에너지를 생성하는 힘이 있다. 이 에너지는 시인의 끊임없는 자기암시와 창작의 열정으로 담금질한 내공에서 비롯한다. 더러는 행간을 찾아 몇 번씩 머뭇거려야 하는 이유가 여기에 있는 것이다.

　　주먹을 꽉 쥐면 저절로 온몸에 힘이 솟는다
　　하늘과 땅이 열리고 따뜻한 햇살이 가슴을 적신다

네 탓이야 내 탓이야
바글바글 속 끓이며 따질 일도 없다

열 개의 손가락 끝에는
세상에서 가장 밝고 맑은 눈이 달려 있다
눈을 살며시 감고 손끝을 더듬어 보면 안다

소리 높여 가위 바위 보!
쥐었다 펴면 저만치 서 있는 내가 보인다

거추장스럽게 매달려 있는 것들이 허세 덩어리임을 알 때
비로소 빈손에 넓은 세상이 보인다
- 「손」 전문

    시인은 "네 탓이야 내 탓이야"의 도정을 지나 "세상에서 가장 밝고 맑은 눈"에 도달한다. "눈을 살며시 감고 손끝을 더듬어 보면 안다"에서 시인의 혜안이 구체적 삶의 현장을 이끌어낸다. 나무의 눈이 뿌리이듯, 사람의 눈이 손이 될 수 있음이다. "빈 손에 넓은 세상이 보인다"는 마무리를 주목하자. 이것은 결론이 아니라 수련이며 과정의 깨달음이다. 우리는 수많은 반복을 통하여 "주먹을 꽉 쥐면 저절로 온몸에 힘이 솟는" 에너지를 얻을 수 있다. 시를 쓴다는 게 주변의 사물에 민감하게 반응하면서 자신의 시야를 넓히는 작업임

을 증명하는 것이다. 빈 손의 힘으로 "하늘과 땅이 열리고 따뜻한 햇살이 가슴을 적신" 세상을 독자와 공유하기에 이른다.

　　하얗게 폈다 진 매화나무 가지에 철 잊은 나비 한 마리
　　필시, 보이지 않는 곳에 향기 남아 있는 거야

　　피할 수 없다면 움켜쥔 햇살 한 줌 내어 주고
　　마음 자락 비우고 눈물 한 방울 쏟아 주면 되는 것을
　　　　　　　　　－「바람의 전갈」 부분

　시간과 공간 모두 자유로운 상상의 영역을 탐색하게 만드는 진술이다. 이미 꽃이 피고 진 시간이지만 "보이지 않는 곳"에서 피어나는 향기를 시인은 감지한다. "햇살 한 줌" 나누고 마음을 비우는, 시인의 내면은 고스란히 시 창작의 원동력이 되는 것이다. "철 잊은 나비"는 "시절 없이" 오는 사랑을 향해 마음을 연다. 그러다가 "젖은 가지든 마른 가지든"의 이미지와 결합하면서 사랑으로 완성된다. 대상을 향한 간절함의 능동성에 불이 붙는 순간을 '바람의 전갈'이라 비유하여 참신하다.
　다음 시는 보고 싶은 마음에 화답하는 순간의 감정을 100미터 달리기처럼 마지막 순간을 향해 숨 가쁘게 집중한다.

　　보고 싶어서 달려왔습니다

오늘 못 보면 오래도록 못 볼 것 같아 달려왔습니다
아주 잠깐만이라도 같이 있고 싶어서 달려왔습니다
당신을 사랑합니다, 이 말을 꼭 하고 싶어서 달려왔습니다
오늘 못 하면 오래도록 못 할 것 같아 달려왔습니다
오늘 못 보면 오래 못 볼 것 같아 달려왔습니다
- 「달려왔습니다」 전문

'마라톤의 마지막 순간에 함께 달려주고 싶은 의지가 불끈 솟는 그런 기운을 느끼게 하지 않는가. 달려왔습니다' 의 반복된 변주를 통한 곡진한 마음의 토로이다. 달리는 발자국 소리가 들리는 듯 혼신의 에너지가 넘치는 시이다. 오늘 마주 보고 나누어야 할 마음을 이토록 간절하게 지니고 있음 자체가 삶이 주는 선물이다. 하지만 그 간절함조차 내일로 미루기만 하는 건 아닌지 읽을수록 그 울림의 상승효과가 파문으로 울렁거린다.

눈썹이 까맣던 그 애가
실눈에 미소 짓던 그 애가
손톱 밑에 까만 때가 끼어 있던 그 애가
몽당연필에 볼펜 껍데기 끼워주던 그 애가
낡은 공책에 남긴 한마디
너는 시인이 될 거야!
- 「종이의 말」 부분

우리는 그 어떤 기록 매체보다 종이를 신뢰한다. 중국 한나라 시대의 채윤이 처음 발명한 후 수천 년 시간이 흘렀지만 「종이의 말」은 세월이 흐를수록 깊고 진하게 스며든다. 그래서 장인무의 시는 평이한 언어에 담긴 진정성으로 심금을 파고드는 흐름을 활용한다. 일상어가 진정성을 획득하기 위해서는 일상의 시상전개가 자연스러우면서도 울림이 있어야 한다. 「환자와 간병인」, 「독」의 대화체도 주목해야 한다. 울림이 큰 시이다. 지면관계상 제목만 소개하고 다음 시로 넘어가겠다.

> 한 칸의 작은 집에서
> 한 사람을 사랑하고
> 한 잔의 술을 마심
> 한 소절의 변주곡에 춤을 추고
> 한 장의 소묘를 그리면서
> 한 편의 시를 지어 날개를 달고
> 한 세상을 떠돌아다니다가 단단한 시 씨앗
> 하나 심어 놓고 기쁨의 눈물로써 밑거름이 될 수 있다면
> ─「소망」 전문

단순한 소망의 열기가 뭉클하게 다가오는 건 진솔함 때문이다. 언뜻 욕심 없는 마음인 듯 스며들지만 시를 향한 순정이 눈물겹도록 깊다. "시 씨앗"의 "밑거름"을 향한 지고지순함이 소박함만으로 유

지될 수 없음을 알기 때문이다. 무엇보다 "단단한 시 씨앗"이라는 표현이 독자를 든든하게 한다.

5. 화답하는 시 쓰기를 향하여

시인은 자기 완성을 추구하며 죽는 날까지 방황하는 존재이다 그래서 시를 쓴다는 건, 새로운 눈을 뜬 세상의 문을 끊임없이 두드리는 작업이 된다. 그 안에서 성찰과 탐색, 그리고 순간의 각성이 반짝거리기도 하지만 대부분의 시간은 힘겹게 견디며 존재의 의미를 묻기도 한다. 스치듯 지나치는 사물이나 오래도록 반복된 행위조차 스스로 의식하지 못하는 사이에 낯선 타자가 된 느낌으로 마주하는 것이다.

이선희의 『환생하는 꿈』, 임경숙의 『모든 날이 첫날이었다』, 장인무의 『달려왔습니다』 세 권의 시집을 만나면서 봄날의 무서운 변화를 체득한다. 유채꽃 샛노란 기운이 점차 푸르른 씨방의 물결로 변화하는 마술의 시간을 문장의 깊은 호흡으로 음미할 수 있었다. 문득 바둑인 조훈현의 발언을 떠올린다. "그래봤자, 바둑", "그래도, 바둑"이라는 말, 그렇다. 세상에 영원한 것이 어디 있겠는가. 유한한 인간의 힘으로 이루어내는 모든 것들도 시시각각 변하는 봄볕의 기운 한 점도 마음대로 할 수 없지 않은가. 가끔 그런 생각이 든다. 500년 이후에 우리가 눈물, 콧물, 핏물 범벅으로 기록했던 종이의 흔적들은 어떤 의미로 존재할까.

그렇다고 "모든 것이 부질없다." 그런 생각으로 결론 내리지는 말자. 그럼에도 불구하고 시로 만나는 세상은 건재하다. "그래봤자, 시", "그래도, 시"처럼 하염없이 아름답고 슬픈 봄날이다.

공명하는 목소리, 세 개의 거울들

권덕하,『맑은 밤』
유계자,『목도리를 풀지 않아도 오는 저녁』
박송이,『나는 입버릇처럼 가게 문을 닫고 열어요』

1. 세 권의 시집을 읽는 시간

늦가을에 책을 편다. 그리고 권덕하의『맑은 밤』, 유계자의『목도리를 풀지 않아도 오는 저녁』, 박송이의『나는 입버릇처럼 가게 문을 닫고 열어요』를 만난다. 이 세 권의 시집을 읽으면서 마주하는 과거와 현재의 교차점이 문득 삶과 죽음의 근원을 향하는 열린 해석의 가능성으로 깊고 풍요로워진다.

각각의 시인에게 묻고 싶은 열망을 담아 글을 쓴다. 권덕하 시집에서는 '밤과 거울'의 이미지와 의미를 중심으로 시에서 풀어낸 생활과 사유의 흔적을 살펴보고자 한다. 유계자의 시집에서는 생의 변곡점과 밑바닥 삶의 흔적을, 박송이 시집에서는 사회적 약자들의 아픔에 공명하는 시인의 목소리에 귀를 기울여 본다.

2. 권덕하를 통해 만나는 사유의 길 찾기

권덕하는 시인 이전에 비평가로 새로운 작품 세계를 짚어주는 중견작가이다. 그가 이번에 『생강 발가락』, 『오래』 이후 다시 시집을 상재한 것이다. 그에게 시는 "소유 감각만 발달한 사람들의 다른 감각들까지 해방시킬 수 있는 위력"이 된다. 그리하여 시를 쓰고 읽는 행위는 "다른 존재자들의 고통을 공감하는 능력으로 말미암아 고통을 이길 수 있는 길"을 열어준다는 발언으로 이어진다.

이주노동자의 죽음을 다룬 「유문」이나, 미얀마 참상을 다룬 「인간의 봄」에는 시인의 감각대를 기울여야 할 타자의 고통이 무엇인가에 대하여 생각하게 한다. 「밤의 고시원」에서의 "강사보다 늙은 학생은 탄알을 장전하듯 김밥을 욱여넣는다"는 문장도 마찬가지이다. 권덕하 시인은 고단하게 흐르는 삶의 순간에서 개별자로 흩어진 존재를 독자에게 이어준다. 서로의 고통에 공감하고 연대하는 가능성의 여지를 남기는 것이다.

그의 시집에 흐르는 사유와 언어의 세계는 그만큼 깊고 특별하다. 그는 "남은 나의 거울이고 나는 남의 거울로써 인식의 한계를 극복할 수 있다"는 관점에서 공감대를 형성한다. 그가 중시하는 거울 역할로서의 시작법과 새로운 길 찾기 사유로서의 시는 공감과 상상력의 확장과 관련된다. 그래서 그의 시를 만나는 방식은 저마다의 거울을 통한 성찰의 의미로 가능할 것이다. 친밀한 어휘와 이미지를 독특한 사유로 변주하여 새로운 길을 안내하는 화법을 주목해야 한다.

이번 시집에서 특별하게 다가온 건 '거울'과 '밤'의 사유이다. '밤' 이미지와 사유가 발효된 언어를 다양하게 변주하여 펼쳐놓은 것이다. 밤은 모든 시인에게 창조적 에너지로 막강한 위력을 발휘하는 경우가 많다. 시인에게 밤은 그보다는 위안이자 영혼의 구원이미지로 작용하는 듯하다. 그만큼 폭이 광대하다.

> 밤이 큰 위안이 될 때가 있다 그늘이 아쉬웠던 한낮이었기에
> 산란하던 빛에 지친 얼굴이 잔주름 펴며 안식하는 시간
> 낮에 수줍었던 것들 피어날 때 미간에서 눈 뜨는 별들,
> 물가를 걷는 나무들은 여린 손끝으로 달빛과 어둠의 화음을 어루만지고
> 호수의 음반에서 불어오는 선율에 몸 맡기다 울컥하는 사람
> 새들이 자리를 옮기는 것 바라보며 영혼의 책도 날개를 펴는 밤이다
> ―「밤은 영혼을 위해」 전문

밤이라는 시공은 사물 모두를 복잡다기한 세상으로 안내한다. 고단한 하루를 마감하고 이제 밤은 그늘이 될 수 있어야 한다. 다행스럽게도 시적 화자에게 밤은 위안이자 안식의 시간이 되었다. 노동과 땀의 하루가 끝난 이 안식은 그늘이 필요한 사람들에게만 주어지는 선물이다. 특히 도시의 밤은 더욱 휘황찬란하다. 현대인들은 보통 양계장의 닭처럼 24시간 밝고 환한 곳에서 밤낮의 구분 없이 살고

있어서 더 그렇다. 언제부터인가, 우리는 '밤'이 사라진 세상을 당연시하며 살고 있는지도 모른다. 그래서 '밤'의 어둠과 적요를 감당하기 위해서는 스스로 맑은 영혼을 마주할 수 있는 여유 공간을 찾아내야 한다. 동시에 '밤'을 대하는 자신만의 얼굴과 대화방식이 있어야 하며 이는 저마다의 선택이나 결단으로 가능하다.

"낮에 수줍었던 것들 피어날 때 미간에서 눈 뜨는 별들"과 "물가를 걷는 나무들"은 '밤'에만 만날 수 있는 우리들 내면의 영혼에 대한 비유이다. 마지막 행 "새들이 자리를 옮기는 것 바라보며 영혼의 책도 날개를 펴는 밤이다"의 의미는 그렇게 행간의 의미로 해석할 수 있다. "호수의 음반에서 불어오는 선율에 몸 맡기다 울컥하는 사람"은 물론 시를 읽는 당신의 울림으로 완성되어야 하는 문장이다. 시인 자신이자 '밤'을 통하여 영혼의 책을 펼쳐 든 무수한 중생이 되어야 할 것이다.

    흐르는 물에 비춰 보고
    거울 없는 방이 편한 이유를
    알았다

    넘어진 흙바닥에 비춰 보고
    나를 제대로 본 적이 없음을
    알았다
    꽃을 피워도

거울을 찾지 않는 풀과 나무들이
가장 좋은 거울임을 뒤늦게
알았다

— 「거울들」 부분

'거울' 이미지가 식민지 시대 시인 이상의 자아분열과 굴절된 내면의 정면대결을 연상시킨다. 라이너 마리아 릴케는 「두이노의 비가」에서 "거울들, 흘러나온 자신의 아름다움을 다시금 자신의 얼굴로 모아들이는 거울들"이라 노래한다. 이는 인간의 한계를 뛰어넘는 천사의 비유라 할 수 있다. 권덕하 시인은 그렇게 시 쓰기는 본디 불완전한 인식 행위를 돌아보고 다듬어서 새롭게 도달하게 되는 길이라고 발언하는 것이다. 시인은 그 길 찾기의 도정에서 수많은 거울을 만난다. 시에 등장하는 '거울들'은 자아분열과 자기부정을 일깨우는 시 쓰기의 과정이다. 시란 결국 무수한 거울을 통하여 갈고 닦아서 마련하는 또 하나의 거울일 뿐이다. 거울은 시인 하나의 상을 완성하기 위한 것이 아니라 독자의 거울과 만나서 새로운 거울을 만드는 밑거름이 된다. 시인이 "거울 앞에서／ 자신과 유리되던 나"가 넘어 새로 만날 "가장 좋은 거울"을 기대하는 이유이다.

그중에는 강바람 맞으며 함께 일한 사람, 여러 번 같이 밤을 새운 사람이 있고, 어느 가을 새벽에 호숫가 돌아오다 앞이 보이지 않아 몇 번 차를 멈추고 안절부절못했던 사람도 있는데,

잡곡처럼 섞인 기억이 더운밥 되었다가 식고 다시 데워 내놓은 마을에서 나는 어디론가 달아나려는 마음 내버려 두고 노처럼 젓가락 저어 보지만 그릇 안의 술만 고루 흐려질 뿐이라서

높아진 언성에 밤바람 물살이 뱃전을 치고 돛은 사뭇 펄럭이는데, 저렴한 주대하고 쓴 풍선이 마음 바깥에서 홀로 춤추고 있으니 저것도 밤늦은 시간에 끈을 잡고 있는 것인가

연(鳶)줄처럼 놓쳐서는 안 될 것이 있다는 듯 모두 집에서 멀리 나와 앉아 있어도 가끔 고개 들어 집 쪽 바라보는, 밤마을
— 「밤마을」 부분

밤마실 풍경이 있었다. 저녁 먹고 또래또래 모여서 윷놀이나 화투에 빠지는 그 사연이다. 겨울철 긴긴밤 고구마를 찌거나 묵을 치고, 두부를 김장김치에 둘둘 말아서 막걸리나 동치미 국물과 곁들이는 시간은 이야기판도 푸짐했다. 동네 돌아가는 소식을 알 수 있는 자리이며 집안 속사정을 들으며 서로 다독여주기도 하던 그 배경이다.

시인 권덕하는 과거의 밤마실을 현대판으로 풀었다. "풍선이 마음 바깥에서 홀로 춤추고 있으니 저것도 밤늦은 시간에 끈을 잡고 있는가"에서 '끈'의 애처로움만큼 서로의 마음은 위태롭다. 사랑방이 아니라 술과 음식을 파는 단골식당을 배경으로 낙지볶음과 만두가 등장한다. "더운 밥 되었다가 식고 다시 데워 내놓은 마을에서

나는 어디론가 달아나려는 마음 내버려 두고 노처럼 젓가락 저어 보지만 그릇 안의 술만 고루 흐려질 뿐"처럼 한가로우면서도 처연한 풍경이다.

현대인의 고독한 존재자는 공동체의 일원으로 어울리지만 이는 겉과 내면이 하나가 될 수는 없다. "연(鳶)줄처럼 놓쳐서는 안 될 것이 있다는 듯 모두 집에서 멀리 나와 앉아 있어도 가끔 고개 들어 집 쪽 바라보는" 것이다.

3. 유계자의 시에서 만나는 공명의 목소리

유계자는 첫 시집으로 『오래오래』가 있으며 『목도리를 풀지 않아도 오는 저녁』은 그의 두 번째 시집이다. 그의 시는 화장기 없는 민낯의 잔주름과 맨살의 촉감이 고스란히 느껴지는 진솔함이 살아 있다. 한 편의 시에서 묻어나는 생동감의 저력은 그의 꾸밈없는 소박함에서 연유한다. 그 꾸밈없음이란 시인의 고단한 삶이나 끊임없는 사유의 과정에서 체화된 언어일 것이니 이는 지난한 세월에서 건져 올린 당당함에서 연유한다.

우선 '폐선', '폐염', '구부러진 못' 등의 사연을 살펴보자. 쓸모를 다하고 버려지거나 마지막을 향하고 있는 존재를 그냥 지나치지 못하고 가슴앓이로 오래도록 품는다. 닭이 알을 품으면 병아리가 나오듯 시인이 품은 아픔, 슬픔의 기억들이 시리고 깊은 문장으로 탄생한다. 유계자 시인의 품에서 얼마나 많은 삶의 응어리가 깃들어 있는지 아무도 모른다.

  시인의 기억 한 켠에 바다가 있다는 건 참으로 축복 받은 일이다. 시시콜콜한 일상을 담은 시조차 그 배경에는 물결이 넘실거리는 것처럼 읽히는 것은 몸에 배인 체취이리라.「멸치타작」,「황태덕장」,「꽃무늬 환한 문장」에서 멀찌감치 관조하거나 대상화하지 않고 대화체로 직진하는 유계자의 시적 진술은 섬세하고 깊다.

    뼈 빠지게 기름칠한 돈은 모조리 불 땐 거여
    한 칸 있던 집마저 붉은 딱지 붙고 길거리로 나앉았지
    달랑 거시기만 남았더라고
    여편네 허고 새끼는 처가에 보내 놓고 낡은 텐트 하나 가지고 나왔지
    뭐 하것나 여름내 갯바닥 댕겼지
    덥석덥석 물기 좋아하는 그 망둥이 철사 줄에 죽 걸치고 나오면
    영락없이 후루루루……
    애들이 놀던 인디언 치마여
    속은 타고 지팡이 하나 짚고 온 산이 떠나가도록 소리치고 싶었지
    펄쩍펄쩍 망둥이 치마 입고
    인디언 놀이 신나게 한바탕 하고 싶었다닝께
    암만, 바다 땜시 살았지
            -「인디언 치마」부분

굴 냄새로 망둥이를 유혹해 철사끈에 꿰면서 그 사연이 시작된다. 화자가 생의 변곡점에서 찾은 바다의 흔적이 기구하다. "몇 년 물 건너가서 죽도록 벌어 부쳤더니" "사기꾼 헌티 보증서서 다 털어먹고" 빈털터리 신세가 되었다는 것이다. 사기를 당한 사람만 탓할 수도 없다. 작정을 하고 덤벼드는 사기꾼이나 조직적인 보이스 피싱 패거리에게 속수무책으로 전재산을 날리는 경우가 흔한 일상이 되어버린 세상이다. "여편네 허고 새끼는 처가에 보내 놓고 낡은 텐트 하나 가지고" "여름내 갯바닥 댕겼지"라고 푸념하며 화자는 바다에서 다시 살아갈 힘을 회복하게 된다. 바다는 그렇게 모든 것을 받아주고 품어주고 새로 태어나게 해주는 무한한 영감의 원천이며 생의 근원이다.

인디언 치마는 망둥이를 잡아서 철사에 꿰어 늘어뜨린 차림새이다. "속은 타고 지팡이 하나 짚고 온 산이 떠나가도록 소리치고 싶었"던 그 마음을 다스리는 무당의 복장으로 변신한다. 다시 말하자면 영험한 도사의 지팡이나 무당의 딸랑이와 같은 역할을 하게 되는 것이다. 수도 없이 오갔던 생과 사의 변곡점에서 바다와 한 판 씨름을 벌이고 있다. 망둥이를 한 마리씩 잡아 허리에 달아매는 동작을 반복하면서 바다에 그 시름을 모두 던지게 되는 과정은 한 판 굿이며, 살풀이가 된다. 드디어 더 이상 망둥이를 꿸 자리가 없이 가득 차 마침내 인디언 치마를 완성하게 되자 울분은 오히려 신명처럼 생의 에너지를 발휘한다. 언젠가 보았던 애들이 놀던 인디언 치마, 허리에 두르자마자 펄쩍펄쩍 뛰고 싶으리만치 기운이 샘솟는 풍경이다. 이제 어쩌면 다시 살아갈 수 있을 것도 같다. 마무리 행에서 "암만, 바다 땜시 살았지"의 여운이 당당하다.

> 우리는 별말 없이 식당 문을 밀고 마주 앉아
> 그는 습관대로 살얼음이 뜬 물냉면을
> 나는 멀건 국물 대신 화사한 고명의 비빔냉면을 시켰다
> (중략)
> 품이 넓었으면 했는데
> 생각이 커서 들어가지 않았다
> 품을 넓히기에도 생각을 줄이기에도 무리여서
> 그냥 가까운 역으로 가서 철로를 보기로 했다
>
> 하오의 시간이 빠르게 지나가고
> 절묘하게 이루는 평행선이 더욱 안전했다
> 우리는 또 별말 없이 살얼음과 고명을 주문했다
> ―「평행선」 부분

삼십 년 부부의 "절묘하게 이루는 평행선"이 서로 다른 취향의 물냉면과 비빔냉면으로 표상된다. 이 거리 두기는 만날 수 없는 철로처럼 각자의 길을 안전하게 도달하기 위한 방편이기도 하다. 재미있는 건 "삼십 년이 지나도 한통속이 되지 않아서 바라는 것이 더 생겼다"는 문장이다. 여기에서 "바라는 것"은 상대방이 가지고 있지 않은 것

일 확률이 높다. 서로를 친근하게 여기거나 좋아하는 감정이 생기면 차이를 인정하기보다는 부정하는 감정으로 토닥거리게 된다.

"품이 넓었으면 했는데/ 생각이 커서 들어가지 않았다/ 품을 넓히기에도 생각을 줄이기에도 무리"일 때 우리는 어떻게 해야 하는 것일까. 그나마 "그냥 가까운 역으로 가서 철로를 보기로 했다"는 진술이 위안이 된다. 삼십 년 내내 아슬아슬하게 평행선을 바탕으로 관계를 유지해 온 부부는 지금까지 이렇게 살았던 것이 최선인가 가끔 회의가 들 것이다. 그래서 서로에게 다시 어떤 요구를 하고 싶었지만 더 이상의 모험은 무리임을 확인한다. 이제는 편안하게 각자의 취향대로 물냉면과 비빔냉면을 시킨다. 서로가 좋아하는 것을 먹으면 된다는 이 평범한 결론을 편안하게 받아들이기까지 긴 세월의 우여곡절은 눈 밝은 독자의 몫이다.

이 시는 인간관계가 저절로 만들어지는 것이 아니라 오랜 수양과 노력 속에서 이루어짐을 말하고 있다. 시를 읽으면서 누군가에게는 그 안에 녹아 있는 오랜 갈등과 번뇌의 변곡점 모두를 담담함으로 이어가면서 긴 세월의 침묵과 여백에 더 많은 눈길을 주었을 것이다. 유계자 시인은 이렇듯 단순한 진술을 통하여 긴 여운을 남긴다.

    푸른 소나무는 하늘이 박아놓은 못
    산이 무너지지 말라고
    푸른 못으로 고정해 놓은 것

사람들이 길을 낸다고 푸른 못들을 뽑아내자
그 틈새로 들어온 물이 산을 벽지처럼 찢는다
계절을 장식해 놓았던
층층나무며 팥배나무 뿌리가 산 아래까지 엎질러졌다

풀뿌리 같은 틈을 내주고
황토 같은 절망이 밀려들어 신뢰가 찢어지기도 했다
저녁나절 들려오는 딱따구리의 못질은
땅과 허공을 이어붙이던 바느질 같은 것이어서
못 이기는 척 마음을 꿰매기도 했었다
　　　　 －「못의 용도」 부분

"푸른 소나무는 하늘이 박아놓은 못"이라는 생경하고 단단한 비유로 개안의 순간을 정지화면으로 붙들어 놓는다. 자연에게 "길"은 곧 죽음인 현실을 깨닫게 한다. 인간의 이기적인 욕심으로 '못'을 함부로 뽑아대는 사람들이 지금 이 순간에도 도처에 널려 있는 현실을 어찌할 것인가. "굽었다고 함부로 뽑지도 않는" 소중한 마음을 회복할 길이 없는 것인가. 그래서 "하늘이 구름의자 하나 내어놓고 틈새에 못을 박는" 것이다. 마지막 연에서 시인은 "저기 공원에 한 무더기 사람들이 간다/ 온통 구부러진 못들이다"라고 진술함으로써 저마다 제자리를 지키고 있는 생명체 그 존재가 지닌 본연의 소중함을 일깨우고 있다.

또 다른 의인화 「쪼그리」는 "일 할 때 엉덩이에 매달고 다니는 둥근 의자"를 인격화한 시다. 밭일을 할 때 '쪼그리'를 사용해본 사람이라면 "쪼그라진 몸"과 "나의 가장 안락한 의자는 그녀였다"는 발언에 수긍할 수밖에 없을 것이다. 중요한 건 그 발언이 환기하는 그림자 노동의 실체이다. 집이나 직장 다양한 곳에 존재하는 숨은 그림자에 공명하는 목소리, 유계자 시의 울림, 그 응어리의 품이 넓다.

4. 박송이 시집에 흐르는 공감의 언어

박송이는 시집 『조용한 심장』과 동시집 『낙엽 뽀뽀』를 출간했다. 그리고 신작 시집 『나는 입버릇처럼 가게 문을 닫고 열어요』를 읽으며 사회적 약자의 아픔에 공명하는 애도의 언어를 만난다. 박송이의 시에서 등장하는 사회적 사건에 대한 진술이 공감의 파급력으로 작용한다면 이는 문제의식을 환기하는 방식 그 자체의 참신함과 관련이 깊다. 「비명」, 「닭닭닭」, 「고요한 밤 거룩한 밤」, 「이사」를 만나는 장면에서 우리는 익히 알고 있으나 그냥 지나쳤던 어떤 순간을 내 안으로 강렬하게 간직하게 된다.

'비명'의 뜻을 사전에서 찾아보면 '몹시 놀랍거나 위험하고 괴롭고 다급한 일을 당하여 외마디 소리를 지름 또는 제 목숨대로 다 살지 못함'의 두 가지 의미가 있다. 이 두 가지 의미를 모두 지닌 시가 「비명」이다.

한 시인이 죽었다
시인에게서도 시집 그 어디에서도
손은 비명의 언어만 받아적고 있을 뿐
위로받을 수 있는 손의 언어와
위로할 수 있는 손의 언어는
너무 짧거나 애매하거나
아예 없었다

바람에 기대어 우는 바람이 차가웠다
사람들이 집으로 걸어가고 있었다
이따금 비명이 들려왔다
입이 없는 하루살이들처럼 시들었다가
아침이 오면 까무라치며 애통할
일이 발견될 것이었다
　　　　　－「비명」부분

"한 시인이 죽었다"가 세 차례나 반복되면서 이 문장 하나가 비명(悲鳴)이자 비명(非命)으로 읽힌다. 시인의 죽음은 우리 시대의 표상으로 아주 잠깐 떴다가 바람처럼 사라지기도 한다. 원래 시인은 가난하지만 존경받는 존재였다. 하지만 물질만능 시대에 가난과 어울리는 고결과 존경의 이미지는 사라진 지 오래이다. 현대인에게 시인은 그저 초라한 존재로 몰락한 것이 아닌가 싶다. 시인의 죽음은 고독과 가난이 주원인일 것으로 추측된다. "시인에게는 시집이 있었지만/ 아무도 그의 시를 낭독하지는 않았다"는 진술이 이를 뒷받침한다.

사회적 타살이라는 용어를 꺼내 보자. 사회에서의 일반적 통념이 차별로 작용하여 상대적으로 소외된 이들을 죽음으로 내모는 일을 일컫는다. 최근 연달아 발생한 교사 자살 사건이나 생활고로 인한 일가족 자살 사건 또한 사회적 타살이라는 용어를 사용한다. "한 시인이 죽었다"에서 "한 시인"은 우리가 기사를 통해 알고 있는 어느 시인일 것이다.

시인이기 때문에 엄격한 도덕성의 잣대를 요구받았을 것이고 시인이기 때문에 고독하게 살았을 것이다. 그가 죽은 이후 "시집은 판매 순위에 다시 올랐고 팔려 나갔다"고 한다. 지금도 시인의 죽음은 현재진행형이며 판매 순위의 오르내림도 반복 중이다.

닭닭닭닭닭닭닭닭닭닭
닭닭닭닭닭닭닭닭닭닭
닭닭닭닭닭닭닭닭닭닭
닭닭닭닭닭닭닭닭닭닭
닭닭닭닭닭닭닭닭닭닭
닭닭닭닭닭닭닭닭닭닭
닭닭닭닭닭닭닭닭닭닭
닭닭닭닭닭닭닭닭닭닭

봄이 왔다 닭들이 감기에 걸렸다 아버지는 이만 오천 마리 닭들을 뒷산에 묻었다 양계장이 들어서면 왼쪽 1연4행 오른쪽 1연4행 총 2연8행 텅 빈 닭장들이 폐허처럼 줄지어 섰다 우리은행 사원들과 고객들은 삼계탕데이를 실시했다 파산의 돌림병이 돌았고 아버지의 대출금은 만기로 연장됐다 전날 땅을 팠던 국군 장병 하나가 폐결핵을 앓았다 매달린 수도꼭지에선 아직 지하수가 닭닭닭 새어 나왔다

- 「닭닭닭」 전문

죽어가는 닭의 비명을 마음에 담아본 적이 있는가? 박송이 시인은 닭의 울음을 시각적으로 들으며 그 형상을 그려낸다. 청각의 시각화된 그 이미지가 죽임을 당한 생명의 비명으로 허공에 또렷하게 걸리는 것이다. 그러다가 마무리 "지하수가 닭닭닭 새어 나왔다"에서 '닭닭닭'은 무한대로서의 연속성과 선명함으로 여운을 남긴다. 그렇다면 가축 집단 폐사도 사회적 타살이라고 말해도 되지 않을까.

박송이 시인이 사회적 타살에 민감하게 반응함은 생명의 소중함에 대한 발언이다. 생명을 생명답게 목적으로 존중하지 않고 기계의 부속품이나 이익 창출의 수단으로만 치부하는 세태에 대한 저항인 것이다. 시인은 억울하게 죽은 목숨을 위해 어떤 목소리를 낼 수 있는가. 그 물음으로 「고요한 밤 거룩한 밤」은 "2020년 10월 산재 사망자 71명"을 위한 진혼가를 마련한다. 그들 71명이 박송이의 시 한 편을 통하여 신체의 부활은 하지 못할지언정 적어도 기록으로, 시로

새로운 생명의 탄생은 가능하지 않겠는가? 그래서 시인의 의식과 사회적 발언이 무게를 지니기도 한다. 「나의 시는 나의 육체를 지배하지 못하고」처럼 시의 영혼과 육체의 합일을 위한 간절함은 끝없는 갈망만으로도 시 창작의 밑거름으로 작용할 것이다.

> 온 건물과 온 사람들 바깥에 눈이 내려요
> 도로에도 호수에도 아기 콧잔등에도 눈이 내려요
> 내리는 눈 위로 또 다른 눈이 내리고
> 내리는 눈 위에서
> 엄마 얼굴이 아기 얼굴을 비비고 있어요
> 맨발을 감싸는
> 저 하얀 눈발들, 저 거룩한
> 아무것도 부수려 애쓰지 않는
>
> 양말의 일생
> 　　　　　－「양말」 부분

'양말'이란 주제로 함축한 노래이자 이론이며 표상이다. 「나는 입버릇처럼 가게 문을 닫고 열어요」에 등장하는 '오색 양말' 그리고 시인의 말에 쓴 "세상의 모든 양말들에게 이 시집을 바칩니다"의 발언만으로도 충분히 작가의 강조점을 알만하지 않은가. "눈"의 순백 이미지와 "엄마 얼굴이 아기 얼굴을 비비고"의 모습을 떠올려 보라.

세상에서 가장 따스한 풍경이 "맨발을 감싸는"으로 묘사되는 이 짧은 영상처럼 흐르는 이미지는 시인이 추구하는 '더불어 행복한 유토피아'의 구현일 수도 있다. 그래서 소박하지만 시와 시, 인간과 인간 그리고 다양한 만남의 깊은 본질을 갖추고 있는 '양말의 시학'이 된다. 누군가의 발에 꼭 맞는 양말 한 켤레씩을 마련해서 '맨발의 시림을 감싸주고 싶은 시인의 소망을 담은 것이다. 어감만으로도 포근해지는 양말의 느낌이 그의 시에 흐르는 애도의 언어와 만나 따스한 눈물 한 방울로 적셔지는 문장을 한 땀 한 땀 엮는 것이다.

5. 세 권의 시집으로 만나는 세 개의 거울들

권덕하, 유계자, 박송이 세 시인의 시집으로 만난 거울 앞에 서 있다. 새로운 거울을 만난다는 건 그만큼 나를 성찰하면서 성장하고 기대하는 일이다. 그 거울 속에서 '밤'의 시공도 맑게 깊어가고 생의 변곡점은 바다를 만난다. 지금 이 순간에도 우리는 누군가의 '쪼그리'로 편안함을 누리고 있음을 기억하게 될 것이다. 또한 사회적 타살의 비명에 눈 감고 귀 닫지 않으려고 조바심을 낼 것이다. 생명을 지닌 것들을 포근히 감싸는 따뜻함을 양말의 시학으로 간직하게 된 것도 참으로 다행이다.

어쩌면 시가 세상을 구원할 가능성이 아주 많이 가능하다는 기대감으로 오랜만에 설레인다. 세 명의 시인을 만나는 기쁨을 보다 많은 사람들과 공유했으면 좋겠다. 믿어야 희망이다. 초록빛 엽록소들이 변신하면서 다른 색채를 뿜는 점점 더 깊어가는 가을이다.

잃을 것 없는 사람의 시 쓰기

공감과 소통의 연대를 위하여

1. 서정적 공감과 소통의 언어

예술 행위는 공동체 사회를 위하여 보다 나은 삶을 지향해야 하는 책무를 지고 움직인다. 따라서 예술 활동에 참여한다는 건 자신을 포함한 주변의 존재에 대한 본질적 탐색을 기울인다는 무언의 약속을 기반으로 한다. 작가는 그 창작 과정에서 진하게 공감하고 활발하게 소통하려는 의지의 가능성을 탐색하게 되는 것이다.

특히 서정시를 쓴다는 건 인간의 삶에 깊숙이 관여하면서 삼라만상의 물상이나 사건마다 나를 투영하면서 나의 문제와 너의 관심을 하나로 모아서 집중하게 된다. 저 멀리 지구 반대편에서 떨어지는 나뭇잎 하나가 현재 내가 서 있는 이곳에서 나의 슬픔과 만나는 것이다. 그래서 문학이 예술 행위 가운데 삶의 형식에 가장 가깝다고 할 수 있으며 말과 글은 입과 손의 힘을 빌린다는 차이를 제외한다면 닮음의 꼴을 취하고 있다.

이 글에서 다루려는 오충 시인의 신작시에는 우리 시대의 적나라한 사연들이 문제의식이나 시공간을 뛰어넘는 서정적 공감과 소통의 언어로 담겨있다. 이들 시를 읽으면서 우리는 왜 시를 써야 하는지, 진정한 예술 행위에서 공감과 소통이 어떻게 연대를 지향해야 하는지에 대하여 성찰하는 시간을 가질 수 있는 것이다.

2. 잃을 것 없는 사람의 시 쓰기

불가에서는 '인생을 고해'라 했으니 삶 자체가 생로병사를 숙명으로 안아가는 번뇌와 고통의 바다라는 의미이다. 인간의 본질, 세계의 시작과 끝을 탐색하는 건 수행자만의 몫이 아니다. 눈앞의 욕망에 연연하면서 하루하루를 살아가는 중생에게도 '내 안의 부처'가 있다고 하니 대오각성의 깨달음만이 중요한 것이 아니다. 시를 쓴다는 작업도 마찬가지이다. 문장을 이어가는 시시각각 '내 안의 부처'와 대화를 나누는 일이니 순간의 직관이 영원한 흐름이 되기도 한다. 인간은 왜 하필 생로병사를 겪어야만 하는가. 여기에서 '진정한 나는 무엇이며 세계의 본질은 무엇인가?'라는 화두가 제기된다. 다음 시는 오래도록 잊고 있었던 이 물음을 상기시킨다.

조그마한 병 속에 갇힌 내 얼굴
신세대 유행의 사진 액자라고 한다.

병 밖에서 병 안의 나를
신기한 듯 바라본다
만다라의 병 속의 새
팔딱거리는 그물 속의 금잉어

새장에 갇힌 새는
새장 문을 열어 놓아도 새장에 머무른다

와장창,
나는 알의 껍데기를 깨고 나온다.
  　　　　　－「병 속의 사진 － 만다라의 새」 전문

　문학은 성(聖)과 속(俗)의 어느 한 편에도 치우치면 안 된다는 말이 있다. 서정시는 특히 그 경계를 민감하게 감지할 줄 알아야 한다. 그의 시에 등장하는 "새장에 갇힌 새" 역시 우리 시대 초상이므로 '해탈'이나 참된 '자유'에 대하여 직접적으로 언급하지 않는다. 선시를 쓰려면 성(聖)의 세계에 닿아야 하지만 그런 의도들 또한 때로는 속(俗)에 파묻힌 채 찾아야 할 경우도 있다.
　만다라는 불법의 덕을 갖춘 경지를 이르는 말이다. 위의 시에서도 '병 속의 나, 그물 속의 금잉어, 새장에 갇힌 새' 같은 어휘가 두루 등장한다. '누가 가뒀는지, 스스로 갇혔는지' 혹은 '갇힌 새는 스스로 갇힌 줄도 모른다'는 등 다양하게 얽힌 질문을 품게 되면서 우리는 진정한 자유에 대하여 성찰하게 된다. 그러니까 자유란 갈구하는 자의 것이니, 우리는 스스로 갇힌 줄도 모르는 새처럼 살고 있는 건 아닌지 의문을 품는 과정을 거치게 된다.

"와장창,/ 나는 알의 껍데기를 깨고 나온다."는 마지막 시문(詩文)을 주목하라. 성(聖)과 속(俗)의 경계에서 시인은 망설임 없이 속(俗)을 선택하는 것인가? 강렬한 여운으로 질문은 새로운 질문을 잉태하는 것이다.

다음 시에서 "잃을 것 없는 사람"은 누구인가?

　　잃을 것 없는 사람이 가장 무섭더냐
　　허공을 가르는 텅 빈 손
　　무엇을 잡아보려고 바둥거리냐
　　희망, 행복, 건강, 재물
　　결국 돌아가는 길에는 아무것도
　　쥐어지지 않고
　　펄떡거리는 가쁜 호흡은
　　공기 한 방울 허락되지 않는다.
　　가만히 눈을 감는다.
　　다시는 떠지지 않을 눈꺼풀을
　　잃을 것 없는 가장 무서운 사람으로 변하여
　　　　　　　－「잃을 것 없는 사람」 전문

우리는 당연히 "희망, 행복, 건강, 재물"을 갈망하며 살아간다. 그런데 이것들이 우리를 구속하는 올가미가 되어 그 속에 갇혀 살아가게 되는 세월을 뿌리치지 못하는 것이다. 여기에서 시인은 공수래공수거(空手來空手去)의 화두를 "잃을 것 없는 사람"으로 표상한다. "알의 껍데기를 깨고 나온다"는 순간의 각성이 있었던 시의 화자가 "잃을 것 없는 사람"이 되기를 소망하는 것이다. 무소유의 화두를 내세우기에는 우리는 너무나 세속적으로 많은 것을 짊어지고 살았다. 그래도 이렇게 계속 살아서는 안 된다며 새로운 변화를 갈망할 수밖에 없으니, 더 이상 어쩔 수 없는 마지막 순간이 오기 이전까지 너무 늦지 않기를 바랄 뿐이다. "공기 한 방울 허락되지 않는" 그 순간까지 갇혀 살 수만은 없다는 것을 "가만히 눈을 감는" 순간으로 상상하는 것이다. 시인은 삶의 허무와 무소유의 거창한 화두를 거론하지 않으면서 일상의 안일함을 스스로 질타하고 있다. 우리는 너무나 많은 것을 가지고 있는 건 아닌지, 지금 이 순간의 자각, 새로운 삶의 자세가 중요한 것이다.

돌아오기 위해 떠나는 것이 여행이다. 여행도 만남도 헤어짐도 수행자에게는 한 걸음 한 걸음이 소중한 도정이듯, 시인에게도 모든 과정이 귀하게 다가오는 것이다.

엽서 안의 풍경은
시간을 초월했고
석양이 저무는 해변은

황홀하게 아름다웠고
모든 세상의 축복은
구름 위에 너울거렸고
엽서 안에 모두 살고 있었다

단지
너만 보이지 않은 채
쓸쓸하게 우체통으로
쓰러져 갔을 뿐이다
─「여행지의 엽서」 전문

  시적 화자는 여행을 떠났다 돌아왔다고 추정할 수 있다. '여행지의 엽서'가 살아나는 순간은 대부분의 경우 여행 도정을 마친 이후일 것이다. 여행이 진행 중인 순간은 눈앞의 풍광에 빠져서 엽서에 눈길을 주는 일은 결코 없기 때문이다. 떠나기 이전의 설렘에서 시작하여 여행지를 거쳐서, 돌아옴 이후의 시간 속에서 발효 작용이 이루어지면서 여행의 이유는 완성된다고 말할 수 있다. 엽서에 표상된 것과 감추어진 여백 사연, 이 둘이 여행의 의미를 상승시킨다. 함께 했던 '너'는 현재 내 곁에 없고, 그 사연은 생략되어 "쓸쓸하게"와 "쓰러져 갔을 뿐"이라는 하강적 감정으로 이어진다.
  '너'의 부재는 나로 하여금 시를 쓰게 하는 힘이 되니, '너'의 존재가 결국 '시'와 연결된다. 시를 쓰기 위한 여행이 결코 아니었지만 결과적으로 "엽서 안에 모두 살고 있"는 기억으로 충만한 여행은 '너'의 부재로 "우체통"의 이미지로 남았다. 존재하는 모든 것은 사라진다는 말을 함부로 하지 말라. 만나면 헤어진다는 말도 필요 없다. 시간을 초월하는 아름다움, 뜬구름조차 한때는 축복이고 행복이라고 믿었다. 그게 삶이다. 찰나의 사랑, 찰나의 행복에 모든 것을 거는 한때가 누구에게나 있는 것이다.

  오충의 시들에서 희로애락의 사연들은 너무 가볍지도, 무겁지도 않게 그려진다. 황홀한 유혹의 순간을 회상하는가 하면 만남과 헤어짐의 사연들이 담담하게 펼쳐진다. 가령, 다음 몇 편의 구절들을 동시에 만나 보자.

    멋진 나선모양
    흔들흔들 그네 타는
    유혹에 빠져, 한 발 한 발
    나비는 그렇게 움직이지 못했네
                    -「거미의 유혹」부분

    하얀 꽃망울 속에 붉게 비치는
    흰옷을 붉게 물들게 한 핏빛이여
    너울너울 춤추는 아름다움에 잊을 뻔한
    제 살 떨어져 나간 핏빛의 유혹이여
                  -「붉게 비치는 벚꽃」부분

산들산들 불어대는 바람 따라
가로수 길은 노랗게 물들고
팔랑거리는 나뭇잎은
가만히 불어오는 바람 따라
이리저리 흔들리고
　　　　　－「가을 추억」 부분

너를 본 순간
내 마음에 불이 활활 타오르기까지
단 몇 초도 걸리지 않았는지 모른다.
　　　　　－「산불」 부분

점점 자라 오르더니
하얀 빈 도화지를 붉게
꽉 메운다.
너
　　　　　－「너」 부분

　　세상의 지천이 불꽃같은 유혹이다. "유혹에 빠져, 한 발 한 발"이라는 표현에서 민감성을 보이는 시적 화자의 경각심도 새롭다. "너울너울 춤추는 아름다움"에 마음이 흔들리지 않는다면 그건 희로애락에 감각을 닫은 것이리라. 흔들리고 방황하면서 "마음에 불이 활활 타오르기까지" 감당해야 하는 감성이 살아있다. 그만큼 세상을 향한 마음이 열려 있는 것이다.

평범한 일상을 비범하게 받아들이는 직관이 시인의 감성이다. 굳이 시인의 직분을 떠올리지 않더라도 민감한 감성으로 변화하는 계절을 맞이한다. 시적화자는 "팔랑거리는 나뭇잎"이 되어 "가만히 불어오는 바람 따라/ 이리저리 흔들리고" 있음을 응시한다. "제 살 떨어져 나간 핏빛의 유혹"을 기꺼이 긍정하는 것이다. 꽃이나 계절의 변화가 표상하는 시간의 흐름에 스스로를 던지는 것 또한 나름의 해법이다.

생로병사의 흐름은 인간의 숙명이며 거부할 수 없는 자연의 이치이다. 꽃이 피면 지는 것이고, 시간이 지나면 늙음도 죽음도 자연스럽게 우리의 주변에서 떠도는 것이다. 그 흐름을 잠시 잊었다고 해도 상관없다. 마른 나뭇가지처럼 언젠가는 나의 몫으로 찾아올 테니까.

다음 시는 소외된 노년의 일상이다. 목소리를 높이지 않지만 시인이 묵직하게 그려내는 공감과 소통의 언어는 옷깃을 여미게 하는 숙연함이 보인다.

    손바닥만 한 이불 속에
    구부정하게 접힌 몸뚱어리
    웃풍 심한 냉기 견디며
    오늘도 홀로 잠이 든다

어김없이 찾아오는 아침
할 수 없이 눈 비비고 일어나
국 꺼내어 데우는 것도 귀찮아
찬물에 후루룩 밥 말아 마신다

변함없는 마당의 그 자리, 의자 위
누구 하나 찾아오는 이 없지만
항상 누군가를 기다리며 해바라기처럼
온몸을 말리며 스르륵 또 잠이 든다

먼저 간 서방님도 만나고
어린 소녀 시절 꽃을 따던
아름다운 지나간 추억 속에서
배시시 침 흘리면서 소녀가 된 노인네

아직 정신 말짱하니까
절대 요양원 안 갈 거야
혼잣말 꿈속에서 지껄이며
깨고 싶지 않은 해바라기 노인네
  　　　　　　－「해바라기 노인네」 전문

오충 시인에게 시를 쓰는 일은 너무 작고 가냘파서 들리지 않는 목소리를 찾아주는 작업일 것이다. 그리하여 우리 사회 그늘진 곳에 해바라기 씨앗을 심는 일과도 같이 작은 희망을 감당하는 일이다. 「해바리기 노인네」는 "웃풍 심한 냉기 견디며" 살아가는 고독한 노인네의 목소리가 빙의된 시이다. "아직 정신 멀쩡하니까/ 절대 요양원 안 갈 거야" 기시감이 진한 목소리가 흘러나온다. 나의 어머니 그리고 이웃집 숙영이네 어머니의 목소리이다. 이런 목소리를 들었던게 언제였던가, 까마득하게 오래된 사연이었으나 현재도 진행 중이며 미래에도 끊이지 않을 인간의 업을 담은 목소리이다. 그 목소리를 들어주고, 기록하면서 무력한 시인은 시의 씨앗을 심으면서 글밭을 일구어 해바라기 한 포기를 정성껏 심고 가꿀 수밖에 달리 방편이 없다.

3. 성(聖)과 속(俗)의 갈림길에서, 우리는

오충 시인의 신작시를 읽는 그 시간 김성동 소설가가 75세로 타계했고 김동길 전 연세대 교수가 94세로 운명을 달리했다. 이런 망자의 소식들이 없었다면 아마도 시의 해설이 달라졌을지도 모른다. 시적 문장 역시 시인의 손을 떠나는 순간 우주의 생물(生物)로 변신함을 실감한다. 파닥파닥 숨 쉬는 몸체를 통째로 다듬든지 언어들의 구성체로 분석해서 토막토막 나누든지 그에 대한 감상은 온전히 독자의 몫이다. 독자들의 입장에서 말하자면 일단 시를 마주하고 시 자체에 집중하는 게 중요하다는 의미이다. 독자와 시인이 마주하는 대화의 시간이 길 수도 있고 짧을 수도 있으니 그 시간 내에서 만나는 발효의 향내에 집중하면 되는 것이다.

오충 시인의 시들은 '참된 나'를 찾아가는 길목에서 숨 고르기를 하고 있는 것처럼 보인다. 성(聖)과 속(俗)의 갈림길에서 생로병사에 신음하는 중생의 아픔에 동참하기 위한 갈등의 시간을 보여주는 것을 확인할 수 있었다. '유혹'이란 이러한 갈등과 방황을 위한 시인의 딜레마를 표상한다. 하지만 시인은 이미 알고 있다. 더 많은 갈등과 방황이 필요하다는 것, 스스로 유혹을 마다하지 않으면서도 그 안에 머무르기를 단호히 거부한다는 표정이 확연하다. "알의 껍데기를 깨고 나온" 새에게 닥칠 무수한 질곡들을 예감한다. 그리하여 오늘도 오충 시인은 그늘진 땅 구석에 해바라기를 심듯 시 쓰기를 멈추지 않을 것이다. 더 많은 껍데기를 깨고 나올 시인을 응원하는 이유이다.

가장 먼 만행을 꿈꾸다

조동례 『길을 잃고 일박』

1. '먼 길'에서 만난 시

조동례 시인이 세 번째 시집[35]으로 돌아왔다. 『어처구니 사랑』(2009, 애지), 『달을 가리키던 손가락』(삶창, 2013)에 이은 10년 세월의 행적이 빼곡하다. 이제 독자들은 이 시집의 여백에서 수행자로 떠돌면서 피워낸 꽃의 숨과 향을 저마다 가슴에 간직하게 된다. 누군가는 직설적으로 훅 받아들일 것이고 또 누군가는 심층적 의미를 조근조근 되새김질할 것이다. 그러나 그의 시가 쉽게 읽히면서도 시린 여운으로 남는 이유는 체험의 통찰을 직관적 언어에 담고 있기 때문이다.

이번 시집은 유독 '길'의 이미지가 풍성하다. 길은 수행과 고행의 상징이면서 방향을 놓치고 잠깐 머무는 공간이 되기도 한다. 그렇다. 가다가 빈집을 만나면 여장을 내리고 텃밭을 가꾸며 사랑을 만

---

35) 『길을 잃고 일박』, 조동례, 삶창, 2023, 인용 작품은 제목만 표기함.

나던 그 흔적들이 문신처럼 새겨진다. 시편마다 '길'의 끝없는 변주이니 사랑으로 탄생했다가 이별과 만남으로 흔들렸다가 다시 철새와 텃새로 등장한다. '응무소주이생기심(應無所住而生其心)'을 실천하는 도량이며 '원리전도몽상(遠離顚倒夢想)'의 현대인에 대한 풍자가 된다. 구경열반(究竟涅槃)은 언감생심, 그는 그렇게 세상에서 가장 먼 만행(萬行)을 꿈꾸는 시인으로 발을 딛는 중이다.

    벼랑 끝
    흔들리는 저 꽃
    뿌리 내렸다는 증거다
    바람 불어도
    뽑히지 않을 자신 있다는 것이다

    몸 낮춰 벼랑에 눈길 보내는
    나는 지금 무아지경
    언제든 떠날 준비가 된 사람처럼
    슬프지도 아름답지도 않은
    나만 알아듣는 신호에 답하며
    낯선 곳에서 잠을 설치는
    나의 사랑은 이제 이분법

내 마음 두드리며
설레게 했던 것들은 다 어디로 갔나
길 끝의 허무를 알면서도
휘청휘청 이슬 짚어지고
해 뜨기를 기다리는 풀잎처럼
그 많은 설렘을 그냥 보내고도
여기까지 왔으니
흔들리고 흔들려도
낯설어서 생은 살 만한 것이다
-「길을 잃고 일박」 전문

"벼랑 끝 흔들리는 저 꽃"은 시적 화자가 드러내지 않았던 또 다른 얼굴이다. "언제든 떠날 준비가 된 사람처럼" 긴 세월 견디고 살아왔으므로 여기서도 뽑히지 않을 자신이 있다는 생명력의 다짐이다. "낯선 곳에서 잠을 설치는" 설렘으로 "길을 잃고" "여기까지 왔다"처럼 시인에게 낯선 곳이란 오히려 시작 지점으로 변신된다. "낯설어서 생은 살 만한 것이다"의 새로운 출발을 향한 의지가 된다.

길이란 태초부터 있었던 것이 아니라 누군가 처음 발자국을 내면서 생성되는 것이다. 따라서 누군가가 걸어간 길을 찾아 더듬지만 때로는 '가지 않은 길'을 헤쳐 가야 할 때도 있다. 길은 그렇게 스스로 만들어지는 것이다. 하여, 조동례 시인에게 새로운 길은 '길이 아닌 길'이고 '길 없는 길'이다. 그 설렘의 도정이 시가 되고 사랑이 되었다. 그래서 시인에게 길은 순례이며 방황의 사이클을 넘어 사랑으로 펼쳐지기도 한다.

> 길에서 길을 묻는 이여
> 무꽃은 언제 피느냐 묻지 마라
> 씨가 없으면 싹도 나지 않을 터
> 철새들이
> 무씨를 물고 허공으로 사라진다
> — 「무씨를 심다」 부분

시인마다 풍광의 의미를 다르게 보듯 길의 이미지 역시 저마다 해석의 다양성을 내포한다. 그의 시에서 등장하는 길의 비유도 시공을 넘나들며 삶의 현장처럼 진한 질곡을 보여준다. 독자들은 시인이 의식적, 무의식적으로 걷는 현장을 함께 하며 그의 시를 품게 될 것이다.

2. 가족, 그 씻김굿의 길목

시를 쓴다는 건 가슴에 품었던 화두를 풀어내는 몸짓이다. 그중에서 '가족'이란 단어가 가장 지난하면서 사슬처럼 원초적인 화두가 된다. 인간의 집착 가운데 가장 끊기 어려운 것이 피붙이의 끈이니 가족이란 울타리는 의식과 무의식의 뿌리가 구석구석까지 씨실과 날실로 얽힌 그물이다. 그 얽힘을 풀어내는 도정이 그의 시문(詩文)

이다. 묻혔던 인드라망의 촘촘한 연결 고리를 몸으로 받아들이며 슬픔도 아픔도 씻김굿처럼 풀어내려 한다. 집안의 이력을 행간에 드러내면서 부모를 향한 사모의 노래를 담담한 심정으로 보여주는 것이다. 먼저 아픔을 고백하면서 치유의 힘을 표상하는 시를 보자.

녹물과 핏물이 닮았다는 것이 서러웠습니다

한쪽 눈에서 멀리 달아날수록 못은 깊이 박히고

한눈팔지 말라고
실명한 자리에 박힌 어머니
눈물로 빼낸 뒤부터 나는
캄캄한 이면을 보는 눈 생겨
초승달이 둥글다는 걸 알았습니다
　　　　　－「사라진 못」 부분

"못"은 아픔의 씨앗 같은 존재이다. "실명한 자리에 박힌 어머니"는 시인의 실제 어머니를 넘어 시의 근원인 동시에 고뇌의 원천까지 적나라하게 보여주는 씨앗이 된다. 그 의미심장한 기운이 실명과 못의 이미지로 맞대응하며 팽팽하게 흐르기 때문이다. 그래서 "못"은 어머니의 슬픔이자 화자의 아픔이다. 그러나 어머니의 핏물로 만나는 "못"과 "실명"의 비유적 표현은 의외로 담담하다. "캄캄한 이면을 보는" 심안(心眼)을 얻어 초승달의 빛과 그늘을 감지했기 때문이다. 다음에서 아버지의 사연과 연동시켜 보자.

    울지 마소 울지 마 이 사람아 울지 마 자네가 울면 내가 울어 내가 울면 자네가 괴로워 내가 자네한테 아무것도 해줄 수가 없네 주고 싶어도 아무것도 줄 수가 없어 어쩌란 말인가 어쩌란 말인가 살아도 산 것이 아니고 죽고 싶어도 죽어지지 않네 좋은 일만 허고 살아온 자네가 왜 이런당가 죽고 사는 일이 내 맘대로 안 되네 아무것도 해줄 수가 없어서 괴롭네 어쩌란 말인가 어쩌란 말인가 말할 수도 없는 자네 심정 내가 왜 모르것는가 울지 마소 울지 마 자네가 아프면 내가 아파 내가 아프면 자네가 아파 한숨 자고 집으로 가세 집으로 가 고향집으로 가세 이
                - 「아버지의 이별가」 부분

누구에게나 아리고 시리게 등장하는 부모의 사연이지만 아버지가 어머니에게 바치는 사부곡(思婦曲)에는 생로병사의 특별한 절절함이 있다. 표면은 아버지가 어머니에게 바치는 노래이지만 시인은 '아버지에게 바치는 사부곡(思父曲)'으로 판소리 사설조 운율의 울림으로 확장한다. 남도 민요의 한 가락처럼 서러움과 한이 치렁치렁 묻어나는 이유이다.

  선비 족보를 마다하고 등짐 지는 일조차 주저하지 않으면서 가솔을 챙긴 아버지였다. 체면을 중시했던 할아버지와 아버지의 갈등은

아버지와 조동례 시인으로 대물림된다. "실속 없는 할아버지 닮았다는 이유로/ 시에 대해 입도 뻥긋 못 하고/ 가문이 알아주지 않는/ 시시한 시인으로 전락했으니"(「시시한 시인」)처럼 그 아버지와의 갈등을 시로 풀었으니 씻김굿이라 할 만하다. 스스로를 "시시한 시인"이라 하는 이유는 씻김굿에 바치는 제물의 심정이 아닐까 싶다.

3. 흔들리는 꽃 그리고 사랑

그의 시는 식물성에 가깝다. 꽃과 열매의 생태가 오랜 세월 속에서 기록된 화석처럼 스스로와 맞선 결과물이다. 화석에 새겨진 상상력처럼 시나브로 기억의 복판으로 파고드는 이유가 과연 무엇인가. 그 심연에는 활어의 지느러미처럼 유영하는 생명의 힘이 꿈틀대기 때문이다. 동시에 그의 시 작업은 파닥이는 심장을 도려내듯 특별하다. 그래서 분석이 아닌 직관을 요구한다. 조동례 시의 행간을 찾는다는 게 생물(生物)을 다루는 것처럼 경이로우면서도 조심스러운 이유이다.

시인을 깊이 겪어본 사람은 그의 순정한 성품에 매료되지 않을 수 없다. 당연히 시도 사람을 닮았다. 그래서 조동례 시의 특장은 무엇보다도 시원적 존재의 증명, 나아가 구도하는 자아에서 찾아낼 수밖에 없다. 생명력을 보듬어 존재가 지닌 본래의 아름다움을 회복하는 것, 그의 시들이 향하는 발화점은 이와 밀착된다.

특히 꽃이 등장하는 문장마다 호흡이 잦아드는 긴장감을 찾아내게 된다. 이전 시집에서도 담아냈던 것처럼 꽃은 발아된 씨앗이 존재를 알리면서 열매를 맺기 위한 가능성이며 쉼 없는 움직임이다. 동시에 시인이 일관성 있게 보여주는 아름다움과 사랑 그리고 깨달음의 찰나를 확인할 수 있다. 그 찰나가 사랑받는 존재이자 그럴 자격을 구비한 최고의 순간이다. 그래서 조동례의 시편에서 '꽃'은 '사랑'과 더불어 중요한 화두가 된다.

다음 시는 꽃의 이면과 표면에 대한 고백이다. 겉과 속, 이 둘은 일반적으로 반대의 가치를 표상하지만 생성의 관점에서 보면 운명적 보완 관계가 된다. 껍데기와 알맹이의 상보적 관계, 이것이 조동례 시문(詩文)의 미덕으로 꼽히는 직관이며 관념의 틀을 깨는 시상 구성이 빛나는 형식이다. 치장이 없어서 더욱 빛나는 해맑은 목소리가 들려온다.

    꽃밭 가꾸는 당신 몸은
    흙투성이로 더러워지는데
    나는 자꾸 깨끗한 꽃이 되려 합니다

    추위에 강하고 번식 잘 되면
    아무 걱정 없을 거라는데
    철 지나 돌아보니 허물만 남아
    허망하다 허망하다 세월 탓입니다

그럼에도 불구하고
철없는 꽃을 꽃답게 가꾸느라
상처투성인 당신 가슴에는
지지 않는 꽃 피었습니다

-「철없는 꽃」전문

 이쯤에서 첫 시집 『어처구니 사랑』을 소환해야 할 것 같다. "벼랑 앞에 서면/ 목숨 걸고 누군가를 사랑하고 싶다"로 시작하여 "목숨 걸고 사랑한다는 것은/ 살아서 유서 쓰는 일이다"로 마무리한 고백이 마침내「철없는 꽃」으로 새롭게 피어난다. 이는 그대를 향한 사랑 고백이자 "지지 않는 꽃"에 대한 갈망이다. 그러니까 시인에게 '사랑'은 시 창작의 원천이며 씨앗으로 존재한다. 씨앗을 뿌리면 싹이 트고 꽃이 피고 열매를 맺게 되니 그 사랑은 씨앗이면서 지지 않는 꽃이 된다.
 "꽃밭 가꾸는 당신"에게 화자는 "깨끗한 꽃"이 되고 싶어 한다. 당신은 나 때문에 "흙투성이로 더러워지는데" "자꾸 깨끗한 꽃이 되려 합니다"처럼 시인은 사랑의 주체이며 철없는 꽃 또한 시인의 또 다른 자아가 된다. "철없는 꽃"의 해석도 당연히 다의적이다. 계절을 비켜나는 의미에서 "철없는 꽃"이며, 꽃밭을 가꾸는 자에게는 더 많은 노동을 요구하는 "철없는 꽃"이지만 어떠한 의미여도 괜찮지 않은가. 우리가 꽃의 새로운 면모를 만나게 된다는 점이 중요한 것이다.

또 하나, 「돌꽃」에서는 꽃의 해석에 대한 새로운 단초를 제공하고 있다. 똥간과 꽃밭의 대비는 꽃의 의미를 확장하면서 더욱 깊은 의미를 생성하기 위한 장치이다. 결국 똥간의 돌이 꽃밭을 일구면서 돌이 꽃으로 존재 전이를 이루는 의미를 만든다. 생물, 무생물을 의인화하고 공간이동의 과정에서 새롭게 태어나는 존재를 우리에게 보여주고 있다.

뒷집 폐가
똥간 허물어진 돌 주워다
꽃밭을 만들었습니다
그만그만한 꽃
피고 지고 피고 지더니
돌에서 꽃향기가 났습니다
　　　　－「돌꽃」 전문

불교에서 꽃은 깨달음의 순간을 상징한다. 염화미소의 가섭과 석가모니가 함께 바라본 연꽃이 그 대표적인 존재이지만 그의 시는 꽃을 바친다든지 찬양하는 식의 헌화가(獻花歌) 이미지와는 다르다. 그래서 '돌꽃'은 단지 생성의 이미지이며 기존의 존재를 새롭게 전복하는 이상적 세계의 표상이다.

시인은 '똥간의 돌'과 '꽃밭의 돌'이 지닌 존재 의미가 모두 무(無)에서 출발한다고 본다. 이 돌은 기나긴 세월 똥간을 지탱하는 역할만 하다가 집주인이 떠나고 기둥이 무너지면서 비로소 본래의 돌 자체로 돌아왔다. 그러다가 빈집에 사는 시인이 폐가의 돌을 꽃피우는 순간 돌에서 꽃향기가 터진 것이다. 똥간의 돌과 꽃밭의 돌은 원래 하나였으니 똥간과 꽃밭의 구분이 사라진 순간 돌이 피운 '돌꽃'이란 시가 탄생한다.

그래서 꽃은 허물어진 것, 버려진 것에서 피어나는 아름다움과 생명력 그리고 생의 활기를 비유한다. 낮과 밤의 헤아림 없이 시의 정신을 실현하는 것, 시문(詩文)의 향을 피우는 것으로 "돌에서 꽃향기가 났습니다"의 여운을 완성한다. 꽃향기는 현실과 이상의 조화, 또는 이상적인 존재로서 시인이 지향하며 도달하는 지표와 같은 것이다. 그래서 꽃의 이미지는 정태적이거나 완결된 정점이 아니라 끊임없이 흔들리며 생성하는 미완의 이미지이다.

4. 세상에서 가장 먼 만행

만행(萬行)이란 불교 수행의 일종으로 여러 곳을 돌아다니고 명상과 사유의 도정 속에서 깨달음을 얻는 행위를 일컫는다. 물론 조동례 시인이 처음부터 작심하고 수행의 길을 떠난 것은 아니었으니 그 또한 운명이다. 어느 날 "길을 잃고" 문득 먼 길을 떠돌게 되었으니 오히려 형식에 얽매이지 않는 수행 같은 도정이다. 그 만행의 일부를 엿볼 수 있는 시편을 만날 수 있음이 독자로서 행운이다. 다음 시에서 우리는 시인이 살아온 여정의 단면을 추정할 수 있다. "추가치산맥 빙하 녹은 민물" 포터늪에서 순천만까지의 거리는 "세상에서 가장 먼 만행"의 구체성이다.

> 추가치산맥 빙하 녹은 민물에
> 태평양 파도쳐 온 짠맛이 만나
> 포터늪에 난장이 들어섰다
> 바닷물이 몰고 온 어류 떨거지를
> 갈매기도 청둥오리도 한몫 거드는데
> 노점 자리 둘러보던 만삭의 연어는
> 자신이 낳은 알을 자릿세로 바쳤다
> (…)
> 민물과 바닷물로 칵테일 한 늪에
> 순천만을 닮아서 자주 가는 나
> 알래스카까지 오는 여정 생각해 보면
> 이 바닥에서 살아남은 것들은
> 민물 짠물 섞일 줄 아는
> 진짜 맹물 맛을 아는 것이다
> ―「포터늪 난장」 부분

시인은 이전에도 '섞인다'는 의미를 "물들인다"나 "체온을 맞춰 가는 것"으로 표현한 바가 있었다. "물들인다는 것은/ 마음 열어 주변과 섞인다는 뜻이다/ 섞인다는 것은/ 저마다의 색을 품어 닮아간다는 것이니/(…)/ 닫힌 마음이 열릴 때까지/ 서로의 체온을 맞춰가는 것이다"(「물들어간다는 것은」, 『어처구니 사랑』)라고 통찰했던 시인은 이제 그 섞임의 힘을 "맹물 맛"으로 새롭게 언급한다. "민물 짠물 섞일 줄 아는/ 진짜 맹물 맛을 아는 것이다"라며 "섞일 줄 아는"의 근원을 "진짜 맹물 맛"으로 감지하는 것이다. 빙하의 민물과 태평양 바닷물이 아우러지는 절묘한 만남이니 결국은 물고기의 도정이며 생명의 신비로움 그 자체가 흐름의 원천이 된다. 살아남기 위하여 서로를 받아들일 뿐이며 그 힘으로 온갖 생물들이 숨 쉬는 공간이 탄생하는 것이다.

누군가는 조동례 시인에게서 '백석 시의 가지취 냄새가 난다'고 했는데 필자는 하나를 보태 '맹물의 시인'이라 부르고 싶다. '맹물'이란 가공되지 않은 자연의 본성 그대로를 의미한다. 모든 색을 합치면 검은색이 나오고, 모든 빛을 합치면 흰색이 나오듯 맹물이란 모두이면서 아무것도 아닌 무(無)와 통한다. 스스로를 "맹물 세수가 화장의 전부"(「다른 안목」)라 했듯이 그는 가공되지 않은 힘으로 살며 시를 쓴다. 운명을 받아들이되 나를 지키면서 만나는 새로움이다.

시인은 그 만행을 통하여 허물어지는 경계를 저절로 체험한다. '언어는 존재의 집'이라 정의할 때 집의 의미는 지역성, 국가, 인종의 경계를 넘어 탈주의 서사를 담는다. 다음은 시인의 이름 '동례'가 "알래스카 섞어찌개 같은 교실"에서 문자 체계의 경계가 허물어지면서 다성성과 이어성으로 어우러지는 현장이다.

입이 있어도 말 못하는 타국 생활
쉰다섯에 말 배우려 학교 간다
알래스카 섞어찌개 같은 교실에서
백인 여선생이 이름을 묻는다
내 이름은 동례입니다
독레? 도그네? 덕네?
그것도 아니고 동례
아무리 반복해 말해도
본래 내 이름은 돌아오지 않는데
페루에서 온 고스빈다가 나를 부른다 도우네
시카고 베키가 혀를 더 굴린다 돌래
뒤이어 에밀리가 소리쳐 부른다 돈내
멕시코 도미니카 라오스 소말리아도
돈내 돈내 돈내 돈내
민주주의 나라에서
다수가 불러준 내 이름 돈내
이름은 부르기 쉬워야 제 이름이지
자본주의 이민국에서
개명 신청 안 해도 돈내다

-「돈내」전문

본래 랑그(기의)와 파롤(기표)의 관계는 발음기관이나 청각기관의 습성에 따라 고정되는 것이다. 한글 문화권에서는 닭의 울음소리를 '꼬끼오'라고 표기하지만 영어권에서는 '코커두들두'라 표기하며 실제로 그렇게 듣고 인지한다. 인종과 상이한 언어권에서 찾아낸 다양한 발음의 표기는 결국 음성 언어의 한계이자 파롤의 무한대를 환유한다. 결국 시의 화자는 "동례"를 버리고 "다수가 불러준 내 이름 돈내"를 받아들이게 되는 쓸쓸한 해학이다. 이는 공간의 이동이 물리적 거리뿐만 아니라 소통의 양보까지 혜량하는 과정이다. 언어의 탈주가 이루어지는 난감한 과정을 위트와 풍자로 편안하게 그려낸 풍경이다.

그와 대화를 나누다 보면 당황할 수도 있다. 처음 만난 그에게서 순례자 또는 고졸(古拙)한 여승의 이미지가 얼핏 풍기기 때문에 더 그럴 수도 있다. 그러다가 "맹물 세수가 화장의 전부"인 그에게서 누구나 질박하지만 단단한 그만의 성정을 새롭게 만날 수 있을 것이다. 그래서 그의 시는 검정 고무신처럼 밋밋한 듯하나 읽을수록 진하고 질긴 맛이 전해진다. 날마다 먹는 밥처럼 편하고 깊은 맛이다. 삶 자체가 시가 되는 바로 그런 사람을 만난 것이다.

그러니까 시가 온몸을 돌고 돌아 나온다는 게 확실하다. 발끝과 손끝, 그의 삶의 행적 자체가 모두 시문(詩文)이 되는 것이다. 시를 찾기 위해 기이한 풍광을 탐색하거나 그곳을 핀셋으로 풀어헤치는 작위적 문장과는 그 결이 전혀 다르다. 시인의 걸음은 송두리째 뽑은 삶 그 자체일 뿐이다. 그래서 조동례의 시를 읽으면 시적 화자가 감당했던 삶의 침전물에 시나브로 온몸이 젖을 수밖에 없다. "다시"의 선언도 그 자체가 삶과 죽음의 경계에 바치는 삶의 긍정이며 시인으로서의 운명에 대한 수긍이다.

서로 주고받을 것도 없는
삶과 죽음에 대해
시를 쓰려는데

과거와 미래 사이를 비집고
싹튼 것들이
다 시입니다
 -「다 시」 부분

세상에는 무수한 유형의 시인들이 존재한다. 하지만 그 가운데서 오직 시인 자체로서만 존재가 가능한 삶은 의외로 흔하지 않다. 그래서 그의 시를 주도하는 곡진함이 운명을 받아들이고 사랑하는 힘에서 비롯된다는 게 특별하다. 그 운명이 시인의 업이며 시를 통한 자기 구원의 도구이다. 살아 있음의 도정이자 흔적이 다 시로 생산되는 것이다. 「다 시」는 작가의 이러한 시 쓰기 방식에 관한 자기 고백이다.

그래서 조동례의 시편은 현란한 기교나 언어를 담금질하는 문장에 연연하지 않는다. 감동의 파문을 일으키고 영혼을 휘젓는 고요한 응시를 그의 도정에서 찾아야 한다. 이 소리 없는 울림 속에서 대면하는 것은 날것으로서의 삶의 침전물이며, 동시에 있는 그대로를 받아들이는 담담함이다. 그에게 시란 삶 자체에 녹아 있는 운명과 사랑의 만남이 된다.

「다 시」가 바로 기획되지 않은 사랑의 힘을 저절로 보여준 시이니 그게 진정성이다. 마침내 개인적 서정이 빛나는 노래로 공감력을 얻게 되는 순간이다. 시의 울림이 어떤 방법론적 기교나 상상이 아니라 오로지 혼백이 충실한 시문 속에 존재하기 때문이다. 그것은 또한 이 고통스러운 현실을 기반으로 해서만 온전하게 발현된다. 그렇게 조동례의 시는 누추한 삶의 팽팽한 균형과 긴장을 담백하게 기록할 뿐이다.

5. 빈집, 빈 그릇의 시

다음 시편에서 만나는 '주인'의 의미를 떠올려보라. 우리를 자유로운 해방의 세상으로 안내하는 상상력을 발견할 것이다.

담장 위에
빈 그릇 두었더니
비가 와서 채웁니다
그 물을
벌이 와서 먹고 세수하고

새가 와서 먹고 목욕하고
　　그래도 남은 걸
　　고양이가 얌전히 먹는 걸 바라보며
　　그릇을 비워두니
　　오는 대로 주인입니다
　　　　　　－「빈 그릇」 전문

　단지 그릇 하나를 담장 위에 놓아두었을 뿐인데 저절로 한 폭의 수묵화가 되었다. 화자는 "오는 대로 주인"이 되는 세상을 고요한 시선으로 응원할 뿐이다. "벌이 와서 먹고 세수하고/ 새가 와서 먹고 목욕하고/ 그래도 남은 걸 고양이가 먹는 걸 바라보며" 있다. 저마다의 생명력이 스스로 빈 곳을 채워주는 역할을 감당하는 것이다. 그의 시는 이제 '빈 그릇'으로 남아 기다릴 뿐이다. "오는 대로 주인"이 되어 채워줄 독자를 위하여.
　'빈 그릇의 주인'은 누구인가? 비가 와서 채워주고, 벌, 새, 고양이까지 만상의 모두가 주인이 된다. 그러니까 시인의 이상은 모두가 주인이 되는 공생의 세상을 떠올리게 한다. 저마다 그 물을 먹고 세수하고 목욕하는 장면은 의도와 상관없이 완벽하게 조화를 이루는 세상이다. 그 세상의 풍경은 저절로 보이는 것이 아니다. 시인의 이상과 현실의 정확한 일치를 위한 오늘의 삶이 주는 선물이다. 시를 통하여 저마다의 허기를 채우고, 삶을 나누고 싶은 것이다. 조동례의 '맹물의 시학'이 이렇게 구체적으로 현현(顯現)하여 조각처럼 회화처럼 우리 앞에 그 모습을 드러내는 순간이다.

  이제 그의 시는 구도적 분위기를 넘어 구체적인 수행자 이미지를 만나게 된다. 이는 수행하는 시적 화자가 초지일관 시를 이끄는 내적 원동력이 되고 있으니, 가령 시집에서 구절 몇 개를 손에 닿는 대로 뽑아보자.

고집불통 수행자다
-「암자」부분

세상에서 가장 먼 만행을 꿈꾸다
-「가장 먼 만행」부분

저절로
중이고 부처고 절이다
-「저 절로 가는 길」부분

예수는 나더러 종이 되어라 하고
부처는 나더러 주인이 되어라 하고
-「만장일치」부분

스님이 건네준 무(無) 자 화두를
-「무씨를 심다」부분

수행승 입에서 일면식도 없는 나에게 연애는 또 뭔가 곰곰 생각
　해보는데요 어쩌면 가부좌 틀고 앉아 허공을 뚫는 것만이 공부가
　아니라 서로 얼싸안고 사는 것이 진짜 공부라는 방편 하나 주신
　건 아닐까 싶어
　　　　　　　－「불법을 꿈꾸다」부분

　필자는 그의 첫 시집부터 구도하는 화자의 존재가 진한 비중으로 등장함을 눈여겨 보았었다. 산다는 것 자체를 구도와 동일시하는 시적 화자를 만났던 것인데 그 성(聖)과 속(俗)의 긴장감이 범상치 않게 다가온 것이다. 시인은 방랑과 수행으로 절대적 경지를 갈구하면서도 종교적 틀로 재단하는 것은 단연코 거부한다. 예수와 부처가 번갈아 종이 되었다가 주인으로 변신되니 결국 절대적 경지라는 것도 인간세계를 떠나는 게 결코 아니라는 말이다. 하여, 조동례의 시들은 철저하게 사람의 냄새를 원천으로 함을 깨닫게 된다. 쉽게 찾아 볼 수 없는 우리 시대 귀한 자연인으로 강을 건너 바다를 껴안는 언어를 만든다.
　그의 세 번째 시집에서도 쓸쓸하고 아픈 마음은 여전히 현재진행형이나 이전 시집에서 보여준 날카로운 면모는 다소 완화되었다. "몸이 무거워지면 달은/ 허공에 갈아 날을 세운다// 죽고 사는 문제로/ 장님 벙어리 귀머거리 한세월// 날이 서면/어둠을 베어 자신을 밝힌다"(「초승」)고 감히 노래하지 않는가. 칼을 가는 손길은 여전하나 그 손끝이 자신을 향했으니 그만큼 아프고 깊어진다는 의미이다. 수

행자의 방황으로 "서로 얼싸안고 사는 것이 진짜 공부라는 방편"을 얻었으니 다행스럽다고 할까.

이제 조동례의 시는 수행과 방랑의 길에서 자리를 잡았다. 그 자리는 바위 꼭대기 암자보다는 한적한 시골 빈집이 더 어울린다. 세상에서 가장 먼 만행을 담아내며 마침내 뿌리 뽑히지 않을 자신을 이번 시집에 담은 것이다. 그 빈집의 위력을 스스로 시를 통해 증명하고자 한다.

그 절대적 세계의 도구가 곧 시이며 시는 현재의 삶을 고스란히 비춰준다. 그만큼 갈고 닦으며 살았다. 선택의 기회가 있었다면 감행하지 못했을지도 모르는 수행의 길이며 시의 길이다. '길 없는 길'을 걸었고 '길을 잃고' 살았던 세월을 감당하는 것이다. 그 사이에 "떠돌 만큼 떠돌다보니/ 나도 이제 닳고 닳았다"(「나는 잔뼈가 굵었다」)고 말하는 능청도 생겼다. 「제비꽃해우소」, 「예말이오」처럼 시골 생활의 정과 여유를 노래한 시편들을 읽으면서는 가슴이 서늘해진다.

그의 삶과 시에는 유행을 추종하는 자본주의적 사고와 생활 방식을 철저하게 벗어나 있다. 그의 시에 생존의 고투가 배어 있으나 걸어온 길 자체가 절대적 세계를 향한 순례였으며 시의 정신을 다지기 위한 탐색임을 우리가 인지해야 할 것이다. 장차 시인의 세계가 얼마나 깊고 여유롭게 확장될 것인지 벌써부터 다음 시집을 기대하는 이유다.

오독과 비문의 틈새로 읽기

황정산 신작시를 읽으며

1. 모든 해석은 오독이다

 황정산의 신작시를 읽으면서 풋사랑 연인을 향한 애틋함에 사로잡혔다. 아직 속내를 드러내지 못한 연애 초창기에는 대부분 상대의 감성에 이끌리지만 시간이 흐르면서 점차 채워야 할 공간이 늘어나면서 애를 태우게 된다. 숨겨진 진실의 정체를 장악하고 싶은 욕망에서 벗어나기 어렵기 때문이다. 눈에 보이는 진정성에 만족하고 타협한다면 이미 연애의 결말에 도달할 즈음일 지도 모른다. 시(詩)도 마찬가지이다. 그러나 때로는 연인이 품은 속마음을 향한 무조건적 돌진의 감정으로 글자를 대하는 것도 나쁘지 않다는 생각이 든다.
 황정산의 시를 읽으면서 시인과 독자 사이를 오가는 오독을 향한 의도성과 비의도성의 긴장감에 오래도록 머물렀다. 물론 읽는 행위 자체는 언제나 오독을 내포할 수 있으며 그 자체만으로도 올바른 감성이 된다. 그 틈새에서 상상이 가능해지고, 새로운 사유의 씨앗이 자라는 것. 결국 시를 쓰거나 읽는 행위에서 정답을 찾는 시도는 폭력이며 어리석음일 뿐이다. '어려운 시'에 대한 독자의 항의에 황정산은 전형적 구속에서 벗어나서 자유를 찾는 방안을 제시한다.

그러니까 시 자체를 즐기라는 것이다. 정답을 찾으려 하지 말고 독자 중심 시점에서 자유롭게 시를 해석하라는 의미이다. 또 있다. 구체적인 주변 상황이나, 사회학적 상상력으로 시를 해석해도 좋다는 것, 물론 모든 해석은 오독이 될 수도 있음을 감안하라는 것. 시인과 독자의 관계 또한 고정적이지 않음을 감안해야 한다는 것 등까지.

2. '어려운 시'를 즐기기 위하여

먼저 「어려운 시」를 만나보자. 우리는 왜 갈수록 시를 외면하는가? 이는 공들여서 시를 읽으면서도 너무 진지하게 들여다보는 것은 권유하고 싶지 않은 이유가 되기도 한다. 내 안에 날것으로 치달리는 당혹감을 만나게 되면 해부에 몰입하지 말고 때로는 가볍게 넘어가도 좋다고 조언하고 싶다.

시인은 오늘도 도전장을 던지듯 묻는다. "시가 어렵다고?/ 그래서 외면받는다고?" 그렇게 서두를 떼면서 우리에게 던져준 시를 찬찬히 들여다보자.

일단 쉬운 문제를 풀어봐

세 명의 사형수가 있었어 간수가 이들에게 문제를 냈지 답을 맞추면 풀어주고 틀리면 사형을 집행하는 조건을 달았지 구름 모양 모자 3개와 꽃 모양 모자 2개가 있는데 눈을 감게 하고 세 사람에게 모자를 씌웠지 그런 다음 다른 두 사람이 쓴 모자를 보고 자기가 쓴 모자의 모양을 맞추게 했어 사형수1은 한참을 생각하다 모른다고 답했어 사형수2도 오래 고민하다 역시 모르겠다고 했지 오답을 말하고 죽기보다는 포기하고 감옥에서라도 조금 더 사는 것을 택한 거지 그런데 앞을 볼 수 없는 장님인 사형수3은 자신이 맞출 수 있다고 하면서 정말 자기가 쓴 모자의 모양을 맞추는 거야 그는 보지도 않고 어떻게 답을 찾을 수 있었을까?

어렵다고? 그래도 애써 문제를 푸는 동안 그들이 쓴 모자는 실제로 구름과 꽃이 되고 그들이 꿈꾼 자유는 더 간절해지지 않아? 보이지 않는 것들은 이렇게 보이게 되는 거야

클릭 한 번이면 되는 쉬운 세상에 시가 어려워지고 있다고?
아니야 쉬운 것은 없어
만약 있다면 그것은 들추기 힘든 모자 밑에 감춰져 있어

그래서 답이 뭐냐고?
어려운 시를 읽듯 다시 천천히 생각해 봐

쉽지는 않아

　　　-「어려운 시」부분

연극무대처럼 '사형수 1, 2, 3'이 등장한다. 그들에게 목숨을 건 문제 풀이를 강요하는 간수에서부터 시작된다. 이들 중 누가 시인이고 누가 독자인지 추론하려는 시도 자체가 무의미하지만 우리는 무모한 시도를 피할 수가 없다. 한 편의 시를 읽는다는 것, 해석하고 음미한다는 건 이렇듯 끝없는 도전이자 질곡의 과정이며 도착지를 알 수 없는 도정의 연속이다. 목숨을 건 떨림과 긴장감이 유지될 수 있는 과제처럼 시는 독자에게 파동을 일으켜야 한다는 알레고리를 담고 있는 것인가?

목숨을 걸고 문제풀이를 하는 사형수와 같은 존재가 '나'였다면 과연 어떨까. 자유를 얻을 가능성 때문에 그 시간을 즐길 수도 있지만, 그만큼의 고통이 따를 것이다. 자유를 얻을 수 없다는 절망감이 앞선다면 더 그렇다. 실제로 2명의 사형수는 스스로 포기선언을 했다. (사형수라는 존재를 유한한 인간 존재로 대입시켜도 좋다.)

이야기를 통하여 전달하려는 메시지 구성의 원리에 의한다면 이야기의 핵심은 아마도 "애써 문제를 푸는 동안 그들이 쓴 모자는 실제로 구름과 꽃이 되고 그들이 꿈꾼 자유는 더 간절해지지 않아? 보이지 않는 것들은 이렇게 보이게 되는 거야"라는 구절에 집약되어 있다고 볼 수 있겠다.

미로를 헤쳐 문제를 푸는 과정을 즐길 수 있어야 한다는 말로 해석해도 되지 않을까? 그 과정을 시를 읽는 행위로 바꾸는 것이 허용된다면 다양한 해석이 가능해진다. 가령, 시를 읽는 즐거움 속에서 어떤 권위나 관습에서 벗어나는 것이 중요하다. 그 과정에서 자유의 간절함과 상상력으로 내 안의 새로운 가능성과 만날 수 있는 해석이 얻어질 수 있기 때문이다.

   다음 시는 읽는 즐거움을 시각적으로 보여주면서, 시 창작의 노동 속으로 독자를 끌어들인다.

> 밤길 차창에
> 날벌레들이 부딪는다
> 소리도 미동의 충격도 없다
> 다만 몸을 빻아 죽음을 기록한다
> 날았던 한 순간을 사선을 그어 증명한다
> 차창을 움켜쥔 글자들이 쉬이 지워지지 않는다
> 알약을 빻으며 일몰전 해상박명을 떠올리다
> 유봉유발을 두고 시인이 된 사람이 있다
> 그가 빻은 것들이 엉겨 글자가 된다
> 아니 빻아져 글자가 되지 못한다
> 빻아져 다시 빻는다
> 모두 빻다
>   –「빻다」전문

달리는 승용차에 부딪혀 생을 마감하는 날벌레에서부터 시가 시작된다. 유리창에 남은 벌레의 시신이 마지막으로 남긴 흔적이며 그 사연이 끈질기게 지워지지 않는다. '알약을 빻으며' 부터 시인의 노력과 존재 의미를 나타낸다. 마음대로 되지 않으므로 빻고 또 빻는 육체노동에 가까운 작업 속에서 드디어 시가 탄생한다. '해상박명'이나 '유봉유발'의 의미는 마땅히 떠오르지 않는다. '해가 지기 직전에 흐린 빛깔' 혹은 '빻기 위한 그릇'으로 압축의 맛이 살짝 보일 뿐이다. '빻다'라는 글자가 너무 많이 상용된 건 때로 혼란스럽다. '빻다'에서 날벌레들의 죽음과 그것들이 활자가 되는 과정을 거치는 시간을 구체화해서 동사로 발현되는 현장을 보여주는 것이 아닐까, 그런 추론도 가능하다.

시가 어렵다거나 난감하다고 느껴지면 그 안에서 갇히지 않아야 한다. 구태여 의미를 찾기 위해 헤매지 않아도 좋다는 뜻이다. 시「빻다」는 날벌레들의 죽음을 시작으로 "유봉유발을 두고 시인이 된 사람"을 호명한다. 시인은 무엇인가를 빻아 '그것으로 글자가 되거나 글자가 되지 못하거나 시가 되거나 시가 되지 못하거나', 그것이 결과일 수도 있으며 과정일 수도 있다. '빻다'의 반복으로 화학적 변용이 아닌 단순한 물질적 변용, 육체노동의 수고로움을 떠올린다. 글자수의 늘림과 줄임의 고충 또한 비슷한 과정을 거쳤을 것이다. "빻아져 다시 빻는" 순간들을 통해 글자가 의미가 되고 시가 되는 것일까.

다음 시는 육체적 수고로움보다 정신적인 노곤함이 느껴지는 시이다.

편지를 보고 있는 나를 그가 되어 바라보는 것은 에이젠시테인 이후의 일이지만 이제는 이미 옛날 일이어서 나를 그라 부르지 않는 그들이 나의 글을 읽지 않고 너라 말하는 일이 많아 나는 문을 닫지 않고 읽기를 계속하는 그가 되고 있어 너가 아닌 나는 "새로운 시선 변화의 부담을 덜고 더 유익한 경험을 할 수 있도록 비밀에 딱 맞는 지원과 가이드, 도구를 찾아"* 가는 그가 되는 너로 바뀌는 나를 읽는다

* 메타에서 온 홍보문구를 의도적으로 오독한 문장
— 「이인칭 메타적 독자 시점」 전문

단 하나의 문장으로 이루어진 시를 읽으면서 미로 찾기처럼 맴돌다 보면 그 안에 갇히고 만다. 시인의 의도는 알 수 없으나 다만 나와 너와 그가 고정적 존재가 아니라 움직이는 시선 변화의 혼란, 그 중심에 서 있음은 짐작할 수 있다. 시선의 중심은 변화하는 것임을 받아들일 수밖에 없다. 그래서 이인칭은 '너'가 되는 동시에 독자 '그'가 된다. 메타적 독자 시점은 나의 주관을 넘어서기 위한 시도이자 방법론이다. 가상과 현실, 독자와 작가가 소통하기 위한 다면적 노력이 어느 지점까지 왔는가? "그가 되는 너로 바뀌는 나를 읽는다"처럼 모든 해석은 오독일 수도 있다. 때로는 의도적인 오독이 시선의 방향을 바꾸어서 참신하게 다가온다. 그 연장선에 다음 시가 등장한다.

일사분란*하게 누군가를 피격하니
또 다른 누군가는
동거동락*을 꿈꾸며
중과부족*을 지저한다
한 사람은 기자였고
또 한 사람은 음악을 좋아했다

닭이 우는 모습이
새벽이 아닌 이유는 아니다
GNP와 실업률이 완만히 급감하여
대표는 돌아온 후 아직
물을 끓여 양고기를 팔고
개를 사랑했다

사라진 말들
바로잡아 지워진다

* 의도적으로 잘못 쓴 한자성어

— 「비문(非文)들」 전문

「비문(非文)들」에서도 우리는 문장 자체의 불편함에서 벗어나지 못한다. 의도적으로 잘못 쓴 한자성어 "일사분란, 동거동락, 중과부족"조차 자세히 들여다 보아야만 "일사불란, 동고동락, 중과부적"의 잘못된 표현임을 찾아내게 된다. 어쩌면 발음만으로는 진위를 가늠하지 못할 수도 있다. '일사분란'과 '일사불란'은 발음상 차이가 없으나 "일사분란*하게 누군가를 피격하니"는 문장 전체가 비문이다. "피격을 당하니" 또는 '저격'이 문법적으로 합당할 것이다. 이밖에도 밝히지 않은 비문들이 보여서 샅샅이 찾아내려는 심리가 발동하지만 독자들이 굳이 문장 변용의 수렁에 빠지지는 않는 것이 좋을지도 모른다. 시인의 진실게임에 구태여 말려들 필요가 없는 것이다.

무릇 비문이란 '문법에 어긋나는 문장이나 표현'을 말하는 것이다. 그렇다면 시인이 비문들을 통하여 던지는 진실은 무엇인가? 의도적으로 비문을 쓰는 경우는 비문을 통하여 상대방의 어떤 반응을 의도하거나 혹은 진실을 감추는 것이다. 그러니까 그의 비문은 전략으로써 새로운 진실을 드러내는 문장 타법이다. 의도적으로 잘못 썼다면 그 의도 속의 진실이 새롭게 드러날 수도 있는 것이다. 굳이 문법적으로 잘못 쓴 것을 바로잡는 것이 시 해석의 전부가 아니므로 규칙을 바로잡는 것이 중요한 것이 아니다.

문법은 말의 규칙이다. 그렇다면 사회로 확장하면 사회의 고정관념이나 질서에 대해 말할 수도 있다. 기존의 질서가 과연 모두 옳은 것인가. 질서를 깨는 것이 더 의미 있고 진실에 다가갈 수 있다. 절대적으로 옳고 그름이 아니지만 문법에 충실한 것, 그것을 깨려는 과정에서 긴장 관계가 형성되니 그게 문장의 스릴이다. 대충 읽으면 의미를 알 수 있을 것 같지만 자세히 보면 비문 투성이의 글들이 있다. 의도적으로 쓴 것과 의도하지 않고 쓴 것을 우리는 그 진위를 가려야 하는 것인가에 대하여 입장 차이가 있을 수 있다. 비문이 발휘하는 영향력은 시인, 기자, 음악가에게 서로 다르게 작용할 것이다. 그러나 지금은 우리가 겨우 한 편의 시를 읽을 뿐이니 지나치게 민감하게 반응하지 않아도 되지 않을까 싶다.

우선 언어적 유희와 재미를 통하여 드러낼 수도 있으며 좌충우돌하는 시적 긴장감 그리고 에너지를 찾아내려 할 수 있다. 어떤 문자나 글을 읽는다고 할 때, 기존의 사회 언어습득에서 약간의 오류나 언어단절이 있어도 머릿속으로 그것을 이해할 수 있도록 체득된 언어지식이 시나브로 몸에 익혀진다. 그리고 자세히 보면 찾을 수 있도록 비문을 만들어냈다면 틀린 것을 찾아내려는 문법적 지식 욕구도 생성될 것이다. 그 욕망의 지적능력 발현과 그것을 읽어내서 말이 되게 이해하려고 하는 두 개의 의식이 한 개의 문장, 오타를 찾아내려는 의식과 지적 작용이다. 사소한 실수는 건너뛰면서 전체적으로 이해하려는 – 의미를 찾아내려고– 이것을 표현하려고 그랬구나, 하며 끄떡이게 된다. 이 두 가지 의식이 충돌, 서로 긴장하면서 읽게 되는 묘한 체험을 하게 만드는 시다. 의도적 비문을 밝히면서 또 다른 잘못을 찾아 극대화하려고 의도한 시라고 말할 수도 있겠다.

언어는 문법 질서 내에서 사용가능하고 시는 언어를 통해서만 존재가능 하지만 궁극적으로는 그 언어적 질서체계를 넘어서는 시적 의미 즉 진실을 소통하고자 한다. 비문 투성이지만 대부분 그 말과 글의 의도를 간파하고 비판 또는 동조의 정치 의사를 밝히고 있는 모습에서 언어와 삶이 격렬하게 충돌하는 단면을 시 해석의 어려움과 같다고 본 듯하다.

다음 시를 보자.

떠났던 것들 젖은 채 돌아온다

가벼운 것들 없어진 무게를 지고
한 발을 들고 서 있다

모여있는 것들 다시 흘러간다
— 「장마」 전문

대한민국의 2022년 여름은 '103년 만의 폭우'라는 물난리를 만났다. 폭우 피해의 현장에서 읽는 시는 새로운 해석을 예고한다. 「장마」는 이별과 만남의 노래가 하나로 모인 것만으로도 그 색채가 오묘하다. "한 발을 들고 서 있다"라는 대목에서 무게감이 세차게 쏟아지는 폭우를 견디는 장면이 보일듯하다. 물의 상상력을 떠올리며 시를 읽는다. 물은 존재만으로도 생명 그 자체가 된다. 멈추지 않고 변화하는 게 물의 속성이다. 순리대로 흐르는 물이 「장마」가 되어 위험 요소가 되기도 하지만 물 그 자체를 원망할 수는 없다. 인간도 자연의 일부이지만 호시탐탐 공생공락을 침해하는 탐욕이 문제이다. 자연을 지배하려는 자만심이 오히려 자연의 폭력을 부르기도 한다.

「장마」는 다시 역동적 물의 이미지를 "떠났던 것들" "가벼운 것들" "모여있는 것들"로 변용한다. "돌아오고", "한 빛을 들고", "다시 흘러가는" 리듬은 존재의 생멸(生滅)을 닮았다. 물은 형체가 없으나 무궁무진 변화한다. 물의 이미지는 탄생과 정화를 불러낸다. 물처럼 돌아오고, 흘러가는 것이다.

3. 행간을 넘나드는 해석의 묘미

황정산의 신작시를 읽으며 왠지 「어려운 시」의 스펙트럼이 펼쳐지는 시적 장치의 현장에서 살짝 발끝을 스친 기분이다. 동시에 온몸 깊숙이 진입하지 못한 아쉬움을 남긴다. 자칫 끝없이 빨려 들어가는 블랙홀일지도 몰라서 주위만 뱅글뱅글 맴돌고 말았다. 어쩔 수 없다.

그러함에도 시 해석의 열려있음과 새로운 시도가 독자와 시인을 연결하는 작은 다리가 되었다고 믿고 싶다. 우리는 어려운 시를 편하게 읽고, 때로는 대충 읽으면 된다. 시인과 독자에게 의도적 오독과 비의도적 오독의 사이에 팽팽한 긴장감으로 작용한다는 암묵적 약속을 믿어야 하는 것이다.

그런 의미에서 최근 인터넷에 떠도는 정치적 사자성어인 '양두구육' 이란 설왕설래가 「비문(非文)들」과 겹쳐지는 해석도 가능할 것이다. 떠올리고 싶지 않더라도 들려오는 소리에 귀를 막을 수도 없다. 특정 정당 대표의 발언들이 아전인수로 인용되고 수많은 논객들의 토론과 기사들 속에서 온갖 비문들이 떠돌다가 어느 순간 수정되어 흔적 없이 사라지는 현장의 한복판에 우리는 서 있다.

  시인의 궁극적 의도에 무게중심을 세우지 않아도 좋지 않을까? 시의 언어를 가볍게 두드리며 행간을 넘나드는 해석의 묘미 또한 각자의 몫일뿐이다. 하여, 비문과 오독의 틈새를 읽는 방법 또한 다양한 것이다. 그 과정에서 우리는 시적 진실의 긴장 관계를 만나거나 언어유희에 빠져들게 된다. 동시에 시사적 내용과 연결될 때 시의 긴장 관계는 현실 속에서 발아되기도 한다. 그것이 풍자가 되고 사회학적인 상상력으로 이어질 수도 있다. 어려운 시가 내 안으로 스며드는 순간이다.

신화적 상상력으로 부르는
현실대응의 노래

박용주의 신작시를 읽으며

1. 박용주 시의 새로움

　박용주의 신작시를 읽는다. 그의 시를 통하여 문득 내 안에서 무너지는 낡은 소리를 듣는다. 이전까지 그의 시세계에서 빛나던 '좋은 세상 만들기'의 주제는 여전한데, 새롭게 다가오는 시문(詩文)의 통증을 만나는 것이다. 이제껏 내가 알던 그 사람, 박용주의 시가 맞는가 싶은 낯선 느낌은 시골풍의 소박함에서 도회풍의 세련됨으로 그리고 쉽게 읽히는 시에서 비유와 상징 장치가 넘치는 것뿐이 아니다. 리듬이 살아있어서 시의 흐름이 자연스럽다. 민요조로 흐르는가 하면 교향곡처럼 웅혼한 분위기를 자아내기도 한다. 환골탈태(換骨奪胎), 그의 시를 읽으면서 달라진 세상에 대응하는 다양한 시적대응의 상념에 젖는 시간이다.
　박용주 시의 의식지향은 생명과 공동체 지킴이로서의 낮은 자세로 실천적 삶과 함께 흐른다. 이번 신작시 또한 같은 흐름으로 보인다. 그는 화해와 포용의 언어로 갈고 닦은 섬세한 결로 세상과 당당히 맞서 왔다. 그의 시에서 가장 두드러지는 시적 주제는 당연히 공동선을 향한 자각과 실천이다. 그렇다. 박용주는 거대서사를 내세우지는 않지만 일상의 틀에 깃든 구체적인 진정성을 원동력으로 공동체의 상상력을 반죽하여 그만의 힘 있는 시문(詩文)으로 뽑아내는 시인인 것이다. 그의 세 번째 시집 『마을로』에서 그 저력을 확인한 바 있다.

그가 예전과 다르게 신화적 상상력으로 위기감을 노래할 때 우리는 시인이 간절함으로 갈구하는 시원적인 세계로 들어서게 된다. 그리하여 우리가 되찾아야 할 것들을 위해 바쳐야 할 영혼과 신기(神氣)에 대하여 사유하게 되는 것이다. 박용주의 신작시 9편은 우리 지구촌 존립에 대한 위기의식과 생태의 문제점, 생명체의 소중함과 시 쓰기의 자의식에 대한 자기성찰을 담고 있다. 바꿀 수 있는 한 모든 것을 바꾸어야 하는 절박함을 다양한 시적 장치로서 보여준다. 그의 시에서 드러나는 지구촌의 위기감은 생명의 존립 자체를 뒤흔드는 것이며 일상생활의 통증에서 그 조짐이 비롯된다.

2. 신화적 상상력으로 맞이하는 시간

그가 나를 잡은 걸까
내가 그를 잡은 걸까

누가 누구를 붙잡은 걸까

누가 누구에게로 들어간 걸까

아스트라제네카, 만일 그대 오지 않으면

무슨 의미가 있을까요

아스트라제네카, 만일 그대가 온다면

이것이 다 무슨 의미가 있을까요.

13세기 페르시아 시인 루미의 〈봄의 정원으로 오라〉 시풍(詩風)
을 빌림

― 「이것이 다」 전문

　의학기술과 자본이 합체하여 탄생시킨 아스트라제네카, 얀센, 화이자, 모더나 등. 이들 백신은 그 이름의 다양함만큼 효능도 차이가 있지만 안타깝게도 코로나 바이러스를 완전 퇴치한다는 보장은 없다. 변이 바이러스가 출몰하면서 인류는 코로나 19에 항복할 수밖에 없다. 시인은 자포자기에 빨려드는 심리를 반전의 시선으로 통쾌하게 뒤집는다. "만일 그대 오지 않으면/ 무슨 의미가 있을까요/ 아스트라제네카, 만일 그대가 온다면/ 이것이 다 무슨 의미가 있을까요" 루미의 시풍을 빌려 전혀 다른 의미를 창출한다. 루미의 시에서 '그대'는 가장 아름다운 절대자에 가까운 존재이다. 여기에서 백신은 전염병에 시달리는 인류를 구원해줄 수 있는 희망처럼 보이지만, 과연 그럴까. "무슨 소용이 있을까요"에 담긴 역설과 반전의 묘미는 시를 대하는 독자의 몫이다. 역병의 위기 시대를 진단하면서도 눈앞의 문제가 전부인 것은 아니라는 것, 역병 이전과 이후를 연결 지어 사유하는 여운을 남기는 것이 중요하다.

    말들은 다 어디로 갔을까
    그 많은 말들은 모두 어디로 간 걸까
    화성으로?
    금성으로?
    광장의 말들이 사라졌어
                  - 「당나귀처럼」 부분

"말들은 다 어디로 갔을까"의 물음은 겸허하면서 진중하다. 말은 '말씀(言)과 가축(馬)'의, 중의성으로 읽히면서 시의 주체를 향한 긴장감을 증폭시킨다. 이 동음이의어의 이미지 장치는 독자들의 시청각을 자극하면서 작품의 시공간을 출렁이게 한다. 사라진 건 "광장의 말들"이니 이 또한 팬데믹과 무관치 않아 보인다. 이 전염병의 위력은 가장 먼저 광장문화를 위축시켰고 감시 시스템을 강화했다. 그리고 인류는 사라진 것들을 애타게 그리워한다.
    시적 주체는 "말들은 다 어디로 갔을까"에 대한 답을 찾거나 혹은 지우기 위해 다양하게 시도한다. 그러나 질문과는 다른 동문서답들이 이어진다. 말의 의미를 이중 삼중으로 장치하다가 "흰 말이든 검은 말이든"에서는 짐승의 이미지를 제시한다. "아무튼, 말잔치 끝내고 돌아올 땐"에서의 '말'은 의미가 모호해진다. "말잔치"의 '말'은 언어의 의미이지만 정작 "부리망 꼭 쓰고/ 들길로 조붓이 걸어와야 해/ 당나귀처럼 말이지"의 마무리 장면에서는 동음이의어 가축의 모습으로 등장한다. 그렇듯 이 시는 '말(言)과 말(馬)'의 이미지가 교차 혼종하면서 광장과 태양계의 우주적 공간으로 확장한다. 여기 시공간의 확장으로 말의 움직임과 그 비상의 가능성에 시의 묘미가 살아 있다.

    삶이란 모호한 것이지
    통쾌한 판결을 내리는 판사는 믿을 것이 못 돼
    축가와 추모곡도 결정하면 안돼
    노래는 노래가 이끌고 밤은 밤이 위로할 거야
    이미 고아와 과부가 된 줄도 모르는 사피엔스
    계급과 빌딩 속에서 정답을 찾는 맘몬의 자식들이 만든
    빛나는 금고란 얼마나 우스운 것인지
    작고 부서지기 쉬운, 공황장애를 먹고 사는 이들과
    왜 태어났는지 알 길 없는 생명들 안에 계시가 있어
    진실을 알기까지 암울한 시간은 증폭될 테니
    자본의 괴물과 교활한 사원의 혈맹을 끊지 않고서야
    여덟 번째 날 태어난 모호
    깊은 심연(深淵)에 어찌 다다를 수 있겠니
                - 「모호(模糊)」 부분

신작시 9편 중에서 끌림이 가장 강한 시는 단연 「모호」였다. 고백하건대, 시는 그 비유와 알레고리적 표현으로 다양한 해석을 부르며 그만큼 난해한 부분도 적지 않다. 이 시를 다각적으로 볼 수 있는 여지 자체가 시를 읽는 재미를 부여한다. 문득 '새 술은 새 부대에 담는다'는 말을 떠올리게 된다. 시인은 그동안 정답처럼 주장했던 목소리를 반성하고 새로운 자의식에 눈을 뜨게 된다. 지금까지와는 전혀 다른 세상, 가치관의 변모는 갑자기 닥쳐왔다. 대화와 독백을 넘나들면서 새롭게 태어나는 시의 탄생을 예고한다. 시인은 사유와 시 창작의 자의식을 담기 위한 새로운 시적 장치로 자신의 창작품(시)과 창조주의 작품(생명)을 동격으로 탐색하고 있다.

　처음 시작은 시적 주체의 고백처럼 여겨진다. 화자는 실제로 합리적이고 이성적인 삶을 추구했으며 평생 그 안에 자신을 바쳤다. 그러면서 "늘 실패자였네"의 고백으로 비감을 자아낸다. 시적 주체의 시도는 이러한 상황의 타개책이다. "여덟 번째 날, 모호를 만든 분은 속삭이셨네"와 성경에 존재하지 않는 "여덟 번째 날"의 등장은 그 자체만으로도 신에 대한 반격이자 새로운 모색이다. 지금까지 우리가 교과서처럼 접했던 기존의 사고방식과 권위를 깨는 것이다.

　2연 "여덟 번째 날, 모호를 만든 분"의 목소리가 웅혼한 울림으로 내려앉는다. '문명', '정답', '남근'은 "낯 뜨거운 우상의 근육"으로 "지식과 예술, 그 입들을 닫아버렸"기 때문에 이제는 '신비', '은닉'을 찾아서 "지금은 행성을 시원(始原)으로 돌려놓는" 시간, 즉 "여덟 번째 날"이 된다. 따라서 "모호를 만든 분" 그 분들은 시원을 탐색하는 자, "모호의 뿌리를 찾아 나서"는 자들이다.

  3연은 창조자 신과 시인의 합체한 목소리처럼 장엄하고 다성적인 울림으로 문을 연다. "삶이란 모호한 것이지"에서부터 마지막 행 "어찌 다르를 수 있겠느냐"까지 단호하면서도, 탐색의 시선을 놓치지 않는 시의 심연을 열망한다. "모호를 만든 분"은 당연히 새롭게 태어나기를 작정하는 시인 자신이며 2연, 3연은 우리 시대의 시가 가야할 길이자, 깊이 자각하고 반성하는 실천의지라 할 것이다. 우리는 그렇게 새로운 시간을 맞이하고 있다. "사랑의, 정의의, 구원의 건달"이 아니라 '사랑'과 '정의'를 '지금 무엇을'까지 연계해야 하는 것이다.

    낯선 시간은 길고 어두운 신비(神祕)가득한데
    크로노스와 카이로스는 칡처럼 엉키고
    행성의 이명(耳鳴)은 다시 도졌다
    거리 활보하는 타나토스
    작별할 시간도 없는 시절
    왜, 하고 물을 것 없다
    지금 무엇을, 물을 일이다
            -「지금 무엇을」 부분

  "낯선 시간"을 회피하지 않고 오히려 "신비 가득한" 기대감으로 받아들이는 생의지가 충만하다. 이제 새로운 상황을 받아들이고 끌어안는 자세가 중요하다. "왜, 하고 물을 것 없다"는 운명에 대한 단호한 사랑이며 삶의 폭발적 열정을 담고 있는 표현임을 우리는 안다. 주어진 시간은 되돌릴 수 없기에 "지금 무엇을, 물을 일이다"에 담긴 실천적 의지를 주목하는 것이다. 그 "낯선 시간"은 "크로노스와 카이로스는 칡처럼 엉키고" 있는 신화적 상상력으로 맞이하는 시간이다. 상대적 시간과 절대적 시간의 운용은 그만큼 주체자의 의지에 달려 있다. "작별할 시간도 없는 시절"에서 감지되는 위기상황 속에서 끝내 포기하지 않는 희망의 기운을 북돋우기는 지극히 어렵다. 그리하여 시인이 감내해야 할 시간은 신화적 상상력을 넘어 지금 여기로 와서 묻는다. "지금 무엇을"에 대한 답변은 각자의 몫이다. 희망은 희망대로, 싸움은 싸움대로 이미 상황은 주어졌기 때문이다.

3. 패트 아리랑과 가이아의 노래

시적 주체는 대지의 여신 가이아의 목소리를 빙의한다. 신화적 상상력을 통하니 교섭의 파장이 넓고 깊다.

> 더는 못 걷겠구나
> 무릎은 다각다각 부딪혀 한 발자국 떼기도 어렵다
> 폐는 망가져 이렇게 숨차 오르는데
> 오직 진군하는 너는
> 어미를 끌고 어디까지 가려느냐

모지락스러운 짓 언제 끝내려느냐

수렵의 시절이 그립구나

그때는 배고픔도 슬프지 않고

모진 비바람도 괜찮았다

어쩌다 내가 망나니 자식을 두었는지

너는 네 뱃살 부풀리는 일 말고 무엇을 했더냐

더는 묻고 싶지 않구나

– 「가이아의 임종(臨終)」 부분

   제목에서 예고하는 것처럼 대지의 여신 가이아는 지금 죽음에 임박한 상황이다. 대지의 여신이 그 자손들을 향해 던지는 탄식은 오래 전부터 반복되어 왔던 묵은 레퍼토리일 뿐이다. 하지만 '망나니 자식'의 회개는 없다는 자각이 새롭게 다가온다. 시적 주체는 「가이아의 임종」과 상관없이 「무슨 상관이랴」 오만방자한 '망나니 자식'의 목소리를 재현한다. 그 목소리는 나와 너, 우리들의 것이다. 현재 인류가 처한 상황을 풍자하는 노랫소리가 공허하게 울려 퍼진다.

가이아 자궁이 만신창이 된들

무슨 상관이랴

그들 몫이거늘

눈보라 분분이 날리는데

밤은 깊어오고

신(神)의 발자국 어지러워졌으니

무엇을 더 생각하랴

불 끄고 눈이나 붙이자

날 밝으면 포세이돈 남근도 잘릴 터,

무슨 상관이냐

노란* 핏물 오대양을 넘실거린들

무슨 상관이랴

내일은 내일의 태양, 묘지 위에 붉게 타오르고

한낮에 찌는 더위는

후쿠시마, 오직 너의 시련일지니.**

* 방사능의 상징 색깔
** 김민기의 노랫말 '아침이슬'에서 빌림

- 「무슨 상관이랴」 전문

「가이아의 임종」과 「무슨 상관이랴」 두 편의 시를 동시에 읽으면서 시적 주체에 대한 고뇌에 빠져든다. 지구의 생존이 위기에 처했으나 내 문제가 아니라며 뒷짐 지고 오늘을 살아가는 이 무책임한 작태의 주인공은 누구인가. 이 시를 읽거나, 쓰고 있는 우리들 모두의 모습일 수도 있음을 인정할 수 있는가. 너와 그들의 문제가 아니라 나와 우리의 문제임을 반어적으로 노래하는 시적 주체의 통증은 막막함으로 다가온다. 하여 다음 시가 우리에게 해답의 실마리를 제공하는 것처럼 보아도 좋지 않을까.

1
그대 나를 잠깐 사랑하고 버렸지만
나는 다시 만날 그대와 그대 아이들 기다리며
드넓은 대양 한가운데 버려진 동무들끼리 몸 부비며
작열하는 태양을 잠시 견딜 거요
기억의 파도 밀물로 밀려오듯
기어이 돌아올 거요 아리랑
이 악물고 외따로이 견디며 아리아리 아리랑

– 「페트 아리랑」 부분

 생태계 미세플라스틱의 문제를 환기하지만 사람살이의 온기가 흐른다. 페트병을 의인화하여 자신의 처지를 버림받은 아리랑의 연인으로 치환하면서 서러움과 한의 정서를 토로하고 있기 때문이다. 따라서 이 노래의 묘미는 무엇보다도 역설과 반어가 주는 뭉클함이다. "그대 나를 잠깐 쓰고 이렇게 버려도/ 나는 울지 않을테요"라는 시문(詩文)을 주목하라. 우리는 페트병이 인격체일 수도 있어서 뭉클한 것이 아니라 페트병과 인간의 관계가 쌍방향적이라는 울림으로 전율하게 된다. 익숙한 음률과 평이한 언어로 일상의 매너리즘을 예리하게 파고드는 지점이 만들어지는 것이다.
 두루 알다시피 미세플라스틱은 썩지 않는 물체로 바다를 떠돌다 점점 작은 조각들로 부서져 바다가 오염되면서 어패류는 물론 만상까지 오염시킨다. 쓰레기로 버리기에는 너무나도 완벽한 몸체로서

쓸모를 지닌 페트병을 우리는 수도 없이 함께 하지만 그뿐이다. 인간중심의 편리함에 익숙해진 매너리즘 차원에서 페트병은 한갓 쓰레기일 뿐이다. 일회용이라는 고정관념으로 한번 사용하면 집어 던지는 것이다. 그 편리함의 대가를 치르는 건 우리의 후손이다. 행한 만큼 되돌려 받는 것이다. 페트병의 미세플라스틱은 그것이 소멸하는데 수백 년이 소요된다. 그 세월 동안 물과 흙, 생명체의 틈새 모든 곳에서 살아 움직인다는 환생의 느낌이 시가 되는 것이다. 시인은 버림받은 한을 품고 대지와 바다를 떠돌면서 우리와 한 몸이 되는 위협적인 플라스틱 존재의 세월을 아리랑 곡조에 담아 노래한다. "그대 나를 일회용으로 알지만 착각이에요/ 언젠가 돌아와요 아리랑" 흐르면서 우리의 영혼과 신기를 흔들기를, 그리하여 함께 노랫말의 의미를 되새길 수 있기를.

4. 감염병 시대 그 이전과 이후의 시적 대응

9편의 시를 읽으면서 감염병 시대 그 이전과 이후의 변곡점을 사유하는 시인의 시적 대응을 만날 수 있었다. 2년여 동안 갑작스럽게 달라진 지구의 위기상황을 감지하면서 현상 너머의 본질을 성찰한 결과일 것이다. 고뇌하고 아파하면서 그 안으로 하염없이 빨려드는 상념 속에서 시인은 새롭게 태어나려는 적극성을 마다하지 않는다. '모호'와 '신비', 대지의 여신 가이아, 죽음의 신, 타나토스, 그리고 절대적 시간과 상대적 시간을 사유하는 이유이다. 그 사유가 삶을 바꾸고 시작법의 고뇌를 낳는 것이다. 아직은 어둠속에 헤매면서 "꺼이꺼이 울고 있는 뮤즈"를 감싸 안는 것이 전부일지도 모른다. 하지만 "오만한 남근을 세우고 쏟는 폭포 같은 설교는 지겨워" 하며 치열하게 새로운 지향성을 탐색하다.

시인의 고뇌는 깊어진다. 시는 무엇인가, 그리고 우리는 어떻게 살아야 할 것인가, 혼란의 시대에 시인은 무엇을 해야 하는가. 우리 모두 앓고 있는 이 시대의 아픔이자 앞이 보이지 않는 터널 속에서 더 깊은 어둠을 향해야 하는 것, 어둠을 어둠으로 풀어야 하고, 두려워하지 말아야 함을 자각하는 것.

박용주 시인이 보여준 새로운 시작 기법을 응원한다. 변신을 시도했고 달라진 세상을 담아낼 수 있었으며 독자와 발맞추는 행보 또한 참신하다. 변화가 주는 새로움이 "깊은 심연에 이를 수 있기를" 그 웅숭깊어짐의 노래를 기대할 일이다. 지금 시인의 변신은 산고의 통증을 앓고 있다. 그에게 새로운 시풍은 근원으로의 모색이며 아직은 모호함 속에 은닉해 있다. 그 탐색의 열려있음이 중요한 것이다.

타자되기의 상상력으로 시 쓰기

이문복, 『영혼의 뼈』

1. 명지바람, 꽃바람의 귀환을 위하여

모든 문학은 현실적 모순의 상상적 해결로 관련된다. 이 해결 과제 앞에서 이문복 시인이 보여주는 시 세계의 중심은 공동체의 윤리성으로 자리매김한다. 여기에서 공동체의 윤리는 결국 타자성의 지향을 의미하는데 그 형식은 책임 있는 행동과 공존의 모색이며 소수자와의 연대로 모아진다. 그래서 그에게 삶은 당연히 모두에게 아름답고 귀해야 한다. 이 땅의 모든 생명체에는 최소한의 원칙과 지켜야 할 존엄한 윤리가 있다고 믿는 것이다. 이러한 공동체 윤리는 동질성과 획일성에 저항하는 고유한 형식을 발현함으로써 가능해진다.

그리하여 시인은 부도덕하고 불의한 모순에 민감할 수밖에 없다. 시시각각 닥치는 현실 문제를 외면할 수 없는 가슴앓이가 시로 탄생하는 것이다. 먼저 제빵 기업에서 목숨을 잃은 노동자의 사연으로 시작한다.

- 오늘 무슨 일 있었어?
- 일 나 혼자 다 하는 거 들킬까봐 오빠 야간 오지 말라고 했다.
- 남은 시간 파이팅 하자.
- 졸려 죽어. 내일 데리야키 치킨 500봉을 깔 예정. 난 이제 죽었다.
이렇게 해도 내일 300봉은 더 까야 하는 게 서럽다.
- 속상해. 한 명 더 붙여달라고 그래

2인 1조 작업은 끝내 시행되지 않았고
그녀는 결국 파이팅 할 수 없었다
2022년 10월 15일 새벽, 홀로 작업하던 그녀는
샌드위치 소스 배합기에 끼여 목숨을 잃었다
덮개도 안전장치도 없는 15년 된 낡은 기계는
피로에 절어 몽롱한 소녀를 순식간에 빨아들였다

사고 다음날 SPC그룹은
소녀의 죽음을 말하는 대신
런던에 파리바게트 매장을 열었다고
영국 시장 진출을 자랑했으며
시신을 수습하고 지켜본 동료들은
다음날 바로 빵
작업 현장에 투입되었다

* SPC: 국내외 주요 도시에 빠리바게뜨, 던킨도너츠, 삼립, 샤니, 등 총 50여 개의 계열사를 거느리고 있는 국내 최대 제빵업체. '피 묻은 빵을 먹지 않겠다.' 는 시민들의 불매운동이 이어지자 업체 측은 대국민 사과와 재발방지를 약속했음.

- 「그녀는 결국 파이팅 할 수 없었다」 부분

 이 시를 읽으면서 관련사 매장의 문을 열기가 망설여진다면 어떨까. 그렇다면 시인과 독자와의 울림은 소통되었다고 볼 수 있다. 그러니까 좋은 시냐 아니냐를 결정하는 건 결국 독자의 울림에 있다고 해도 과언이 아니다. 이 시에서 우리의 사회학적 상상력은 빵, 샌드위치, 데리야끼 치킨 등 익숙한 먹거리가 유통되기까지의 노동력 착취와 자본의 살인적 이윤추구의 이면을 마주한다. 여성 노동자의 슬픈 사연을 접한 시인은 문제 의식으로 실천 방안을 모색한다. 졸음과 싸우며 두 명 이상이 해야 할 노동을 감당했던 "23세 여성노동자의 목숨 앗아간" 살인적 작업환경을 아프게 증언한다.
 '시가 중요한가 삶이 중요한가?' 이 물음에 시인은 시와 삶의 접점으로 공동체적 윤리의 길을 제시할 것이다. 이 둘은 세월의 흐름 속에서 각자의 걸음을 걷다가 교집합의 만남을 이룬다. 그렇게 사회학적 상상력을 가미하면서 일어나서는 안 될 죽음을 윤리의 문법으로 애도함으로써 우리 시대 구원의 몸짓을 만드는 일에 전념한다. 다음 시는 이태원 참사로 목숨을 잃은 젊은이들을 추모하는 사연이다.

 그대들 무참히 스러져 떠난 산하에
 아무 일 없었다는 듯 봄이 찾아와

개나리, 진달래, 목련, 산수유…
피어나는 봄꽃들 처연하구나
- 「2023, 이태원의 봄」[37] 부분

 2023년 10월 29일 토요일, 이태원동 해밀톤 호텔 서편 골목에서 할로윈 축제 인파가 몰린 와중에 발생한 압사 사고로 인해 196명이 부상을 당하고 159명이 사망했다. 세월호 참사 이후 우리는 적어도 재난 관련 매뉴얼 정도만큼은 제대로 정비하게 될 줄로만 알았다. 그 막연한 신뢰가 이태원 참사를 계기로 절망의 사태를 당한 것이다.
 게다가 유족은 씻을 수 없는 상처를 더 입었다. 놀러 가서 변을 당한 것까지 국가가 책임져야 하느냐는 갑론을박이 얼마나 많았던가. 위험 경고나 대비를 전혀 하지 못한 상황에서 누가 책임 져야 하는가. 재난 대처 매뉴얼에 따라서 제대로 대응하지 못한 시시비비(是是非非)를 가리는 것이 우선일 것이다. 10여 년 진행되었던 할로윈 축제에 대한 비판의 화살이 쏟아졌으니 문제의 본질이 와해되는 것이다.
 시인은, "거기에 왜 갔냐고/ 탓하는 분들께 말씀드립니다/ 당신들이 꽃구경 가고 단풍놀이 가듯/ 우리는 핼러윈 축제에 간 것뿐이라고/ 가지 말았어야 할 곳이 아니라, 국가가 안전하게 지켜주어야 할 곳에 간 것이라고"(「꽃놀이 가듯 단풍놀이 가듯」) 이태원 참사 희생자로 빙의한다. 다음 시는 남북분단 비극의 희생자 관련 사연이다.

---

37) 『영혼의 뼈』, 이문복, 시와문화, 2024, 인용 작품은 제목만 표기함.

사람들이여

부디 물어보지도 다투지도 말아다오

산야에 피어나는 붉은 꽃 푸른 꽃

누가 더 향기롭고 아름다운지

바람은 어디서 불어와 어디로 가야 하는지

이 땅의 생명들

저마다의 색깔과 향기로 자유로울 때

나, 비로소 꽃바람 되어 돌아오리

메지 골에 무심히 피고 지는

풀, 꽃, 잎사귀들 어루만지는

명지바람으로 돌아오리

　* 왜바람: 방향 없이 이리저리 마구 부는 바람
　* 꽃바람: 봄에 꽃이 필 무렵 부는 바람
　* 명지바람: 보드랍고 화창한 바람

* 서산시 성연면 메지 골은 6.25 전쟁 시기에 보도연맹, 인민군 부역자 등의 이유로 민간인들이 집단학살을 당한 곳이다. 성연면에서 5대째 살고 있는 김 아무개 씨의 증언에 따르면 전쟁 초기인 1950년 7월경 트럭을 타고 온 경찰이 노끈으로 묶인 사람들을 줄줄이 메지 골로 끌고 들어 간 후 하루종일 총소리가 났다고 한다. (하략) -출처: 서산시대(2019.08.02.)

－「메지골에 부는 바람」 부분

그후로도 여전히 분단시대를 살고 있다. 동족끼리 총부리를 겨누면서 타들어 가는 촛불에 손등을 적시는 조마조마한 상황을 지탱하고 있는 것이다. 그 손등의 불이 어디까지 옮겨 붙을 것인가.

시인은 그 역사적 비극을 바람으로 호명한다. 바람은 변화의 흐름이 빠르고 다양하다. "육신은 흙 되어 꽃으로 피어나도/ 피맺힌 내 영혼은 왜바람 되어/ 살육의 골짜기 서럽게 떠돌다가/ 통곡의 소낙비 되어 내린다네"라며 절규한다. 그 "통곡의 소낙비" 이후 남은 것은 미래의 삶이다. 과거를 잊지 말아야 하는 이유도 현재와 미래의 보다 나은 삶을 위한 것이다. 그날을 시인은 "저마다의 색깔과 향기로 자유로울 때"라 노래한다. "왜바람", "명지바람", "꽃바람"처럼 다양한 어휘로 변화의 흐름을 비유하고 있다. 우리가 염원하는 통일과 문화적 다양성의 민주화가 실현되는 날의 의미를 국가와 민족의 거대담론이 아닌 개인의 자유와 행복의 발현과 접맥하는 것이다. 아직도 색깔 논쟁이 판을 치는 시대착오적인 현실의 흐름을 바꿀 수 있는 명지바람, 꽃바람의 귀환을 간절하게 호명한다.

2. 타자되기의 상상력으로 시 쓰기

예술적 작동은 때로 보이거나 들리지 않는 것을 보이고 들리게 만드는 마술과 같은 위력을 발휘한다. 그 소외된 존재를 수면 위로 끌어올리는 게 시심(詩心)이다. 시인은 유독 여리고 약한 존재에게 마음을 빼앗기는데 그 객관적 상관물에 대한 진지한 호명이 주목을 요한다. 첫 번째 시집에 등장하는 '개똥참외', '병든 영산홍', '빈칸', '노인' 등의 이미지는 타자적 상상력의 일면을 잘 보여주고 있다.

이번 시집에서도 마찬가지이다. 사라지면 안 되는 존재를 노래하는 시인의 미덕이 충청도 사투리와 함께 웅숭깊다.

    희아리? 맞어유. 뿌리 뽑힌 낭구에서 비들배들 말러가매 익은 고추두 희아리, 볕을 너무 쬐서 깔이 날러간 것두 희아리, 안쪽으루다 곰팽이 슬어서 못 먹는 고추두 희아리라구 허지유. 버릴 디 하나두 읎는 게 희아리 고추랑께유. 곰팽이 슨 디를 도려내 갖구 씨허구 같이 닭한티 주믄 올마나 잘 쪼아먹는지 몰러유. 돌아가신 울 엄니한티 들은 얘긴디, 희아리 곰팽이가 닭한티는 페니실린이나 마찬가지라네유. 희아리 고춧가루 써서 맹그는 음석두 다 엄니헌티 배운 거라, 희아리 고추 다듬을 적마다 엄니 생각나지유. 엄니가 도려낸 희아리에다가 썩은 나뭇잎이랑 왱겨 섞어 거름 맹글던 아부지두 생각나구유.
                    − 「희아리」 부분

  맛은 몸으로 기억하는 것이다. 미각이란 공동체의 흔적이 바탕에 짙게 담겨 있다. 또한 내가 먹은 음식의 재료와 양념을 키워낸 토양과 물 그리고 음식을 만들고 함께 먹었던 사람들과의 지난한 관계와 결코 무관할 수 없다. 그 사라진 맛을 살려낸다는 건 공동체 기억의 부활이며 사라지는 문화를 되살리는 것과 비견할 만하다.
  자본주의 사회에서 절대시 되는 교환가치를 우리는 상품성이라는 말로 표현한다. 비쌀수록 이윤이 극대화되며 이 교환가치는 높아진다. 이런 논리에 따라 과잉 생산된 농산물은 폐기를 당하는 것이다. 설혹 지구 반대쪽에서는 굶어 죽는 사람이 창궐해도 결코 과잉 농산물을 거저 줄 수 없는 잔혹한 자본의 논리가 성립된다. 명품 옷과 악세시리 물품의 재고 처리를 어떻게 하는지 아는 사람은 안다. 불에 태워 존재 자체를 없애야만 희소성으로 명품의 가치를 보장받는다는 논리이다.

희아리는 상품가치가 떨어지는 농산물이다. "볕을 너무 쬐서 깔이 날아간 것"이나 "뿌리 뽑힌 낭구에서 비들배들 말러가매 익은 고추"도 있고, "곰팽이 슬어서 못 먹는 고추"도 있다. 시인은 교환가치가 없는(떨어지는) 그 특별한 가치에 대하여 절절하게 발언하는 중이다. 저마다의 특별한 존재가치가 있듯이 자연물 또한 귀한 생명임을 '희아리'를 통해 환유적으로 표현하고 있다. 고추의 맛과 향이 실질가치라면 그 가치는 사람마다 다양할 수 있다. 새 맛과 옛 맛의 차이가 있고 맵기의 강도 또한 무수한 변수가 작용한다. 여기에서 상품성은 교환가치이고 독특한 맛과 향은 실질가치가 된다.

시인은 사투리가 주는 투박한 어투로 '희아리'가 지닌 고유의 가치를 역설한다.

그의 "구수허먼서도 은근헌 깊구도 묘헌 옛날 맛"은 미각적 상상력을 너머 타자적 상상력으로 이어진다. 충청도 사투리의 해학이 숨 쉬는 유장한 능청으로 자본주의적 획일성의 맛을 비판한다. 이번에는 「순서가 바뀌었네 그려」의 역사적 인물로 이어진다.

가는 건 좋은디, 어린 여자 몸으루다 나라 찾겄다구 나섰다 무참허게 돌아가신 분헌티 우리가 뭔 말씀을 드린댜? 새끼 나서 키우구 식구들 밥해 멕이구 정신읎씨 사느라 민족이구 애국이구 생각헐 겨를두 읎씨 나이만 잔뜩 먹었슈, 죄송허구먼유, 이럴 수두 읎잖여.

아녀, 아녀. 기죽을 거 읎써. 김활란이니 모윤숙이니, 대학총장입네 시인입네, 잘난 여자덜이 일제 때 무슨 짓 했간? 천황폐하께 충성허라구 위안부, 학도병, 부추기지 않었남? 그런디, 가난허구 심 읎써서 위안부 끌려갔던 김학순, 김복동, 그 할머니덜은 워쨌게? 말년에 여성운동가, 인권운동가루 훌륭허게 살다 돌아가시지 않었남? 우리가 늙었다구 헐 일이 읎구 쓰일 일이 읎겄어?
-「순서가 바뀌었네 그려」 부분

'희아리'의 상상력이 "가난허구 심 읎써서 위안부 끌려갔던 김학순, 김복동, 그 할머니덜"로 변주되는 장면이다. "우리가 늙었다구 헐 일이 읎구 쓰일 일이 읎겄어?"에 담긴 연민은 날카롭지 않은 대신 푸근함이 서려있다. 시골 경로당의 할머니가 고독해 보일지언정 비루해 보이지 않는 경우와 마찬가지이다. 어쩌면 흙과 씨름하며 상추나 열무 같은 푸성귀라도 가꾸는 자급자족의 풍성함이 주는 여유가 현대인의 로망 한 부분을 자극하기 때문인지도 모른다. 하지만 도시에서 만나는 노인의 모습은 다르다.

비오는 오후의 지하철 1호선. '왕년의 산업역군'을 자부하는 경로석 어르신의 장광설이 흙비처럼 쏟아지고 있었다. '세계 10위권 경제 강국 대한민국'을 읊조리는 그의 행색이 자못 추레하여 내 마음은 냉소와 연민 사이를 오라가라하였다.

지나간 군사정권 칭송에 이어 동향의 전직 장관 자랑, 자신의 못 배운 한을 풀어놓던 노인이 문득 바닥에 놓인 내 우산을 집어 들었다. 대충 접어 뭉쳐놓은 우산의 꾸깃꾸깃한 주름을 풀더니 능숙한 솜씨로 다시 접는 것이었다. 손놀림은 꼼꼼하고 섬세했으며 표정은 지극하고 맑았다. 조금 전까지 초라하고 비루해 보였던 노인, 전혀 딴 사람이 되었다.
- 「우산 접어주는 노인」 부분

지하철에서 만난 경로석 어르신의 행색을 "냉소와 연민 사이"로 오락가락하던 시인은 그가 우산을 접는 모습에서 삶의 이력을 읽는다. "손놀림은 꼼꼼하고 섬세했으며 표정은 지극하고 맑았다" 그의 삶이 "초라하고 비루"하지 않은 풍모를 포착하여 가슴에 담는 것이다. 이어지는 나머지 부분은 이렇다.

이윽고 새 것처럼 매초롬히 접혀 깔짬해진 우산을 건네주며 그가 말했다/ -옛소, 3단 우산은 지니기 간편한 대신 접을 땐 까다롭다오/ 감탄 섞인 인사를 건네자 노인은 혼잣말 하듯 겸연쩍게

중얼거렸다/ －뭐 별 것 아니오. 배운 도둑질이랄까, 하찮은 기술이라오//

그 경계 지점을 어떻게 넘어갈 수 있을까, 등이 굽은 늙음은 아무리 치장해도 비루함을 모면하기 힘든 행색이 된다. 이는 모든 인간의 한계일 뿐, 영광도 모멸도 아니다. 그러나 '희아리의 상상력'으로 늙음을 해석하면 다양성의 의미를 불러온다. 용도폐기가 아니라 깊은 맛으로 음미하는 오래 묵은 삶의 이력이 지닌 무한상상의 존재감은 얼마나 귀한 것인가.

나무 그루터기에 앉아 한 사람을 생각한다. 본인의 토지 보상금에 이웃사촌들 영농자금까지 말아먹고 야반도주한 그는 거액의 보상금을 거머쥐기 전에는 성실하고 부지런한 농부였다.
 (중략)
이듬해 늦봄 그 나무에는 진분홍 복사꽃이 피었고, 나무를 심어놓고도 꽃을 보지 못했던 봄날들이 나는 아팠다. 몇 해 뒤, 긴 여행에서 돌아온 나는 그루터기만 남은 나무 앞에서 다시 망연자실 서있었다. 이번에도 농부가 위로해주었다.
 － 괜찮어유. 지가 한 그루 꼭 구해다 드릴팅께 너무 속상허실 거 읍시유 －

－「개복숭아 나무」 부분

소문으로 사람을 난도질할 수도 있다. 내 안에 도사린 불만과 대리보복의 심리로 악성 댓글을 쓰는 사람들도 그런 경우의 하나다. 과장된 흑백논리를 들이밀며 돌아갈 수 있는 다리를 불태운 다음 세상을 불신의 늪으로 빠뜨리고 있다. 그러나 선악으로 판별하여 사람을 규정짓지 않는다면 까맣게 막혔던 길이 열리며 눈을 뜨게 된다. 이는 본성에 깃든 순결함 때문이라기보다 인간의 변화 가능성에 대한 믿음이다. 나약하고 미욱하여 "이루지 못한 진심에 대한 회한"을 지니고 사는 자신을 믿기 때문이다.

그러다가 시인의 유장한 리듬이 역사적, 사회학적 상상력의 흐름을 타고 급박한 휘모리장단의 템포로 반전되어 흐른다. 이 시집의 백미인「경로당 시국토론」한 대목을 만나보자.

허어, 내 살다 살다 별 얼빠진 소릴 다 듣네 그려. 내 집에 불한당놈덜이 쳐들어와설랑 안방 차지허구 주인 행세 허면서, 즈덜 편헐라구 맹글어 놓은 걸 감지덕지 고마워허란 말이여? 대대루 물려받은 귀중헌 물건이랑 식량까지 털어간 놈덜헌티? 고놈덜이 다른 집덜꺼정 차지헐라구 벌인 싸움판에 내 식구덜이 강제루 끌려가 다치구 죽었는디두?

- 「경로당 시국토론1」 부분

안타까움을 풀어주는 속시원한 가락이다. 친일파의 자손이 아직도 우리 사회의 곳곳 요직에 떵떵거리며 포진해 있는 현실을 새롭게 일깨운다. 2024년, 아직도 척결하지 못한 과거사가 남긴 오점을 되새기게 하는 순간이다. "불한당놈덜이 쳐들어와설랑 안방 차지허구 주인 행세 허면서, 즈덜 편헐라구 맹글어 놓은" 도로와 철도, 학교 등의 시설이 식민지 약탈용이라는 풍자가 이보다 명쾌할 수는 없다. 사설시조의 호흡으로 흐르는 대화체는 웃음과 촌철살인의 적공법을 막힘없이 오락가락한다.

  1 더하기 1을 100이라구 그러는 사람덜허구는 싸울 수배끼 읎다구 국힘당 의원덜 앞에서 대통령이 그랬다메? 그러니께 그… 1 더하기 1도 모르는 무식헌 사람덜허구 싸우겄다구, 정부 여당이랑 대통령이?

  아녀, 그게 아니구… 후쿠시마 오염수 방출혀두 과학적으루다 문제 읎다구 정부가 발표했는디두 자꾸 반대를 허니께 그 사람덜이 과학을 모른다, 그런 말이여. 그런디 왜, 워떠키 싸우겄다는 건지 그건 나두 잘 모르겄네.

  아따, 무식허기루 말허자면 윤석열 그 냥반을 누가 따라가겄어. 1 더하기 1은 과학이 아니라 수학인디, 수학을 들이밀면서 무신 과학을 모른다구 생트집이여? 갖다 댈라면 지대루 갖다 대야지, 안 그려?

                      -「경로당 시국토론 2」 부분

서정시에서 다룰 수 있는 현실 고발과 비판의 수위는 어디까지인가, 시인 역시 이 문제를 꾸준히 고민해 왔으면서도 때로는 격한 한 방을 내리치며 와장창 떨어버린다. 어르신의 대화체 언어가 사투리 표현에 힘입어 날것 그대로 살아난다. 시원하다. 히니 디 민나보면,

언론은 개뿔! 언론입네 탈 쓰구서 나라 망치는 괴물이여. 일제 헌티 붙어서 천황폐하 만세에 정신대, 징병 부추기구 우리 독립군을 흉악범, 비적이라구 욕했던 매국언론이란 말이여.

읍쎄! 듣구봉께 숭악헌 괴물 맞네유. 근디 이 나라가 해방된 게 원젠디 여태까지두 그놈덜을 처단 못허구 있대유? 이 대명천지에 워쩌자구⋯

* 조선·동아 창간 100년째인 2020년 겨울, '조동폐간 시민행동' 거리 집회에서 낭송
―「광화문에는 괴물이 산다」 부분

"언론입네 탈 쓰구서 나라 망치는 괴물"이라는 표현처럼 단도직입적이다. 그렇게 내리치는 한 방이 사회역사적 상상력에 불을 지핀다. 이러한 시적 발상은 정통 리얼리즘에 가깝지만 시 창작 방식은 참신하게 대화체의 변주곡 등 다양한 시도를 지향한다는 점에 주목할 필요가 있다. 작가와 독자는 주체와 객체 또는 윤리적 심판관으로서 상황을 일방석으로 이끌지 않도록 대등한 토론자를 화자로 등

장시키고 있다. 광장토론의 현장감을 살려 왜곡된 언론의 치부를 파헤치는 '매의 눈'을 보여주면서 스스로 깨달을 수 있도록 유도하는 방식이다. 우리 사회가 변하기 위한 근본 문제를 제기하는 공동체 윤리가 심장으로 팔딱이면서도 결코 선전구호로 치달리지 않는 이유이다. 다음 시는 저출산, 청년실업의 주인공이 등장한다. 전체 5연에서 마지막 두 연을 인용한다.

    죄송해요, 엄마. 태어난 걸 원망하진 않지만 결혼은 사양하겠습니다. 일등 아니면 모두가 꼴찌인 세상에 제 아이를 내놓지 않을 겁니다. 꼴찌가 없으면 일등도 없을 테니까요. 꼴찌 없으면 존재하지 못할 일등 족속들이 '너희를 내가 다 먹여 살린다' 우쭐대는, 싸가지 없는 세상에 대한 저 나름의 저항입니다.

    불안해하지 마세요, 엄마. 아이부터 노인까지 모든 세대를, 빈민부터 재벌까지 모든 계층을 불안이 지배하는 세상이지만 저는 괜찮아요. 골목상권 빼앗고 붕어빵에 떡볶이 장사까지 넘본다고 재벌들의 탐욕 지탄하지만, 재벌들조차 미래가 불안한 것이겠지요. 갈 데까지 다 간 자본주의 끝자락에 아등바등 매달리는 대신, 살짝 비켜서서 저 나름대로 살아가겠습니다. 엄마, 제 걱정은 마시고 부디 건강하세요.

                      - 「아들에게서 온 편지」 부분

기승전결의 형식으로 보면, 1, 2연은 대학교를 중퇴한 자신의 입장을 전하고 있다. 3연은 졸업해도 취업이 어렵다면 일찌감치 창업에 눈을 돌리겠다는 다짐을 밝히고 있다. 돈을 벌기 위해 젊음을 탕진하는 것이 아니라 버려진 물건을 재활용하여 살아가는 방식으로 천민자본주의와 대결하겠다는 의지가 담겨 있다. 요즘 젊은이의 아픈 자화상을 그리면서도 세대 갈등이 아닌 단단한 믿음과 젊은이의 당당함을 담아낸다. 그런데 4연의 결혼에 대한 의견은 위태롭다. "싸가지 없는 세상"의 재생산을 막겠다는 의지와 2세를 낳지 않겠다는 다짐은 기성세대를 향한 비판의 목소리이다. 출산장려금으로 해결할 수 있다고 큰소리치는 저출산의 문제를 사회구조적 관점에서 조명하고 있다. 불안하지만 어쩌겠는가. 젊은이의 목소리를 경청하고 믿고 응원하는 수밖에.

　이 시에서 관심을 끄는 부분은 '창업'인데 이는 무조건적인 저항이 아닌 대안 제시의 방편이다. 소자본으로 "천민자본주의에 날리는 똥침"이라 자부하는 그 창업이란 무엇인가? "거저로 주워 쓸 물건들이 많으니 돈 쓸 일도 없어요. 쓰레기 주워 사는 인생"이라는 문장으로 볼 때 창업의 의미가 '중고 거래' 관련 직종이 아닐까 추측해본다.

　달리 표현하자면 대량생산 대량소비의 라인에서 벗어나겠다는 선언이니 젊음의 용기가 가상하다. 헨리 데이비드 소로의 『월든』, 또는 『소박한 밥상』의 헬렌과 스콧 니어링이 시도했던 새로운 삶과 관련되는 적극적인 선택일 것이다. "자본주의 끝자락에 아등바등 매달리는 대신" 개성을 살려 선택한 일이라면 무엇이라도 좋은 것이다.

"살짝 비켜서서" 이 부분에 기대어 상상할 수 있는 다양한 일들이 매혹적인 이유는 획일화에 저항하는 새로운 가능성 때문이다. 이익을 극대화하지 않으면서 할 수 있는 일이 무엇일까. 이는 지구오염을 회복하고 생태계가 공존할 수 있는 윤리적 상상력을 자극하는 일일 것이다. 수선하고 교환하는 것, 돌봄과 기록하는 것, 소비하지 않는 자유와 행복의 일이나 예술 활동, 기타 등등 다양한 일을 상상하는 즐거움을 준다. 새로운 가능성의 목소리가 든든하다.

3. 공동체적 윤리성의 연대감

시는 결국 발화이다. 그 종점이 수신자를 향하든 아니면 발화자 자신을 향하든 메시지의 전달 과정이며 그 여파는 양쪽 모두에게 작용된다. 다음 두 시 역시 발화자가 스스로를 향하는 울림에 귀를 기울이게 된다.

모르는 그 사람
앉았던 자리 따스하다.

깻단 놓였던 자리에 남은
고소한 향기처럼
햇살 머물던 자리에 피어나는

풀꽃의 미소처럼
나, 앉았다 떠난 뒤에도
그랬으면 좋겠네.

　　　　－「자리」 전문

고요한 아름다움의 순간이다. '자리'는 우리들이 치러내는 일생으로 읽는 게 가장 무난한 해석이 될 것이다. '한 많은 이 세상'이 될 수도 있으며 눈 깜박할 찰나이기도 하다. "모르는 그 사람/ 앉았던 자리"의 '따스함'에서 시인은 "깻단 놓였던" "고소한 향기"와 "햇살 머물던" "풀꽃의 미소"를 누렸으니 참으로 감사한 풍경이다. 누군가가 남긴 따스함은 받을 줄 아는 사람에게 전달될 때는 '여운'이라는 덤이 붙는다. 그 연대감의 덤을 이해하는 도정이 이 시를 감상하는 핵심이 된다. "깻단 놓였던 자리에 남은/ 고소한 향기"는 존재가 자신의 전부를 바쳐야 가능한 체취로 만들어 낸 최후의 숨향이다. 깻단을 움직일 때나, 깻단을 태울 때조차 자신의 향기로 주변을 가득 채운다. 그 향기는 시공간 부재의 순간으로 이어져 빈 자리의 여운으로 흐르는 것이다.

그러니까 "햇살 머물던 자리에 피어나는/ 풀꽃"은 무수한 시공에서 진행되는 자연의 흐름일 뿐이다. 동시에 이를 무심히 지나치느냐 "미소"로 받아들이느냐 역시 전적으로 선택이자 자각으로 자리매김된다. 그 생명의 탄생과 성장의 과정을 "미소"로 은유하는 건 순전히 인간의 몫이며 이 심오한 흐름을 노래하는 것이다. 그래서 인간에게 그나마 평등하게 주어지는 것을 햇살과 달빛이라고 말하는 것이다.

> 짧은 돌 길쭉한 돌 맞물려 쌓을 것
> 기우뚱한 곳에 맞춤한 잔돌 찾아 고이고
> 빈틈은 내버려 둘 것
> 고임돌 몇 개만 빼내어도
> 와르르 무너질 돌담
> 태풍에도 끄떡없는 비결은
> 돌과 돌 사이 빈틈
> 태풍에게 길을 내어줄 바람구멍
> ─「바람구멍」부분

"돌담 쌓기"와 "살아가는 일"이 긴장감으로 짜여있는 시의 흐름이 유려하다. 구멍 숭숭 뚫린 돌담이 "태풍에도 끄떡없는 비결"은 "돌과 돌 사이 빈틈"으로 바람의 길을 열어주기 때문이라는 표현에 주목하라. 그리하여 태풍과 돌담의 싸움은 다윗과 골리앗의 대결처럼 강자의 힘을 분산하는 작전이 필요하다는 아포리즘 그 이상의 의미를 읽어낼 수 있어야 한다. 어쩌면 일부러 빈틈을 허용할 수밖에 없는 약자의 삶이 지닌 당당함이라 해야 적합할 것이다. 약자로서 "살아가는 일"의 비결은 흔들리되 무너지지 않는 것. 이는 "풀은 눕고/ 드디어 울었다/ 날이 흐려서 더 울다가/ 다시 누웠다//"(김수영의 「풀」)에서 등장하던 민중적 생존력과 통한다. 더 나아가 "빈틈"이 삶의 비결이 되는 역설은 "태풍에게 길을 내어줄 바람구멍"으로 공동체적 윤리성으로서 설득력이 있다. "바람구멍"으로 "작은 슬픔", "큰 슬픔"을 이기거나 지는 것이 아니라 온몸으로 감당하는 것이다. "돌담 쌓기"는 결국, 다양한 종들이 함께 "살아가는 일"이며 이는 또한 슬픔을 이기거나 누르는 것이 아니라 키우고 비우는 일이 되는 것이다. 공동체적 윤리성을 추구하던 시인은 본질적으로 스스로의 윤리에 충실하고자 오늘도 내면의 "바람구멍"을 응시한다.

4. 「엄마의 창」과 「영혼의 뼈」에 담긴 사랑의 윤리

왜 시를 쓰는가? 그의 고민은 방법론이 아니라 본질론이기 때문에 더욱 긴장감으로 이어진다. 시는 삶을 저당 잡혀서 쓰는 노력, 그 자체만으로도 높은 품격을 지닌다. 하지만 시인에게 삶과 글의 일치는 가혹한 형벌이 될 수 있다. 특히 90년대 이후 문학의 주된 흐름이 당위론 자체를 부정하는 세태 속에서 스스로 이 형벌을 감수한다는 건 얼마나 힘겨운 일인가. 이문복 시인은 해직교사의 이력이 있으며, 늘 깨어 있는 지성으로 일관된 삶을 나지막하면서도 깊은 목소리로 발화한다. 실천적 고민 속에서 시 창작이 활발한 시인이 있는가 하면 지연되기도 하는데 그는 후자에 속한다. 10년 만에 만나는 두 번째 시집이 특별히 귀하게 느껴지는 이유이다. 그의 문장은 세상을 향한 발언이며 타자의 얼굴을 자신의 얼굴과 포개는 작업이다. 갈등과 번민의 과정을 무수히 적어내는 대신 문제를 해결하고 정리하면서 한 편의 시를 산출한다. 이는 공동체의 윤리적 대면이 필연적으로 수반되며 그 윤리는 회복해야 할 인간성이며 시를 쓰는 자아의 존재 의의이다. 이문복 시인에게 그 과정은 유독 서정적 자아와 서사적 자아의 충돌과 결합으로 이어진다.

> 예쁘고 총명하여 아버지의 기쁨이었던
> 첫딸은 불치의 조현병에 갇혀버렸고
> 베트남 참전 후유증으로 망가진 맏아들은
> 낭인으로 이승을 떠돌다 저승으로 먼저 떠났다.
> 가정을 꾸려 잘 살던 막내아들마저
> 불의의 교통사고로 회복불능의 장애를 얻었다.
> 살아낸 세월만큼이나 아픔도 깊었던…
> 아버지의 장수는 축복이 아니라 고행이었다.
>
> 영혼에도 뼈가 있다면, 내 아버지
> 육신의 뼈에 새겨지지 않은 인고의 흔적
> 영혼의 뼈에 깊이깊이 새겨져 그 영혼
> 어릴 적 뛰놀던 고향 마을로 돌아갔으리.
> 애썼다, 욕봤다, 다 내려놓고 편히 쉬어라
> 낮에는 골바람, 밤에는 산바람이
> 내 아버지 곤고했던 영혼을 토닥여 주리
> 　　　　　－「영혼의 뼈」 부분

시인은 첫 시집을 마무리하며 어머니를 먼저 보내드렸다.[38] 두 번째 시집에서는 어머니와 관련된 어떠한 기록도 포함되지 않았으니 그의 염결성이 단호하다. 아쉬움이 크지만 어쩌겠는가. 첫 시집 「사랑의 마키아벨리즘」이 잊혀신 녹자는 따로 시간을 내어 읽어야 한다. 특히 「엄마의 창」과 「영혼의 뼈」는 사모곡과 사부곡으로 별개이면서 한 쌍으로 이어짐을 밝힌다.

아버지는 1920년생으로 2023년까지 장수하셨으며 빈곤과 병고와 거리가 먼 삶을 사셨다. 그렇다고 삶이 평화롭기만 한 건 아니다. 아픈 딸과 저세상으로 보낸 아들을 지켜보는 신산의 심정이 어떠했을까. 그러나 이문복 시의 어조는 여전히 고요하다. 독자 역시 아버지와 시인의 일정한 거리에서 서성일 뿐이다. "영혼에도 뼈가 있다면"의 시문(詩文)은 오래도록 가슴을 울리는 여운이 있다. 그 울림을 담아 망자가 된 아버지를 애도하는 시문에서 독자는 저마다의 아버지를 호명하며 각양각색의 목소리로 사랑의 노래를 읊조리게 되는 것이다. 100세를 넘긴 "아버지의 장수는 축복이 아니라 고행이었다"는 진술은 담담하다. 가정시를 가감 없이 표백하는 시인의 노래가 저마다의 가슴을 적시게 되는 이유이다. 나의 이야기인 듯 우리의 이야기인 듯 객관화하는 그 어조가 주는 신뢰감은 가족 공동체의 윤리를 너머 공감대를 확장하기 때문이다.

---

38) 시대를, 환성을 잘못 만나 활짝 피지 못한 여인들을 늘 안타깝게 여기셨으나, 정작 자신이 아까운 여인임은 모르신 채 이승과 저승의 경계를 서성이고 계신 내 어머니께 이 시집을 바친다. (『사랑의 마키아벨리즘』(2014, 작은숲, 「시인의 말」 중에서)

마지막으로「박 넝쿨에 빙의(憑依)하다」를 옮겨 적는다. 이는 시인이 타자로 변신되어 또 다른 타자에게 보내는 전언이며 있는 그대로 아름답고 충분하다는 위로의 문장이다. 오늘 세상을 마무리하는 순간이 되더라도 흔쾌히 따르리라. "씨앗을 못 남기고 스러지겠지만"에서 보이는 결핍과 소외의 아픔을 스스로 짊어진 자의 묵시록이다. 척박한 땅에 태어났지만 어쩌겠는가 '운명을 사랑하라' 그리고 죽음을 기억하라는 메시지 '메멘토 모리'를 떠오르게 하는 문장이다. 생명을 지닌 자, 최고의 윤리는 사랑 그리고 더불어 사랑이다.

> 태어나지 않았더라면 만나지 못했을
> 이 세상은 눈부시게 아름다웠습니다.
> 스치는 바람은 향기롭고 달콤했으며
> 부드러운 달빛이 나를 품어주었지요.
> 얼마나 더 살게 될지 모르겠지만
> 씨앗을 못 남기고 스러지겠지만
> 이처럼 어여쁜 꽃을 피우고
> 열매까지 가져봤으니 충분합니다.
>
> - 「박 넝쿨에 빙의(憑依)하다」 부분

제3부

문학으로 만나는 세상

청소년 시인들 그 활발발(活潑潑) 세상

공주북중학교 공동시집 『꿈꾸는 사막여우』

1. 감동의 기억으로 만나는 시

오늘은 공주북중 청소년 시인들의 빛나는 숨결을 만납니다. 시에 담긴 72명의 표정이 저마다 달라서 더 아름다운 문장의 숨결입니다. 시로 남을 수 있는 숨결이란 과연 어떤 것일까요? 순간은 지나가지만 보이지 않는 심장박동의 흔적을 남기니 그것이 기억되지요. 기억으로 남는다는 건 지나치는 일상 속에서 특별한 의미를 담고 있는 것입니다. 그렇습니다. 무심히 지나갈 수 있는 순간을 가슴에 간직하는 기억이 '시인의 눈'이랍니다.

그래서 우리는 감동의 장면을 기억으로 간직합니다. 감동이란 머리로 인지하는 게 아니라 가슴으로 느낄 때 더욱 진하게 담겨집니다. 흔히 말하는 맛, 소리, 색, 냄새, 촉감처럼 순간의 느낌이 몸으로 들어와 가슴에 확 안겨오는 순간입니다. '맛있다'의 감각이 맛으로 끝나지 않고 사건과 상황 전체를 날줄과 씨줄로 엮기도 합니다.

> 고무장갑을 꼈어도 이리저리 튀는 붉은 양념
> 배추가 버무려지는지
> 내가 버무려지는지 모를 지경
>
> 허리가 부러질 것 같은 통증에
> 잠시 일어나 허리를 펴는데
> 수육 안치러 간다는 할머니 말씀, 귀에 꽂힌다
> ― 2학년 김수민 「김장 400포기를 이기는 수육」 부분

김장 행사에 한 번이라도 참여해본 적이 있나요? 아마도 대부분의 집에서는 할머니 혼자 고집스럽게 추진하는 대규모 행사일 것입니다. 요즘은 20-30포기 김장 모임조차 드문 일이 되었지요. 그래서 대가족이 모여야만 가능해진 김장 행사가 더욱 귀하게 느껴집니다. 어른과 함께 일을 한다는 건 생생한 현장체험으로 좋은 공부가 되지요.

"오늘은 400포기만 혀" 하시는 할머니 말씀과 함께 '올해도 죽었구나' 받아들이는 표현으로 집안의 연례 행사임을 알게 해줍니다. 하지만 "알싸하고 달짝지근한 맛으로/ 온몸을 녹여주는 수육"은 힘겨운 작업을 화목한 분위기로 변신시켜줍니다. 우리는 그 많은 김장을 담는 이유가 나누어 먹기 위해서라고 짐작할 따름이지요. 김치와

수육이 합체되어 오래오래 기억될 시가 되었습니다. 이제 할머니가 돌아가시면 김장 행사가 영원히 사라질지도 모릅니다. 그때까지 "배추 400포기를 이기는 수육"의 기억이 오래도록 간직되었으면 좋겠습니다.

> 귀여워서 잡고 싶은 물고기
> 낚시라도 해본답시고 강아지풀을 물속에 넣었더니
>
> 덥석 물진 않고 쿡쿡 찔러보기만 했다
> 평소 강아지풀을 보기 힘드니 물고기도 궁금했을까
>
> 지금도 무엇에 호기심이 생길 때마다
> 그 여름 물고기들 발등을 간지럽힌다
>   - 2학년 조은빈 「그 여름의 동화」 부분

계곡에서 헤엄치는 물고기를 잡으려 해도 자꾸 빠져나가니 번번이 실패를 하지요. 그러다가 슬쩍 집어넣은 강아지풀 하나에 오그르르 모여 입으로 쿡쿡 찔러봅니다. "지금도 무엇에 호기심이 생길 때마다/ 그 여름 물고기들 발등을 간지럽힌다"는 여섯 살 때 기억의 마무리가 상큼하게 남는 시입니다. 저도 언젠가 마곡사 계곡에서 놀았던 가족놀이 기억을 떠올리며 발등이 간질간질하는 잔잔한 행복감에 젖었답니다.

2. 생각으로 만나는 시

오래 묵을수록 진해지는 잔상이 있습니다. 그 진한 잔상이 가슴 깊숙한 곳에 켜켜이 쌓였다가 용수철처럼 튀기도 합니다. 오랜 세월 무심히 지나쳤던 고정관념의 벽을 깨부수기도 하지요.

이번에는 '남녀차별'의 문제로 연결됩니다. "여자는 담배 피우면 안 돼/ 남자가 웬 간호사?/ 여자가 택배기사를?" 이런 "돌덩이 같은 말들"을 만날 때마다 그냥 지나치지 않고 곱씹으면서 생각을 키우는 것입니다. 습관처럼 사용하는 언행에도 차별적 표현이 수도 없이 많습니다.

　　남자가 왜 화장을 해?
　　여자인데 좀 꾸미지

　　돌덩이 같은 말들이
　　우리를 깊은 심해로 침몰시킨다

　　나는 달리기를 웬만한 남자보다 잘한다
　　나는 줄넘기를 웬만한 남자보다 잘한다
　　나는 높은 곳에 있는 물건도 아빠의 도움 없이 내린다
　　나는 쌀자루도 번쩍번쩍 들 수 있다
　　나는 김장할 때 배추 백 삼십 포기를 날랐다

나는 끝내 심해에 갇히지 않는다
- 3학년 심민경 「심해」 부분

얼마 전까지도 학교의 출석부에서 앞 번호는 남학생 뒷 번호는 여학생의 순서로 적었습니다. 남자는 반장, 여자는 부반장 식으로 투표를 진행했고요. 그래요. 오랜 역사를 통해 특히 여자들이 많이 불리했습니다.

지금도 중동 지역 여성들은 히잡이나 차도르, 부르카를 강제로 쓰게 하지요. 특히 니캅과 부르카는 눈을 제외한 전체를 가리게 하고요. 여자는 직장 생활이나 운전도 못하게 억압합니다. 그 세상의 편견과 억압에 맞서 의견을 주장하는 것도 시인의 임무입니다. 다행스럽게도 화자는 씩씩합니다. "나는 끝내 심해에 갇히지 않는다"는 자기 확인에 마음이 든든해집니다. '남자답게 여자답게'라는 고정관념을 극복하며 문제의식을 잡아내는 '시인의 눈'이 믿음직합니다.

아영아, 학교 가야지
잘그락잘그락 밥상 차리는 소리가 들린다

냉장고 속 반찬들을 꺼내고
밥그릇에 따뜻한 쌀밥 담고 나면
안방 화장대로 가 립스틱을 바른다

해가 저물 때면

도어락 소리와 함께 들리는 말

엄마 집으로 출근했다

            - 3학년 조아영 「출근」 부분

  엄마 혼자만 집으로 이중출근 한다는 생각이 무심한 일상을 새롭게 일깨우는 시입니다. 그래요. 엄마에게만 퇴근 직후 다시 집안일을 시작하는 출근이 됩니다. 화자는 "엄마의 퇴근이 출근이 되지 않았으면" 바라는 마음을 표현했습니다. 가족이 모두 집으로 '출근' 한다면 어떨까요? 이 또한 새로운 세상 만들기의 시작일 것입니다.

  청소년기는 특히 외모에 민감합니다. 나는 눈도 단추구멍처럼 작고 손가락은 두툼한 소세지 모양입니다. 하지만 나의 단점이 누군가에겐 부러움의 대상이 될 수 있다는 낙천성이 보여서 든든합니다. 자신을 객관화시키는 힘이 지혜의 샘처럼 흐릅니다.

누군가에겐 그런 내 모습이

신중한 태도로 비출 수도 있고

내가 뭘 모르는지 아는 것이

부러울 수도 있다

세상에 잘난 사람 왜 이리 많은지

괜찮다

누군가에겐 나도 부러운 사람일 테니

− 2학년 이다연 「누군가에겐 부러운 사람」 부분

「친구」(노연경)는 '벗'에 대한 예의와 의무를 생각하게 합니다. 투명 인간처럼 숨겨진 친구에 대하여 "뭘 할 수 있을까" 고민하면서 "말이라도 걸어야" 한다는 다짐이 든든합니다. 「관계」(유수빈)는 부모님을 대하는 언행을 곰곰이 생각하게 합니다. 친구와 동생들보다 부모님과 얽힌 매듭이 쉽게 풀리지 않을 때가 있지요. 시 쓰기는 수학 문제풀이처럼 정답이 정해진 게 아닙니다. 생각의 과정이거나 고백이며 이는 해결의 씨앗을 다양하게 품는 일이기에 소중합니다. 그게 삶의 성찰이요 노력이지요.

철학(philosophy)의 원어는 '지혜에 대한 사랑'이란 의미입니다. 지나치던 물상들을 잊지 않고 깊이 담아 차곡차곡 쌓여진 생각을 지혜라는 의미로 이해해도 되겠습니다. 우리는 흔히 가치관이라는 표현으로 철학적 사고를 합니다. 다음 시에는 지구 생태계와 관련한 가치관이 담겨 있습니다.

텀블러 쓰겠다고 약속했는데
오늘도 일회용 컵을 쓰네
초코 스무디, 자몽에이드, 녹차 스무디 빈 컵이
온통 너의 몸을 덮네

> 에어컨은 24도에 맞추겠다고 말했는데
> 집에서도 카페에서도 18도
> 18도 카페에서 담요 덮고 웃고 있을 때
> 너는 38도의 뜨거운 눈물이지
>
>   – 3학년 공나연「지키지 못한 약속」부분

지구 생태계 보존에 대한 '지키지 못한 약속'의 성찰이기에 울림이 큽니다. 우리 모두 "녹아버린 지구"가 되기 전에 변해야 합니다. 지구 환경을 지켜내기 위한 개인과 사회 그리고 국가와 기업이 지켜야 할 약속을 만들지 못하고 지키지 못한 어른으로 한없이 부끄럽습니다. 이러한 자각과 깨달음이 한 땀, 한 땀 담겨있는 시입니다.

3. 생활 체험으로 만나는 시

중학생 시절 학교라는 공간은 특별하게 좋은 글감입니다. 생활 체험마다 그 범위가 넓고 섬세해서 기록 자체가 시가 될 수도 있습니다. 놓쳤던 일상이 새롭게 다가올 때 '시의 눈'으로 담는 '삶을 가꾸는 시 쓰기'는 체험담이자 성장담이 됩니다. 누구나 겪은 체험이지만 저마다 다른 울림으로 뭉클하게 다가옵니다.

> 나 진짜 줄넘기 못해
> 아니야, 잘할 거 같아 해보자

막상 시작하면
괴발개발 못하는 나

내가 진짜 못한다 했잖아
아니야, 연습하면 할 수 있어
입으로 하는 착한 말과 다르게
숨길 수 없는 따가운 눈초리

— 2학년 노승혜 「언젠간 잘하는 날이 오겠지?」 부분

    호흡과 박자를 맞추며 팔짝팔짝 뛰는 단체줄넘기 풍경입니다. 조금이라도 한눈을 파는 순간 발목이 덜컥 걸리게 되니 호흡을 맞추는 동작이 아주 중요합니다. 구령에 맞추어서 호흡을 하다 보면 어느새 한마음 한몸처럼 줄넘기가 이루어집니다. 마지막에는 체력전입니다. 어느 순간부터는 다리의 힘이 소진되어 젖 먹던 힘까지 간신히 끄집어내야 합니다. 그러다가 누군가 한 명이라도 줄에 걸리면 경기가 끝나는 것도 커다란 매력이지요. 늘 실수만 하던 화자도 민폐가 되기 싫어 열심히 노력을 합니다. '언젠간 잘하는 날이 오겠지?' 씩씩한 그 마음이 중요합니다. 친구들을 응원하고 스스로를 응원하는 목소리로 메아리가 되어 퍼집니다.

내 숨소리만 있는 무대
캄캄한 객석

보이지 않는 시선들

환한 빛 속에 오직 혼자 선 무대

팔은 하늘을 향해 길게 뻗고

발끝은 날카롭게

고개를 천천히 떨구면

부드럽게 흘러나오는 현악

풀이 흔들리듯 흐르는 음악에 온몸을 맡긴다

고요한 들판에 찾아온 바람처럼 나는 사뿐사뿐 난다

거센 폭풍

초원에 휘몰아치는 바람

나의 몸은 쉴 틈 없이 달리고 있다

− 3학년 전서령 「초원의 소리」 부분

공연 연습에 몰입하다가 어느새 내 몸과 무대 공간이 합체되는 시입니다. 때로는 현실과 공연의 차이를 구별하기 어려울 정도로 푹 빠졌습니다. "나는 오늘 무대가 아닌/ 초원을 달렸다"는 물아일체(物我一體)의 열정이 부럽습니다. 세상과 내가 하나가 되는 순간의 움직임이 날랜 동작으로 리드미컬하게 담겼습니다.

다음은 분리수거 체험에 대한 엄마와 딸의 대화입니다. 단순한 시상 전개이지만 날마다 반복했던 엄마에 대한 미안함이 부끄러움으로 살짝 달아오르게 하는 힘이 보이지요. 소소한 성찰만으로도 하루가 밝아진답니다.

오늘도 엄마는 나를 부른다
분리수거하러 가자!
또 나야? 이미 잠옷 입었는데
결국 쓰레기를 들고 따라 나선다
― 2학년 이예지 「부끄러움」 부분

처음에는 작업이 귀찮아 투덜대며 방문을 쾅 닫았지요. 하지만 엄마가 아무렇지도 않은 척 '아침은 뭐 먹을래?' 툭 던지는 한마디에 어색한 침묵도 잠깐 마음이 금세 풀어졌지요. 이렇듯 반성하면서 집안 분위기가 상큼해지면서 우리들은 어른으로 성장하지요. 그래서 제목도 「부끄러움」입니다. 시는 때로 성찰을 통한 성장 일기도 된답니다.

모든 작품을 다 소개할 수 없어서 시 제목만 몇 개 적어봅니다. 「잘 가, 계란후라이」(문예솔), 「부모님이 없는 날」(정지현) 등도 독자가 현장에 함께하는 것처럼 생생하게 전달되는 시입니다. 생활 체험을 시로 쓸 때에는 진솔하게 담는 것이 최상의 표현입니다. 「울보에 뒤끝 장인 납시오」(김가윤), 「중학생」(김영서), 「예뻐지는 비결」(방서은), 「단짝」(유지민) 등 제목만으로도 짐작되는 사연이 맛깔스럽게 펼쳐집니다.

4. '사랑'으로 만나는 시

'사랑'이 시가 되는 이유는 설명이 필요 없습니다. 순간의 설렘마다 감추고 여는 삶의 비밀을 품고 있기 때문입니다. 사람뿐만 아니라 개나 고양이 그리고 키링 등 대상도 다양합니다. 「서바이벌 산책(김채희)」은 개, 「지각한 아침(박은성)」에는 고양이가 사랑의 대상이 됩니다. 「사랑은 타이밍(김윤서)」, 「존잘남 버스(김주아)」에는 이성을 향한 마음이 발랄하게 담겨 있습니다.

사랑의 색깔도 사람의 얼굴처럼 제각각 다양합니다. 그러니까 우리 안에 저절로 자라는 감성의 씨앗들이 싹이 트고 성장하게 도와주는 힘이 바로 사랑입니다. "이제는 너의 사계절을 좋은 기억들로 채워줄 수 있는 사람 만나/ 내가 받았던 행복을 똑같이 받길 바래"「반짝이는 사계절은 지나갔어도」(김가연)처럼 이별의 순간에도 상대방의 행복을 빌어주는 마음입니다.

처음 보는 시험을 준비하며
초조해하는 내게
해맑게 웃으며 응원을 건네는 널 보면
빈말이라고 생각하면서도
점점 올라가는 입꼬리
감출 수가 없어

내겐 비밀의 문 같은
너, 그거 알아?
나의 시선은 항상
수많은 사람들 속에서
환히 빛나는 네게 향해 있어

- 2학년 석아인 「너 그거 알아?」 부분

마치 아름다운 고해성사를 보는 것 같습니다. 사랑하는 마음이 "환히 빛나는" 시선으로 나를 다독입니다. 좋아하는 마음으로 심장 박동이 커지면서 파문이 일어나듯 사랑의 심정이 메가톤급으로 퍼지는 경우도 생깁니다. 아끼고 소중히 여기면서 나 자신 또한 귀하게 받아들여지는 것처럼요.

아빠가 유치원으로 데리러 온 그날
나는 아빠의 목마를 타고 갔다
주황색 물감을 풀어놓은 하늘
저녁 햇빛이 아빠와 나를 비추었다
붉은 햇빛은 여우에게도 내려왔다

내 여우는 붉은빛으로 물들어
복슬복슬한 꼬리를 흔들었다
금방이라도 드넓은 몽골사막을

모래를 날리며 달릴 것 같았다

　　　그날은 내 작은 사막여우의 날이었다
　　　　　　　　- 1학년 하은성 「내 작은 사막여우」 부분

　'내 작은 사막여우'는 원래 "언니의 유리 돌고래"만큼은 멋지지 못한 키링이었지요. 하지만 언제부턴가 달라졌습니다. "저녁 햇빛이 아빠와 나를 비추었"고 "붉은 햇빛은 여우에게도 내려왔"던 바로 그날입니다. 사랑은 이렇게 순간적으로 찾아옵니다. 아빠가 나를 목마 태워준 날 이후 '내 작은 사막여우'는 살아 숨 쉬는 존재가 되어 나만을 응원하는 특별한 여우가 되었습니다. 키링을 볼 때마다 기운이 나고 사랑이 샘솟게 된 것입니다. 낯익은 장면이 전혀 새롭게 다가오는 순간들, 그게 바로 '시의 눈'입니다.

　진정한 나의 모습이 뭐지? "너답지 않다"는 말을 들을 때마다 대꾸하기가 힘듭니다. 나도 스스로를 확신할 수 없는데 "너답지 않다"는 말을 들으면 반발도 생깁니다. 남에게 비치는 '나'와 내가 생각하는 '나'와의 관계를 새롭게 생각해보는 것입니다. '나답다'는 것, 진정한 나의 모습을 고정시켜 놓고 대하는 순간 자아가 흔들거리는 혼란도 옵니다. 진정한 나를 찾는 스스로의 마음 울림까지 시가 될 수 있으니 그게 시인의 행복일지도 모릅니다.

너답지 않다고 한다
무슨 말이든 웃어주고 상처받지 않았던 네가
요즘 따라 그렇지 않다고 한다
힘들어 보이지도 혹여나 지칠 것 같지도 않던 네가
왜 요즘에는 힘든 티를 내냐고 한다
  – 3학년 최지우 「작동방식」 부분

저는 지금도 공주의 웅진도서관을 30년 이상 연구실처럼 출근합니다. 도서실 1층 나루 갤러리 전시물을 대개는 습관처럼 획획 지나갑니다. 그런데 하루는 옆에서 구경하던 누군가가 감탄하는 소리를 들었습니다.
 "와, 줄 하나로 공룡을 만들었네."
 그제야 '해변 풍경'이라는 제목의 전시물이 눈에 들어왔습니다. 1층 갤러리 전체를 해변에서 흔하게 뒹굴던 돌, 버려진 나무토막, 낡은 밧줄과 조개껍데기를 모아 전시한 겁니다. 그러니까 작가는 해변에서 가져온 폐기물을 모아 고대의 바닷가 풍경으로 재현한 것이었습니다. 여기저기 줄을 이어서 만든 설치물이 '공룡이 노니는 모습'으로 눈에 확 들어오는 것이었습니다. 시는 이렇듯 순간 포착의 마주침으로 갑자기 다가옵니다. 늘 익숙했던 장면들이 아, 새롭게 눈을 번쩍 뜨게 합니다.

5. 『내 작은 사막여우』 출간을 축하합니다

　공주대학교 도서실에는 일반인이 자유롭게 사용할 수 있는 열람실이 있습니다. 그런데 출입문에 '중고등학생 출입 금지'라고 붙어 있는 경고문이 마음을 아프게 합니다. 강연자로 대학교에 방문했던 버지니아 울프조차 단지 여자라는 이유 때문에 도서실 출입을 금지 당했던 100년 전의 일이 겹쳐 떠오릅니다.

　아직도 우리 사회는 청소년에 대한 다양한 제약과 불평등이 있습니다. 시인이 넘쳐나는 세상이지만 아직도 청소년 시인은 귀하기만 합니다. 그러다가 시집을 읽으면서 뭉클했고, 생각이 활발발(活潑潑) 해졌답니다. 솔직한 감성과 지혜 그리고 하루하루의 생활 속에서 멋지게 자신의 참모습을 키워나갈 것을 믿습니다.

　공주북중의 청소년 시인 모두에게 고마움을 전합니다. 시와 놀고, 춤추고, 노래하면서 어엿하게 집을 마련할 수 있게 도와주신 공주북중 선생님과 시 지도 선생님들께도 고마움을 전합니다. 공동시집 『내 작은 사막여우』 출간을 계기로 시를 사랑하고, 주변을 소중히 여기면서 더 좋은 세상으로 나아가는 한 걸음이 될 수 있으면 좋겠습니다. 기획해주신 공주북중 변향숙 선생님과 시 쓰기를 이끌어주신 김희정, 박용주, 최은숙, 함순례 작가님 고맙습니다. 『내 작은 사막여우』 탄생을 위해 쏟았던 열정과 정성이 세상에서 가장 귀한 우리들의 거울이자, 보물이 될 수 있기를 응원합니다. 공주북중 청소년 시인 모두에게 축하를 보냅니다.

아동문학에서 다루어야 할 '일' 이야기

1. '일하는 아이들' 다시 생각해야 한다

이런 의문이 생겼다. 80년대 '삶을 위한 글쓰기'의 주체였던 '일하는 아이들'은 지금 어떻게 살고 있을까? 그리고 또 하나, 현재 아동문학에서 찾아보기 힘든 '일하는 아이들'은 한국 사회에서 과연 사라진 것일까? 그들은 대략 50대 전후가 되었을 것이며 대학생 연배의 자녀도 있을 것이다. 질문을 품으면서 21세기 어린이 문학에서의 '일'이란 단어가 어떠한 방식으로든지 새롭게 자리를 잡아야 한다는 생각을 하게 되었다.

61년생, 가난한 집 8남매 맏딸의 삶은 고단했다. 하지만 어른들(식구)과 함께 했던 '일'들이 고달픈 기억으로만 남은 것은 아니다. '일'을 통해 어른들 세계를 엿보는 성장의 밑거름이 되었고 남녀의 위상이나 불평등한 사회구조를 체득할 수 있었다. 남동생 둘은 부엌일은 하지 않았으므로 비오는 날이나 겨울철 휴가가 있었지만 나는 집안 어른들과 쉴 새 없이 밥과 반찬거리를 다듬어야 했다. 아, 아버지는 그러니까 설, 추석, 정월대보름 일 년에 딱 3일 반나절은 쉴 수 있는 것처럼 보였다. 여자들은 그런 날에 더욱 혹독한 노동에 시달려야 했으므로 어렸을 때부터 명절을 인식하지 못하며 성장했다.

　어린이가 성장하는 과정은 장애물이나 상처를 극복하면서 긍정적인 정체감을 형성하는 것과 통한다. 이때 조력자의 만남이 중요한 역할을 한다. 조력자는 현실의 인물이기도 하고 이야기나 역사에 등장했던 인물이다. 동화책의 주인공, 그러니까 왕자님을 만나는 삶은 나와 모든 배경이 원초적으로 달랐다. 유일하게 위로가 되어준 동화는 「미운 오리 새끼」 정도였다. 좋은 동화를 만났다면 나는 지금보다 훨씬 나은 어른이 되었을 것이다.

　『몽실 언니』를 읽은 건 1989년 교사로 임용된 이후였다. 나는 이 책에서 세 명의 동생을 데리고 다니던 어린 시절의 나를 만났고, 어이없게도 '몽실이처럼 동생이 한두 명이었으면 좋았을 걸' 하는 자기연민에 빠졌다. 나에게는 동생이 7명이 있었으며 초등학교 입학 전부터 여동생 세 명을 책임지며 살았던 것이다. 고무줄놀이를 할 적에 내 차례가 되면 친구들이 동생을 대신 봐주기도 했으니 그나마 다행이다.

　『나의 라임오렌지 나무』는 진정한 사랑의 이야기를 다루며 이별을 통하여 더욱 사랑의 소중함을 말해준다. 그 이야기에서 크리스마스 선물을 사기 위해 구두닦이를 하는 모습이 빠지면 어땠을까? 사랑받기 위해 노력한 상처가 덧나고 아무는 강도가 많이 약해졌을 것이다.

지금은 시대가 바뀌었고, 아이들의 환경도 변했다. 민족의 희망이나 산업역군으로서의 어린이는 소비주체의 존재로 탈바꿈했다. 일하는 어린이를 통해 서민들의 어려운 구조적 삶의 환경이나 건강한 생활력을 보여주려 했던 동화들은 이제 옛날이야기의 주인공으로 취급당한다. 꼭 그 이유만은 아닐 텐데 언제부터인가 어린이 문학에서 일하는 어린이의 모습을 찾기가 귀해졌다.

1978년 출간된 『일하는 아이들』의 전면에 내세웠던 아이들은 한 명 일꾼 몫의 기록이자, 보고서였다. 동시에 그 시대 '일하는 아이들'은 빈부격차의 고발, 사회변혁의 필요성을 위한 문제제기이기도 했다. 그런데 시대가 바뀌었고 동화 속에서 어린이들은 일과 완전히 분리된 상태이다. 그런데 아직도 부당한 착취노동이 아니라할지라도 '일하는 아이들'이 있다는 건 우리 모두가 알고 있는 진실이기도 하다.

2. 어린이 문학에서 '일'은 세계관이다

지금의 어린이 문학에서는 '일'에 대하여 어떻게 풀어내야 할까? 이것이 문제인 것이다. 80-90년대 문학처럼 '일하는 아이들'의 시대는 지나갔지만 빈부의 간극은 여전하다. 직업의 판도가 다양해지고 '돈'에 대한 무조건적인 경배가 만사형통의 신으로 극상하는 상황도 있다. '노동'에 대한 천시는 여전하다. 한마디로 말하자면 가성비가 높은 돈 많이 버는 '일'에 젊은이들이 몰린다는 것이다. 그게 나쁜 건 아니지만 '일'이 오직 돈 벌기 수단으로 전락하는 건 막아주자는 말을 하고 싶은 것이다.

  가성비가 좋아서 누드모델을 선택했다는 사실을 아무렇지 않게 말하는 세상이다. 충분히 공감할 수 있지만 조금은 걱정이 앞선다. 직업에 귀천이 없다는 말이 '돈'으로 쏠림현상을 어떻게 막는단 말인가? 우리가 지향해야 하는 세상은 '돈이 되는 직업에 귀천이 없다'는 것과는 결이 달라야 하지 않을까. 위에서 언급한 누드모델 주인공은 그 문제를 지혜롭게 해결했다. 돈을 벌어서 생활비를 채웠고, 자신의 육체를 수단으로 하는 일에 최선을 다했다. '일'을 해서 돈을 버는 일이 힘들지만 귀한 일임을 섬세하게 덧붙였다. 그렇게 아낀 시간을 활용하여 글을 쓰면서 돈을 벌 수 없지만 좋아하는 일에 집중했다는 것이다.

  가성비가 가장 안 좋은 일 가운데 하나가 글쓰기이다. 한 편의 글이 완성되기 위해서 읽어야 할 책은 얼마나 많은가. 게다가 끊임없이 다양한 체험과 사색의 시간이 마련되어야 한다. 하지만 원고료나 책의 인세는 터무니없이 빈약하다. 그렇지만 이 적은 연봉에도 작가 지망생이 늘고 있는 사회현상을 단순하게 정리할 수는 없는 일이다.

  극단적인 예를 들었지만 현실적으로 많은 아이들은 평범한 '일'을 통하여 돈을 벌고 소박하게 살고 싶어 한다. 버킷리스트를 적어보라고 하면 복권당첨 등 일확천금을 적는 아이들도 있지만 대부분의 아이들이 소박하게 일을 하고 돈을 모아서 여행을 다니고 부모님 모시고 외식을 하거나 데이트를 하며 살고 싶어 한다.

평등하게 '일' 할 수 있는 세상을 만들기 위해 해결해야 할 일은 수도 없이 많다. 그 가운데 가장 중요한 일이 '최저임금제'라는 사실에 우리는 얼마나 동의할 수 있을까. 우리 아이들 중 대다수의 미래가 최저임금제에 의지하여 살아갈 수밖에 없다는 사실이 문제의 본질일 수도 있다. 비정규직을 없애겠다는 발상 자체가 시대착오적인 것일지도 모른다. 앞으로는 한 가지 직업으로 살아가는 평생직장의 개념이 아니라 선택의 폭을 무한 넓혀서 '하고 싶은 일', '돈을 버는 일', '배우기 위해 하는 일' 등등 몇 가지 일을 겹치기로 하면서 살아야 할지도 모른다.

'일'을 꿈의 성취이자, 즐거운 인생과 동격으로 받아들이지 않아야만 그 '일' 자체에 충실할 수 있고 결과적으로 '일하는 사람' 누구나 귀한 존재가 될 수 있다. 그가 무슨 일을 하든지 말이다.(선택하지 않은 일을 해야 하는 경우는 다반사이다.) 그러자면 다양하게 일을 접할 수 있는 기회가 어렸을 때부터 많을수록 좋다는 식으로 제공되어야 하지 않을까. 어린이 문학에서 이 일을 게을리 할 수 없는 이유이다.

모두가 공감하듯이 어린이 문학의 출판시장을 움직이는 거대한 힘은 학부모와 교사를 겨냥하는 상업적 기획이다. 특히 스스로 책을 구입할 수 없는 저학년일수록 이런 현상은 심각하다. 그래서 출판사는 직업에 대한 기획시리즈를 준비하여 '이야기'와 분리를 추진한다. 상업적 효용이 높기 때문이다. 솔직히 어린이 문학에서 '일'을 직업으로 한정지으면 할 말이 많지 않다. 학부모 역시 '일'에 대한 철학적 사유나 근본적인 삶과의 연관성까지 관심을 가질 겨를이 없다. 구체적인 직업을 향한 관심이 높기 때문이다. 교사 역시 마찬가지이다. 어린이 작가의 책무가 중요한 시점이다. 우리 어린이들에게 다양한 '일' 체험이 필요하다는 것, 아이들을 '일'에서 소외시키지 않아야 한다는 전제가 필요하다. 어린이 역시 '일'을 통해 자신의 존재를 성찰하고 미래의 삶만이 아니라 현재를 행복하게 살아갈 수 있다는 자각이 중요하다.

윤가은 감독의 영화 『우리집』에 나오는 초등학생 하나는 부모가 이혼할 위기에 처했다는 걸 감지하고 집을 지키겠다는 건강한 의지를 지니고 있다. 성장환경이 불안하면 아이들은 일찍 철이 드는 법이다. 가족의 화목함이 이루어질 거라는 마음으로 하나는 아침상을 차리기도 하지만 엄마는 그 마음을 몰라준다. "초등학생이 무슨 요리를 해?" 공부나 하라고 다그칠 뿐이다. 하나는 부모가 도배 일을 하러 가서 연락도 끊긴 유미, 유진 자매를 만나 함께 요리를 만들어 먹는다. 유미는 애지중지 키운 방울토마토를 하나에게 먹어도 된다고 말해준다. 영화 밖의 현실도 그렇다. 밥을 스스로 차려먹고 동생이나 할머니를 돌봐야 하는 어린이도 있다.

『빌리 앨리어트』에서 치매 할머니를 돌보며 발레리나를 꿈꾸는 빌리는 그 할머니와 꿈을 공유한다. 미성년자는 법적으로 알바를 할 수 없기 때문에 부모 동의서가 필요하다. 연예인을 꿈꾸며 지옥훈련을 견디는 연습생들이나 체육 꿈나무들의 혹독한 생활 속에서 우리 아이들은 일그러진 현재를 감내해야 한다. '꿈'을 위해서라면 무엇이든 할 수 있고, 해야 한다는 통념이 변하지 않은 것이다. '꿈'을 '일'과 분리하지 않는 어른들의 사유가 어린이들에게 맹목적인 쳇바퀴에서 벗어나도록 책임감 있게 견인해야 할 것이다. 같은 의미에서 학습노동이라는 말을 되새길 필요가 있다.

고레에다 히로카즈 감독의 『아무도 모른다』는 1988년 스가모 아동 방치 사건을 다룬 영화이다. 아이들은 어른 없이 살림을 꾸려낸다. 서로 성이 다른 4남매는 역할을 정하여 아이가 아이를 보살피며 살아간다. 카레를 만들어서 새벽에 귀가하는 엄마가 맛있게 먹어주길 기대하는 장면은 가슴이 아프다. 아이들끼리 집안에 살고 있는 것을 숨겨야 하기 때문에 베란다와 거실 경계에 금을 그어놓고 그 규칙을 지키며 빨래를 하고 술래잡기를 하면서 산다.

2021년 현재, 사회복지제도가 자리를 잡으면서 기초수급자로 이름을 올리면 국가에서 '먹거리'와 '잠자리'의 기본 생활을 책임지는 세상으로 변모하였다. 최소한 굶지 않고 한뎃잠을 자지 않아도 되는 물리적 보장이 제도화되었다고 보면 된다. 그러나 어린이의 문제는 다르다. 어른의 문제가 해결되지 않는 한 어려움은 첩첩산중이다. '일'의 문제도 그러하다. '자기가 원하는 일을 하면 성공한다', '꿈을 포기하지 않으면 성취할 수 있다'는 자본주의 상술의 메카니즘인 허위의식에 어린이 문학이 말려들고 있다는 우려를 금할 수 없다. 시대의 아픔이나 어른들이 살아가는 삶의 역경에서 한 치도 벗어나지 않으면서도 어린이만의 편견 없는 생각이나 밝은 마음을 보여주는 어린이 문학이 필요한 이유이다.

'일'에 대한 사유는 철학적 깊이와 교섭할 수 있을 만큼 그 확장의 진폭이 부여될 수 있는 여지가 크다. 어린이들이 본질적인 '일'의 사유와 만날 수 있는 작은 울림이나 추체험의 계기를 만들어주기 위하여 캐릭터의 설정이나 세계관에 대하여 고민의 시간이 필요하다고 보여진다. 외국인 노동자를 천시하는 분위기 또한 노동천시에서 비롯된 것임을 자각해야 할 것이다.

3. 어린이 문학에서 새롭게 써야 할 '일'

아동문학사에서 '일'이 서사의 중심으로 등장하는 건 현덕과 권정생의 공이 크다. '일'을 서사의 중심에 놓는다는 건 그만큼 현실의 문제를 피하지 않는다는 말과도 일치한다. 현덕은 1930년대 우리 민족이 처한 불행한 삶 속에서 등불을 밝혀야 할 책무감에서 글을 썼다. 「나비를 잡는 아버지」에 등장하는 바우는 상급학교 진학을 할 수 없는 형편이다. 학비 조달은커녕 한 명의 일꾼 역할을 해야 하기 때문이다. 일제강점기의 모순을 바우와 경환이의 갈등에서 부모인 마름과 소작인의 갈등으로 자연스럽게 확장하여 경제적 불평등의 문제점을 보여준다. 동화를 읽는 이유는 그 안에서 꿈과 희망을 찾기 위함이다.

바우가 소 풀 뜯기는 일을 하다가 참외밭을 망가뜨리는 경환이를 제지하는 장면을 떠올려보자. 바우는 참외밭에 심어놓은 농작물을 보호해야 한다. 경환이는 곤충채집을 위해 나비를 쫓아 참외밭에 들어서면서 제지하는 바우에게 땅주인 행세를 한다. 독자는 이 장면에서 당연히 바우를 지지할 것이라 여기지만 요즘 아이들은 조금 다르다. 경환이의 수행평가에 동일시하는 감정이 가깝게 다가오기 때문이다. 그래서 바우와 경환이의 환경과 소작제도에 대한 배경설명이 필요하다. 바우와 경환이의 다툼은 잘잘못을 가릴 수가 없는 것이 맞다. 다만 애들 싸움을 어른 싸움으로 만들어서 마름의 위력으로 소작권을 떼겠다고 으름장을 놓는 어른은 법적으로나 도의적으로 잘잘못을 분명하게 가릴 수가 있다. 하지만 바우는 아버지가 자신이 거부한 일(경환이에게 나비를 잡아다 주는 것)을 대신 하는 모습을 보고 모순된 사회제도를 자각한다. 잘못된 사회제도의 희생자로 살아가는 아버지의 삶의 무게를 깨달으며 성장하는 것이다. '나비 잡기'와 '소 풀 뜯기'라는 신분 차이를 드러내는 일(행위)을 통해 주제와 인물의 갈등, 1930년대 사회모순을 효과적으로 드러내는 데 성공한 것이다.

우리 아동문학의 대표작으로 꼽히는 권정생의『몽실언니』는 해방 직후 좌우의 혼란과 민족상잔의 역사인 6.25를 배경으로 진행된다. 몽실은 어려운 시대 수난의 피해자이면서 굳세게 살아남은 시대의 증인이며 민중의 영웅이다. 가장 낮은 곳에서 가난한 사람들을 돌보며 살아가는 몽실은 성자에 가까운 인물이다. 여성이며 절름발이고 가난하며 고된 육체노동으로 살아가는 몽실은 진정한 영웅이지만 나의 이웃이며 가족일 수도 있다는 희망의 인물이다.

『주병국 주방장』(문학동네, 2010)은 통닭집을 하는 집안에서 주방장을 꿈꾸는 주병국과 "요리에 '요' 자만 꺼내봐." 하면서 화를 내는 엄마와의 갈등을 다룬다. '일'보다는 '꿈'에 가까운 이야기지만 학습학원이 아닌 요리학원에 다니고 싶은 주병국이 실제 요리를 해서 친구들과 먹는 장면은 진지하다. 이에 비하여 통닭집, 떡집, 횟집을 운영하는 시장통 부모들이 등장하지만 일에 대한 세부묘사도 거의 없고 의미부여 또한 빈곤하다. 어린이 문학은 다양한 자극과 질문을 만들어야 한다. 그러기 위해서는 고정된 직업의식에서 벗어나 다양한 일터에 대한 궁금증을 키워주고, 일의 소중함이나 긍지를 가진 어른을 그려내는 것도 중요하다. 지금도 내가 어린이였을 때처럼 어른들은 "공부 못하면 공장 간다"는 그런 식의 말을 하니까 현실의 반영이라면 할 말은 없지만 단편의 한계를 감안하더라도 아쉬움이 크다.

유은실의 『변두리』(문학동네, 2014)는 80년대 초 도살장이 있던 서울 변두리 황룡동을 배경으로 한다. 그의 작품에서는 슬프고 가난하고 아픈 사람들이 주인공이다. 주인공 수원은 힘이 세고, 키가 크고 공부도 잘 하지만 자신의 의견을 표현하지 못한다. '말 더듬기'로 표현된 수원의 무의식은 세상과 소통하고자 애쓰는 성장통의 진정성을 보여준다. 아침마다 도살장에 들통을 들고 선지를 사러 가는 가난의 무게가 사춘기 소녀의 부끄러운 감성과 어우러진다. 똑똑하지 못하고, 돈도 권력도 없지만 무거운 주제를 거뜬하게 담당하는 씩씩한 인물들이 설득력 있게 다가온다. 아카시아꽃을 먹으러 산에 오르는 아이들과 도살장에서 나오는 부산물들(선지, 내장, 생간 등)을 먹는 장면들이 어우러지는 작품세계는 생명력의 근원을 묵직한 울림으로 그려낸다. 초등학생의 눈이라는 제한된 관점으로 도살장이라는 특별한 공간과 고기에서 떨어진 부산물들을 먹는 이야기가 흥미롭다. 우리가 먹는 음식들, 특히 고기를 먹기 위해서는 생명의 죽임과 그 처리과정의 현실을 밀도감 있게 그려내서 많은 것을 생각하게 한다. 어린이의 '일'은 그렇게 어른의 직업과 우리가 살아가는 의식주와 연관성을 자각하게 만드는 성장의 밑거름이 되어야 할 것이다.

노동자 시인 정세훈은 "몸의 중심은/ 생각하는 뇌가 아니다/ 숨 쉬는 폐가 아니다/ 피 끓는 심장이 아니다// 아픈 곳!/ 어루만져 주지 않으면/ 안 되는/ 상처 난 곳// 그곳으로/ 온몸이 움직인다"고 노래한다. 유은실의 "내 삶의 중심, 변두리에게"와 같은 의미일 것이다.

「나의 린드그랜 선생님」(문학동네, 2015)에는 주인공이 좋아하는 책을 구입하기 위해 헌책방에 들러 그러게 언니를 만나는 장면이 나온다. 헌책방 점원이나 운영자는 작가들이 잘 그려내는 직업 가운데 하나이다. 그러게 언니는 진정으로 예의를 아는 어른이며 자신의 일을 정성스럽게 하는 모습이 인상적이다. 작품의 주제와 어울리는 다양한 '일'을 직접 또는 간접 체험할 수 있는 장면들이 더욱 다양해졌으면 좋겠다는 생각을 해본다.

4. 어린이 문학의 다양한 스펙트럼을 위하여

이 세상이 다양한 노동의 힘으로 꾸려가는 것이라는 사실을 우리는 아주 진지하고 심도 있게 생각할 수 있어야 한다. 그 역할을 오랜 시간 종교가 맡았었고, 최근에는 국가 시스템에서 이 일을 기획한다. 종교의 율법이나 학교의 직업 교육 커리큘럼, 그리고 자기 계발서 식의 기획 동화에서 다루는 것에는 10프로 부족한 땀방울과 핏방울의 얼룩진 역사가 있다. 어린이 문학의 다양한 스펙트럼에서 아주 조금이라도 '일' 이야기를 진지하게 담아보면 어떨까? 10프로 부족한 내용물을 채울 수 있지 않을까. 그렇다. 어린이는 동화나 동시를 읽으면서 꿈을 꾸고 아픔을 치유하고 새로운 세상을 품는다. 어린이가 품는 세상은 결국 언젠가는 자신의 삶으로 껴안아야 할 것이다.

아동 청소년 문학에서 노동의 의미 찾기

1. 아동청소년 문학과 노동

노동이란 무엇인가. 우리는 육체와 정신의 활동을 통하여 에너지를 만들어내는 작업을 노동으로 정의한다. 그 수고로움의 결과가 생존 수단을 제공하고, 문화를 창출하여 인간다운 삶을 가능하게 한다. 그 기반을 근거로 아동청소년문학의 노동을 논하고자 한다. 어쩌면 누구나 당연하게 알고 있기에 등한시할 수 있는 것들, 이를테면 공기나 물처럼 노동에 관해서도 날마다 사용하지만 사유를 놓치는 문제를 성찰해 보자는 것이다.

70-80년대는 노동자 농민이 주인 되는 세상을 위하여 가열찬 작품 활동 그리고 논쟁과 더불어 사회변혁 운동에 적극 동참했다. 그 과정에서 흑백논리식의 계몽적 색채가 노동문학의 전부인 것처럼 왜곡될 우려도 있었는데 지금도 그러한 편견이 잔존한다. 노동문학뿐만 아니라 70-80년대는 계급투쟁의 이론이나 사회변혁 운동이 격렬했었고 그 중심에는 노동자의 권익과 당연히 누려야 할 존엄함

이 문제의식으로 대두했었다. 70-80년대를 통과한 2000년대 이후 사회변혁이라는 거대담론에 대한 관심이 줄고 아동청소년 문학에서 노동에 대한 사유가 절대적으로 부족했던 것은 아닐까. 이 글은 이러한 문제의식에서 출발한다.

최근 기후위기 등 생태학적 우려가 개인의 존립을 흔들면서 공기나 물과 같은 환경문제에 대한 관심은 상당히 높아졌다. 하지만 아직 노동에 대해서는 그 본질적 사유를 키우기 위한 노력이 보이지 않는다. 노동을 언급하면서 사회구조의 모순과 불평등의 문제 그리고 노사갈등의 인과관계와 연결되는 등 복잡한 논의구조에 휘말리고 싶지 않기 때문일지도 모른다. 자본의 위력이 만들어놓은 그물망에서 티격태격할 뿐 본질 자체를 문제 삼지 않는 것이다. 특히 아동청소년 문학에서 다루어지는 노동관련 문제는 여전히 많이 부족하다. 이는 노동 관련한 기본교육의 문제와도 상통한다.

교육의 주체는 사장이나 관리자 중심의 교육이 아니라 당연히 노동자 중심의 교육이 이루어져야 할 것이다. 하지만 우리 사회는 노동운동이라는 말 자체를 색안경을 끼고 바라보는 편파적 시각이 존재해 있었다. 그러다가 당장 눈앞의 문제에 맞닥뜨리는 경우 우리는 자각한다. 직장 내 갑질 문화, 학력과 직종에 따른 불평등한 보수 체계는 사라져야 한다고 주장한다. 아니 어쩌면 노동법에 대한 교육이 이루어지지 않는 것이 더 큰 문제일 수가 있다며 비로소 성찰한다. 최저시급의 기본지식마저 없는 정치인의 파워에 흔들리는 경우를 당장 겪고 있지 않은가.

노동자가 주인이 된다면 어떤 세상이 펼쳐질까? 사회주의국가에서는 과연 '노동자가 주인이 된 세상'을 구현했는가? 전혀 아님을 우리는 안다. 그렇다고 사회주의 정권의 실패가 곧 노동자가 주인이 되는 사회의 불가능을 말하는 것은 아니므로 이 논제는 새로운 시도가 필요한 것이다. 아무튼 노동자가 무시 받지 않고 정당하게 대우받는 세상을 꿈꾸는 건 인류의 오래된 염원이며 이를 위한 노력은 다각적으로 진행되어야 한다. 그리고 노동자는 다수의 힘으로 권익을 주장할 수밖에 없기 때문에 법적인 보호 장치가 중요하다. 일에 대한 가치부여는 개인의 역량이나 인격의 성숙에 달려있겠지만 사회적 여건 조성이 무엇보다 중요할 것이다. 과연 그럴까, 의아해한다면 환경미화원을 바라보는 시각의 변화를 생각하면 저절로 고개를 끄덕일 것이다.[39]

『슈가맨을 찾아서』(Searching for Sugar Man, 2011.)는 재능을 인정받지 못한 '비운의 뮤지션이 40여 년 후 남아공화국에서 전설이 되는' 내용이다. 그의 앨범이 단 여섯 장 팔리는 것으로 끝났을 때, 로드리게즈의 심정은 어떠했을까. 그 40년 동안 로드리게즈는 밑바닥 육체노동을 통해서 세 명의 딸과 검소하게 생활해왔다. 그러면서도 자신의 음악을 인정해주지 않은 세상에 대한 불만 대신 그는 가족과 안정적으로 살 수 있는 생계비를 마련해준 노동에 대한 자부심을 표

---

39) 2022년 현재 환경미화원의 연봉은 지역에 따라 다르지만 초봉 최저 3천만 원부터 최고-5천만 원이며 정년이 보장된다. 노동 조건과 가치에 대한 만족도가 높은 편이며 경쟁률 또한 최고 48대1에서 최저 20대1로 매우 높다.

현한다. 심혈을 기울였던 뮤지션은 먹고 살기 위한 육체노동 그 자체도 소중하게 수행했던 것이다. 생계를 위한 노동을 자존감을 가지고 수행한다는 건 인간 존립을 좌우한다. 그렇다면 노동 그 자체가 생존을 해결해주고 자존감의 근거가 될 수 있다는 걸 우리 사회는 제대로 인지하고 있는 것일까. 개인의 삶과 행복에 직결되는 이러한 문제를 위해 어떤 노력을 기울여야 하지 않을까.

이런 시점에서 문학 역시 청소년들이 노동에 대해 다양하게 체험하거나 사유할 수 있는 기회 제공의 연결고리가 되어야 한다. 문제는 일하는 사람보다 시키는 사람을 대우하는 세상의 구조이다. 높은 사람은 능력자로서 당당하게 지시하고 아랫사람은 부당함을 감수하며 맡겨진 일을 완수하는 것을 오랜 세월 당연하게 생각해왔다. 영화나 문학작품에서도 그랬다. 권력자는 머리로 지시하는 사람으로 설정되며 몸으로 일하는 사람은 신분이 낮은 사람으로 그려진다.

영화『대부』를 처음 봤을 때 인상적이었던 장면은 비토 꼴레오네가 요리하는 모습이었다. 우리나라로 말하자면 단체의 대표가 되는 사람이 앞치마를 두르고 손님 접대를 하는 모양새가 아닌가? 그 장면이 자연스러워 연출이 아닌 일상처럼 여겨져서 충격적이었던 것이다. 요리, 돌봄, 청소를 위한 노동이 일상에서 만나는 필수 장면인데 이러한 배경들이 아동청소년 문학에서 과연 배려가 되어 있는지 참조할만하다.

우리는 오랜 세월 거대담론만을 삶의 지표로 여겼다. 일제강점기와 해방 그리고 6.25를 겪으면서 통일과 독립, 민주화를 위해 개인의 욕망을 접어두기도 하였다. 그러나 세상이 바뀌었다. 이제 개인의 목소리가 커지면서 주인공으로서의 욕망이 강렬하게 대두하였다. 물론 노동자라는 명사는 개개인의 집합체일 뿐 동일성의 존재가 아니다. 모래알처럼 뿔뿔이 흩어진 노동자들의 문제는 투쟁이나 단결만으로도 해결할 수 없는 복합적인 문제로 대두되고 있다.

노동이 정치적 화두가 되면서도 노동자를 천시하는 정책은 여전하다. 특히 우리 사회는 청소년의 노동에 대해서 관심을 기울일 여력이 없이 살아왔다. 다문화 가정, 배달노동자, 청소년 알바, 연애와 성 등으로 그 관심 분야가 확장되는 추세이며 이러한 흐름은 청소년문학에 오롯이 반영되고 있다. 청소년 문제가 주입식 입시교육이나 성적 스트레스, 왕따 등의 문제에 집중되면서 노동문제는 사각지대로 남게 되었다. 최근에야 비로소 문이 열리긴 했다.

흔히 청소년 소설은 사춘기로 한정하여 성장통을 다루는 것으로 알려져 있다. 하지만 현재 청소년소설의 영역을 굳이 일반 소설과의 차별화가 필요한가의 문제제기가 가능해질 만큼 그 진폭이 확장 추세에 있다. 일반 소설에서도 청소년을 주인공으로 등장시키는 경우도 적지 않으며 성정체성이나 연애 이야기가 청소년소설에서 당연하게 다루어지고 있으며 그렇다면 노동에 관해서는 어떠한가?

전태일 열사의 분신 이후 70-80년대는 노동운동이 군부독재에 대항하는 민주화운동의 일환으로 전개되었다. 노동문학의 양상 또한 민족 · 민중 · 민주화란 구호와 맞물리는 경향 속에서 사회운동의 맥락으로 이어지며 민주주의 투쟁을 이끄는 불쏘시개의 한계로만 전개된 아쉬움이 있다. 사회주의리얼리즘 논쟁으로 치닫기도 하면서 문학이 민주화운동의 불꽃이 되어야 한다는 당위성으로 교조적인 방향으로 흐른 것이다.

문제는 문학의 변혁은 이론이나 구호만으로 접근할 수 없다는 점이다. 그러니까 문학의 힘은 다양성에서 나온다. 문학 자체의 논리로 복잡다기한 세상구조를 치열하게 파고들면서 생동감이 넘치는 사연과 캐릭터를 창출해야 하기 때문이다.

물론 당시의 노동문학에 대한 공과를 논하기는 간단하지 않다. 지금까지 지속적으로 읽히는 작품 중 하나가 『난장이가 쏘아올린 작은 공』[40]이다. 상징과 비유로 시대의 문제를 담았기 때문에 오늘날까지 그 생명력이 살아 숨 쉴 수 있다는 논조도 어느 정도 통용된다. 당대의 노동문제와 사회상을 그려낸 우화적인 상징 기법은 현재에도 유효하게 읽힌다. 특히 청소년 등장인물의 시각으로 받아들이는 현장 감각은 스펙트럼이 더 넓고 세분화된 상태이다.

70-80년대 이후 변혁의 환경에서도 가난과 불평등의 문제를 개인의 능력이나 노력의 대가로 당연하게 여기는 시각은 여전히 변화가 없다. 노동에 대한 천시가 여전하다는 점은 '노동절' 대신 '근로자의 날'로 명명하고 있음에서도 확인할 수 있다. 노동을 육체노동

---

40) 『난장이가 쏘아올린 작은 공』, 조세희, 문학과 지성사, 1978. 이후 '난쏘공'으로 표기함.

과 연관하여 협소하게 해석하는 한계이다.

 현대인들은 노동력을 화폐가치로 환산하는 야만성에 익숙해 있다. 가족 누군가의 생일을 맞아 멋진 식당에 가서 한 끼 밥을 먹는 상황을 예로 들어 생각해 보자. 그런데 '편안하고 맛있는 시간'이라는 특별한 가치를 창출한 건 무엇일까? 4인 가족이 지불한 비용이 20만 원이라면 특별한 가치의 대가는 누가 받아야 정당한 것일까? 우선 생각해 볼 수 있는 노동으로 요리사나 주방보조가 있을지도 모른다. 서빙 담당이 있으며 규모가 큰 식당이라면 매니저도 배치되어 있고, 식당이라는 공간을 제공한 노동력도 있을 것이다. 막스의 이론이나 잉여가치의 이야기가 아니라 화폐가치만이 아닌 노동가치를 존중할 수 있는 사람으로 성장하는 것이 중요하다는 점을 말하고 싶은 것이다. 우리가 누리는 맛있고 즐거운 시간을 마련하기 위해 노동을 제공한 사람의 가치를 높이 부여할수록 그만큼 삶의 질 또한 높아진다는 이야기이다. 이것이 소설 속에 어떻게 이어지는 것일까.

 소설은 특정인을 지정하여 의미가 있는 인생의 장면으로 공론화시키는 이야기이다. 독자들은 주인공과 자신을 동일시하거나 거리두기를 하면서 새로운 세상을 만난다. 그렇게 만난 세상을 통하여 독자의 성장과 변화가 가능해진다면 그만큼 세상의 변화도 가능할 것이다.
 특히 청소년소설은 청소년 주인공이 세상을 향해 존재를 드러내는 서사물이다. 노동하는 청소년은 이제 특별한 경우가 아니다. 마찬가지로 청소년소설에서 노동이 주제와 긴밀한 관계 속으로 흡입되면서 서사를 펼치는 건 당연하다. 또한 노동을 의미 있게 담으려는 작가의 고민 속에서 다양한 장면들이 그려질 것이다.

이 글에서는 청소년소설에 반영된 노동에 대하여 긍정적인 관점에서 논의할 수 있는 작품을 선정해 보았다. 이 작업을 통하여 노동이 청소년 문학에서 다룰 중요한 주제나, 장면이나 모티프로서 숙고하는 계기가 되었으면 한다. 그런 바람으로 안학수의 『하늘까지 75센티미터』와 『그림자를 벗는 꽃』, 김해원의 『나는 무늬』와 『열일곱 살의 털』, 그리고 김중미의 『곁에 있다는 것』 등을 중심으로 이들 작품에서 노동이 차지하는 비중과 중요성과 주제의식과의 연관성을 살펴보고자 한다.

2. 청소년소설에 반영된 노동

(1) 안학수 청소년소설에서 '노동'은 존엄함의 징표가 된다

안학수는 이미 대천 갯마을이나 시장 바닥의 소외된 생명체를 특유의 감각과 사랑의 정신으로 조탁한 동시작가로 알려져 있다. 그가 그려낸 동심의 세계마다 안학수표 물결무늬가 슬프고 아름답게 문양을 이룬 이유이다. 동시집 『박하사탕 한 봉지』, 『낙지네 개흙 잔치』, 『부슬비 내리던 장날』, 『아주 특별한 손님』을 우리는 생생하게 기억한다.

안학수는 자전소설 『하늘까지 75센티미터』[41]를 통하여 작가의 탄생을 비감 어린 아름다움으로 기록하여 잔잔한 파문을 일으킨 바 있다. 3부작 청소년 역사소설 『그림자를 벗는 꽃』[42]에서 안학수는 문장의 여백으로 그 몸체를 숙이며 접근했다. 그리하여 노인과 소년의 이야기를 통하여 남북통일 담론의 밑거름이 될 역사적 과제로 펼쳐 놓았다.

그가 동시작가로서 자리를 잡았음에도 소설의 과업을 포기하지 않은 이유는 장애와 가난, 그리고 사회적 편견으로 살아가는 사람들의 이야기를 기록해야 한다는 사명감 때문이다. 그 이야기 속에서 작가는 우리들이 기억해야 할 아픈 역사와 소외된 이웃을 사회학적 상상력으로 연결시켜 생생하게 창출하였다. 특히 안학수의 청소년 소설에서 노동 장면 묘사는 구체적이고 현장감이 강하다. 여기서는 『하늘까지 75센티미터』와 『그림자를 벗는 꽃』을 중심으로 살펴보도록 하겠다.

『하늘까지 75센티미터』는 작가가 장애를 지닌 몸으로 살아온 이력을 담은 자전적 소설이다. 주인공 수나는 서해안 바닷가 가난한 집안에서 질병으로 신체가 불편하지만 중학교 진학을 포기하면서

---

41) 안학수, 『하늘까지 75센티미터』, 도서출판 아시아, 2011년. 작품 인용은 쪽수만 기록함.
42) 안학수, 『그림자를 벗는 꽃』 1권, 2권, 3권, 작은숲, 2021. 작품 인용은 권수와 쪽수만 기록함.

당당하게 성장하여 생존을 위한 기술을 배운다. 전파상 직원을 하면서 틈틈이 보석세공과 시계수리를 익혀서 금은방 만보당으로 자리 잡았다가 신춘문예에 동시가 당선되면서 작가의 길에 매진한다.

그의 소설에서 노동의 묘사가 주는 의미는 인물의 끈끈한 생명력에서 존엄함의 구체적 징표로 작용한다. 주인공이 '일'을 한다는 것 자체가 사회성원으로 인정받는 것이며 신뢰를 쌓아 존엄함의 경지에 도달하는 것이다.

작가는 긴 세월 또래와 어울리지 못하고 혼자 누워 지내는 시간을 보냈다. 어린 시절부터 어른들의 살림 걱정을 허투루 들어 넘길 수가 없다보니 돈을 버는 일이 얼마나 중요한가를 몸으로 체득했을 것이다. 그래서 우리는 작품 곳곳에서 다양한 형태의 노동 현장을 만난다. 60-70년대 산업화의 바람이 아직 미치지 않는 충청도 서해안 바닷가 인근에서 일찍부터 삶의 현장에 발 하나를 걸칠 수밖에 없는 그 장면을 만나보도록 하자.

수나는 겨울방학 동안 마른 김 포장용 발을 짜서 돈을 벌었다. 김 여러 톳을 함께 포장할 때 밑에 깔고 위에 덮는 도구였다. 우연히 옆집에 들렀다가 발을 짜는 것을 보게 되었다. 가늘게 쪼갠 대나무나 부들, 풀대 따위를 돗틀에 대고 고드렛돌로 엮었다. 왕골로 커다란 발을 짜는 돗틀은 수나도 고향에서 여러 번 보았다. 그렇듯 작은 발을 짜는 앙증맞은 돗틀은 처음 보았다.

수나는 김발을 짜 보고 싶다고 했다. 마침 주인 할아버지가 사용하던 돗틀을 광에서 꺼내다 주었다. 고드렛돌도 박달나무를 깎아 만들어서 손으로 넘기기가 수월했다. 고드렛돌에 노끈을 감아 돗틀에 매달아 놓고 발을 짰다. 부들 가닥을 하나씩 얹어 고드렛돌을 돗틀 앞뒤로 넘기며 엮는 방식이었다. 이때 고드렛돌에 노끈을 감는 방법이 따로 있었다. 한꺼번에 풀어져서도 안 되고 잘 풀리지 않아도 문제였다. 당기는 만큼만 풀어지고 고드렛돌 무게에도 풀리지 않고 매달릴 수 있게 감아야 했다.

발은 한 장당 십 원씩 쳐 주었다. 어른들이 종일 열심히 발을 엮으면 사십 장 넘게 엮어 낸다고 했다. 능숙한 사람은 고드렛돌 넘기는 손길이 보이지 않을 정도였고 십오 분이면 한 장을 엮어 냈다. 처음에 수나는 하루에 열 장도 못 엮을 정도로 더뎠다. 날이 갈수록 빨라져서 지금은 서른 장까지 엮어 낼 수 있었다. 발 엮기는 밑천을 들이지 않고 집에서 할 수 있는 일이라서 좋았다. 방학 동안 만천 원이나 벌었다. 그렇게 돈을 벌어 놓고 나니 뿌듯하니 부러울 게 없었다. 그중 천 원만 지니고 만 원은 어머니에게 맡겼다. (240-241쪽)

『하늘까지 75센티미터』의 주인공 수나는 작가 안학수의 분신과 같은 인물이다. 실제로 작가는 동네 형이 휘두른 주먹에 맞아서 몸을 다친 후 긴 세월 누워서만 지냈다. 수나가 노동을 한다는 건, 세상에 자신의 자리를 만드는 적극적인 도전 행위이며 그 도정이 장애를 극복하는 기회로 작용한다.

수나는 "우연히 옆집에 들렀다가" 일을 배워 돈을 번다. 일터와 삶터의 경계가 닫혀있지 않음을 알면서 자연스럽게 일머리를 배우고 삶의 폭을 확장하게 된다. 돈을 벌어서 자기 몫을 챙긴다는 건 경제개념을 익히는 효과적인 방법이다. 김발은 김을 생산하는 현장이나 저장 판매를 위해서 사용하지만 김밥 쌀 때도 요긴하게 쓰인다. 수작업으로 김발을 엮는 장면은 그 과정을 설명하는 자체만으로도 기록의 가치가 있음을 밝힌다. 『그림자를 벗는 꽃』에도 김을 채취하여 만드는 공정이 자세히 나와 있다.[43]

  수나에겐 게가 잘 잡혀 주지 않았다. 주전자를 들여다보았다. 하루종일 잡아도 주전자를 채우진 못할 것 같았다. 수나는 갯벌에 발을 딛고, 갯벌에서 돈을 벌 생각을 하며, 게 잡는 재미에 빠졌다. 이내 새롭고 흥미로운 놀이들이 자꾸 생겼고 수나는 갯벌의 매력에 반했다. 개흙을 발라 분장도 해보았다. 그러다가 수나는 풀밭으로 나와 옷을 벗었다. 갯벌엔 다른 아이들이 없어서 좋았다. 영주는 수나의 굽은 등과 등창의 흉터를 아무렇지도 않게 여겼다. 수나가 밝게 웃으며 마음껏 뛰어 논 것은 꼽추 된 뒤로 처음이었다. 모처럼 영주 덕에 거리낌 없이 놀았다. 그 즐거움에 빠져

---

43) 겨울이면 그 지주에 뜬발양식으로 조릿대를 엮어서 달아 놓고 김을 양식, 채취한다. 뜬발양식은 물이 차면 차오른 만큼 조릿대가 물에 뜨고, 물이 빠지면 빠진 만큼 내려가도록 설치되어 있다. 대천에서는 지주를 '김말짱'이라 하고 엮은 조릿대를 '김살'이라고 했다. 그 김살에 달라붙어 자라는 김을 뜯어다가 빨아서 김발에 널어 말리면 반찬으로 먹는 김이 된다. (3권 62쪽)

서 해 가는 줄 모르고 놀았다. 밀물이 밀려 들어와서야 수나와 영주는 옷을 벗어 놓은 풀밭으로 나왔다.

　영주는 주전자 가득 게를 잡아서 주전자 전으로 게들이 기어 올라왔다. 수나는 반 주전자도 채우지 못했다. (255쪽)

　독자에게 일과 놀이가 하나되는 장면을 보여주는 작업도 중요하다.[44] 수나가 잡은 게는 돈벌이는 못되지만 "밝게 웃으며 마음껏 뛰어 논 것은 꼽추 된 뒤로 처음이었다."는 고백이 주는 의미는 삶의 귀중한 선물과 같다. 영주와 수나가 게를 잡고 개흙에서 노는 과정에서 신체적 장애에서 처음으로 해방되는 과정을 체험하게 된 것이다.
　수나와 영주는 이후 광고지 돌리기, 조개잡기를 하면서 돈을 벌고 세상을 배운다. 발이 부르트도록 일을 했지만 주인은 "어떤 놈이야, 이렇게 광고지를 뭉치로 버린 놈이?"(259쪽) 하고 트집을 잡으며 약속한 돈의 절반만 주니, 돈을 깎으려는 술수임을 짐작한다. 그러나 어른들의 냉혹한 세계로 발을 들여놓으면서도 수나는 돈을 벌었다는 것에만 기뻐할 뿐이다. 수나의 입장에서는 노동의 세계에 진입하는 통과의례를 겪었다는 그 자체가 의미 있는 행위인 것이다. 하지만 독자의 입장에서는 다양한 반응이 예상된다. 이런저런 이유를 들어서 청소년 알바비를 떼어먹는 업주와 모순구조를 비판하는 독해

---

[44] 현재는 '갯벌체험'이라는 상품을 만들어서 조개, 게, 낙지, 고동을 직접 잡는 즐거움을 맛볼 수 있지만 엄밀한 의미에서는 놀이적 성격이 강하다. 그렇다고 '갯벌체험'의 가치가 반감되는 게 아님은 물론이다.

도 가능할 것이다.

　조개 잡는 일이 얼마나 힘든지를 몸으로 체득하면서 "그 멀고 험한 길을 거의 날마다 다니는 옆집 아주머니가 존경스러웠다."고 말하는 대목을 주목할 필요가 있다. 그 아주머니에 대한 존경심에는 직업에 귀천이 없이 노동을 귀하게 여기는 순수함이 드러나며 이 순수함이 노동의 존중으로 거듭나는 것이다. 물론 수나의 입장에서 노동을 한다는 자체가 귀중한 권리로 여겨지는 것은 당연하다. 하지만 같은 장면을 대한다고 해서 누구나 이렇게 생각하는 것은 결코 아니다. 심지어 교사나 학부모가 자신의 자녀나 학생들에게 "공부 안하고 놀면 저렇게 고생한다."는 차별적 발언을 쉽게 던지던 장면이 떠올라 안타까운 것이다. 일을 하고 싶고 배우고 싶은 수나의 간절함을 통하여 우리는 평범한 노동 자체가 존엄한 삶으로 이어지는 과정이며 목적임을 깨닫게 된다.

　수나는 양복점이나 시계방, 혹은 전파사 같은 곳에서 점원으로 일하고 싶었다. 그런 곳이면 기술도 배울 수 있을 테고, 혼자 힘으로 살아갈 수 있는 법을 터득할 수 있을 것으로 기대했다. 그러나 수나를 점원으로 원하는 곳은 아무데도 없었다.
　유난히도 눈이 많이 내리는 겨울이었다. 수나는 그럭저럭 세월만 보내고 있었다. 목사 부인인 민호 어머니가 찾아왔다.
　"관비 지원해 주는 직업훈련소가 있다더라. 거기 들어가면 기숙사에서 먹고 자고 육 개월이면 기술을 다 배운대. 어디 가게에

취직해서 주먹구구식으로 기술을 배우는 것보다 거기 들어가서 체계적으로 배워 봐."

"고맙습니다. 그런 곳을 갈 수 있다면 가야쥬."

그날로 민호 어머니는 군청에 다니는 교인에게 수나를 소개했다. 며칠 뒤 군청에서 연락이 왔다. 3월 2일까지 논산 직업훈련소로 가라고 했다. 새로운 꿈이 시작된 듯 수나는 마음이 들떴다. (280쪽)

수나는 중학교 진학 대신 기술을 배워서 취업을 한다. 전파사에서 일을 하게 되었지만 혼자 가전제품을 배달하여 설치하는 작업 속에서 체력의 한계를 느끼면서 새로운 기술에 도전한다. 그 과정 속에서 인격적 성숙과 기술의 숙련이 시간의 흐름과 노력 속에서 주어진다. 무거운 짐을 들거나 멀리 이동하지 않아도 되는 시계수리와 보석세공으로 전문성을 키워 업종변경에 성공한 것이다.

보잘것없이 시작한 만보당이지만 팔 년 동안 열심히 가꾼 보람이 있어서 이젠 제법 금은방 꼴을 갖추었다. 단골도 늘어서 물건도 구색을 갖출 만큼 늘었다. 수나는 자신을 믿고 찾아 주는 단골들에게 늘 고마운 마음으로 일해 왔다. 만보당(萬寶堂)은 '만인에게 보물을 나눠 주는 집'이란 뜻으로 수나가 직접 지었다. 수나는 한시도 가게를 낸 뜻을 잊지 않았다. 만인에게 좋은 보물을 나눠 주는 일을 하고 있다는 자부심을 갖고 장사했다. (284쪽)

수나는 새로운 희망으로 만보당을 개업했지만 10년도 채우지 못한다. 사기를 당하고 금은방 전문털이범에게 도둑을 맞으며 어려움을 겪다가 결국 사업을 접게 되는 것이다. 그렇게 새로운 일, 즉 글쓰기 작업에 몰입하는 계기가 된다. '만인에게 나눠 줄 보물' 대신 눈에 보이지 않는 '순수한 마음', 즉 '동심'으로 바뀐 작품으로 창작열을 불태웠을 것이다. 그러다가 평소에 틈틈이 메모해둔 동시가 작품성을 인정받아 신춘문예에 당선되면서 수나는 글을 써서 돈을 버는 전업작가로 활약한다.

『하늘까지 75센티미터』를 만나는 다양한 방법 중 필자는 주인공이 '장애의 아픔을 노동을 통하여 극복하는 여정'을 그린 작품으로 탐독한다. 무모해 보이던 전파상, 시계수리공, 보석세공사라는 다양한 노동자로서의 변신이 그를 거듭나게 만든다. 마침내 수나가 작가가 되어 자신의 몸에 새긴 생명력과 존엄한 노력의 흔적을 글로 엮어내는 감동을 느낄 때 비로소 심도 있는 작품 이해가 가능해진다.

우리는 누구나 일을 하며 살아간다. 서로의 일을 차별하지 않고 존중하는 사회가 가장 이상적인 구조이다. 좋은 세상 만들기의 출발은 당연히 '일을 차별하지 않는 세상'일 것이다. 하지만 우리 사회는 어떠한가? 차별과 불평등이 점차 심화되고 우려할 만한 지경에 이르렀다. 신분 사회의 차별이 법적으로 사라졌다할지라도 현실적으로 잔존하는 사례 또한 비일비재함을 작가가 찾아낸 점을 주목하자. 더구나 한반도의 오늘은 남북이 다른 체제로써 휴전선으로 대치하는 긴장감 속에서 작가는 그 통일담론과 계급담론의 틈새를 파고

든다.

3부작 청소년역사소설 『그림자를 벗는 꽃』의 서사는 비전향 장기수가 된 천도윤의 꿈에서 비롯된다. 현재의 청소년들이 요리사와 축구선수, 환경운동가, 배우와 뮤지션 등 다양한 꿈을 꾸듯 식민지 시대의 청소년 천도윤에게도 꿈이 있었다. 일제강점기의 애국청소년답게 불평등이 없는 세상을 위해 목숨조차 바치려는 사상이 가슴깊이 아로새겼다. 당시는 그렇게 독립운동, 만민평등사상에 투신하는 젊은이들이 오늘날 취업준비에 몰입하는 청년처럼 당연시되던 시국이었다. 불평등과 차별이 없는 세상에 대한 염원이 그 중심에 있음을 주목해야 한다. 그 꿈이 천도윤을 비전향 장기수로 몰아넣은 건 시대의 비극이다. 마찬가지로 작가는 소설을 통하여 통일담론과 계급담론을 설파하는 것이다.

전향서의 유혹은 잠시 도윤을 흔들었다. 순덕과 아이들을 생각해서였다. 그러나 전향의 결과는 육체의 안위를 위해 정신을 저버린 것이 될 터였다. 정신과 육체 중 어느 것이 껍데기고 어느 것이 알맹이인가? 도윤은 정신이 알맹이라고 생각했다. 껍데기를 위해 알맹이를 버릴 순 없다는 결론이었다. 또한 사회주의나 공산주의 사상이란, 도윤 개인 의지의 선택이지 살인마 집단과 거래할 항목이 아니란 생각이 완강했다. 또한 사상이란 그 어느 누구를 해칠 목적도 아니거니와, 자신의 육신을 위한 것이 아니기 때문에, 더더욱 거래할 수 없다는 결론이었다. 자신의 사상이 사회주의인지

뭔지 모르나, 조국과 민족이 하나 되어 차별 없이 함께 잘 살자는 목적을 두고 있을 뿐이었다. (3권, 102-103쪽)

또 있다. 10여 년 심혈을 기울여 세상에 선보인 『그림자를 벗는 꽃』이 한반도 근현대사의 상처를 정면으로 돌파했다는 점이다. 분단 시대를 살면서 무자비한 폭력과 저항의 산증인으로서 때로는 그들의 대변자로서 통일의 열망으로 일구어낸 결과물이다. 작품의 주인공은 비전향 장기수 천도윤과 그의 기록물을 통하여 분단시대 희생자인 할아버지를 이해하는 손자 천인겸이다. 시공간은 1930년대부터 2010년대 후반까지의 한반도이니 3세대를 넘나드는 대하드라마이다.

천도윤은 소년 시절, 천민의 멍에를 쓰고 온갖 멸시와 차별을 경험한다. 집안 대대로 내려오는 천출의 올가미는 해방이 되고, 반상의 법률이 사라졌어도 여전히 일상의 덫으로 지배한다. 교육은커녕 하늘을 바라볼 틈도 없이 살아야 하는 처지이지만 양반인 이동학이 세운 민주학당에서 비로소 세상의 이치를 배우며 인간평등 사상에 눈을 뜬다.

이동학은 모내기에 참여하고 농부가를 부르며 농민들과 함께 일하는 모습을 보여준다. 노동자가 세상의 주인이라는 가르침으로 천도윤에게 평등사상의 눈을 뜨게 한 것이다. 할아버지는 천출로 태어나 천대받으며 사는 것이 전생의 업보라고 가르쳤다. 하지만 도윤은 이동학 선생님을 통하여 새로운 세상을 배우고 실천하는 계기를 만난다. 이동학 선생님은 "일을 부지런히 많이 하는 사람이 더 부자로 살아야 옳다며 남을 부리고 남의 덕에 사는 사람들이 너무 많이 소유하는 것이 공정하지 못하다"(1권, 100쪽)고 설파한다. 이동학 선생은 말로만 가르치는 사람이 아니었다. 실제로 모를 심고 농부가를 부르면서 일을 하는 기쁨을 실천한다. 양반 신분으로서 천민에게 경어를 사용하며 평등사상을 실행하는 것이다.

"어서 오세요. 어르신, 이동학입니다." 양반이 상민에게 어르신이란 경어를 사용하는 건 꿈도 꾸지 못할 일이었다. (1권, 92쪽)

소설에서 노동 관련 장면은 주제를 살려내면서 천도윤의 인간성을 드러내는 장치임을 확인할 수 있다. 할아버지가 돌아가신 후 소년가장이 된 인겸이가 생활비를 벌기 위해 비영(B.YOUNG)그룹에서 일을 하는 장면은 '자본 대 노동'의 대비를 선명하게 보여준다. 다시 말하면 노동자를 탄압하는 자본의 민낯을 보여주기 위한 설정인 것이다. 인겸이를 죽이기 위해 호시탐탐 노리는 이사장이나, 직접 드러나지는 않았지만 인겸이 아버지의 죽음 또한 유산 상속을 위한 청부살인으로 암시하고 있는데 작가의 치밀한 구성을 보여준다.

1975년 재투옥되어 15년 만에 출소한 도윤은 세상물정 모르는 아둔패기였다. 그런 자신이 순덕의 짐이 될까 전전하며 사회 적응을 위해 많은 시행착오를 또 겪었다. 할 만한 일을 열심히 찾았지만 나이가 쉰여덟이나 된 늙은 남자가 해볼 만한 일은 없었다. 일꾼으로 채용해 주는 곳도 없었다. 15년 전보다 다소 변했지만, 아직도 사상범이란 딱지는 혐오 대상이었다.

(3권, 159-160쪽)

이후 천도윤은 막걸리 배달, 도배 등의 일을 하게 되는데 그때마다 '사상범', '혐오 대상'의 덫에 걸려 곤혹을 치르기도 한다. 그 후 오로지 노동의 정직성을 통하여 신뢰할 만한 인물로 인정받는다. 그 한 예로 김 만드는 장면을 들 수 있다. 김의 제조과정을 일하는 사람의 입장에서 이토록 상세하게 기록한 것은 실제 영상으로 재현해낸 것처럼 흥미로운 장면이다. 복 씨 여인과 함께 수작업으로 하는 김 만드는 일을 담은 장면은 작가의 성장 환경에서 체득된 지식이다.

다소 길지만 도배 관련 내용을 소개하도록 하겠다.

조명칠은 성격도 차분하고 꼼꼼해서 도배를 천직으로 삼을 만했다. 도배지 한 타래 마르더라도 무늬 하나 이음새 하나 어긋나지 않게 맞추어 잘랐다. 처음엔 뭐 그렇게까지 하나 생각했던 도윤도 도배를 끝내고 보니 그렇게 하는 것이 좋았다. 보기도 좋고 성격이 꼼꼼한 집주인이라도 만족하게 될 것이기 때문이다. 첫날은 손에 익지 않아서 선생에게 별 도움이 되지 못한 것 같아 미안했다. 그러나 차츰 익숙해지고 요령도 생겨서 선생과 호흡도 맞추게 되었다.

도배지를 천장 길이만큼, 벽 높이만큼 마르고, 칠붓으로 풀칠하며 주름식으로 접어 들고, 무늬를 맞추어 조금씩 접은 주름을 펼치며 롤러로 밀어붙여 나간다. 가장자리 세밀한 부분은 배칼로 밀어붙인다. 그때 배칼을 너무 세게 누르면 도배지가 찢어질 수 있고 너무 살짝 누르면 도로 떨어질 수 있다. 적당한 힘으로 누르고 펼쳐야 좋다. 재단한 도배지 길이가 5미터가 넘으면 아무리 주름식으로 접어들어도 무게 때문에 많이 불편하다. 그럴 땐 가로와 세로 중 짧은 쪽 길이에 맞추어 도배지를 재단해야 한다. 길이와 넓이가 모두 5미터가 넘을 땐 긴 쪽으로 절반만큼 말라서 하면 좋다. 되도록 도배지를 절단 부분이 많지 않게 마르고 보이지 않게 발라야 일류 도배사가 된다. 키가 큰 도윤에겐 안성맞춤의 업종이었다. 더구나 사상이 어떻든 일만 잘하면 말썽날 일이 없기에 더 좋았다. (3권, 167-168쪽)

20년을 복역하고 출소한 비전향 장기수 출신 천도윤이 남한 사회에서 힘겹게 적응하는 모습인 동시에 건강한 생명력이 느껴지는 장면이다. 도배 작업을 배우는 과정에서 선생을 존중하는 모습이나 일에 열중하는 장면은 천도윤이 평범한 노동자이며 성실한 인품을 지닌 인간임을 자연스럽게 들여다보게 된다. 작가는 노동하는 장면을 세밀하게 묘사함으로써 비전향 장기수에 대한 편견과 선입견을 자연스럽게 녹여내고 있는 것이다.

안학수 소설에서 노동은 이처럼 인간으로서의 존엄함을 인정받는 수단이며 불평등을 벗어날 수 있는 기회로 작동함을 보여주는 것이다. 분단시대 비전향 장기수의 낙인으로 젊음을 희생한 천도윤의 억울함을 문학으로 온전하게 해결할 수는 없다. 다만 문학은 기억을 보조할 뿐이다. 베르그송은 기억 그 자체가 의식의 중심체라고 말한다. 이 소설은 우리가 기억하는 정치적 희생양 이미지를 노동이 지닌 본질적 가치를 통하여 건강한 생명력으로 탈바꿈하여 접근하고 있다는 점에서 그 의의를 찾을 수 있다.

(2) 김해원의 청소년소설에 나타난 원동력으로서의 '노동'

김해원 소설에서 노동의 의미는 작품 깊숙이 뿌리처럼 스며들었다가 진하게 형상화되는 몸의 원동력으로 작용한다. 그의 소설에서 노동의 역할은 일상을 파고들며 뿌리를 내리니 여기서는 장편소설 『열일곱 살의 털』, 『나는 무늬』를 중심으로 살펴보도록 하겠다.

이 두 개의 소설에서 공통되는 특징은 부모 대신 아이를 책임지는 노인이 등장한다는 점이다. 『열일곱 살의 털』의 송명관 할아버지는 이발소를 운영하는데 자신이 하는 노동에 대한 자부심이 강한 고집 센 노인이다. 한번 이발한 사람의 두상을 결코 잊어버린 적이 없으니 그만큼 애정을 가지고 일을 했기 때문이다.

『나는 무늬』에 등장하는 이영심 할머니는 『열일곱 살의 털』의 할아버지보다 사연이 복잡하다. 건물청소원인데 크리스마스 이브에 계단청소를 하다가 쓰러진 후 영원히 소생하지 못한다. 65세 할머니의 죽음은 당연히 산재신청을 해야 하지만 막상 가족들은 머뭇거린다. 아들이 잘 나가는 사업가이기 때문에 청소 일을 한 엄마의 존재를 알리는 게 불편하기 때문이다.

그러나 할머니가 청소 일을 하는 건 끔찍한 사연을 겪은 손녀를 누구에게도 의지하지 않고 당당하게 키워내기 위함이었다. 잘 되는 백반집 식당을 그만 둔 이유가 "내 자식도 못 먹이면서 남을 어떻게 잘 먹이겠냐고….".(139쪽)와 같이 말 한 것으로 보아 할머니에게 노동은 단순한 돈벌이 이상이었음이 명확하다. 이 말 속에는 좋은 먹거리를 제공해주고 싶은 정성어린 마음과 자식(문희 엄마)이 스스로 목숨을 끊은 일에 대한 아픔이 담겨있다. 노동자에 대한 올바른 처우와 관련하여 할머니의 산재 신청을 다루면서 작가는 특별한 접근을 마련하는 것이다.

무엇보다 이 작품에서 청소년 노동자를 대하는 어른들의 왜곡된 시선을 풀어내는 해법이 절묘하다. 청소년 스스로 친구의 누명을 벗겨주기 위해 동분서주하지만 얼핏 법의 속성으로 이러한 진실을 외면하는 것처럼 보인다. 이 과정의 이해를 돕기 위해 중심서사를 정리할 필요가 있겠다.

주인공은 제목에 나타난 무늬(문희)[45]인데 일곱 살 때, 사업에 실패한 엄마가 동반자살을 시도했다가 살아난 트라우마를 평생 안고 사

---

45) 원래 이름 문희를 친구들이 무늬로 부르는데 이를 인정하고 받아들이는 과정이 제목 '나는 무늬'와 연관된다. '문희'의 주어진 이름을 거부하고 '무늬'로 스스로를 호명하는 것이다.

는 인물이다. 할머니의 보살핌으로 성장은 했으나 자신을 제대로 표현하지 못한다. 학교에서도 어울리는 친구 없이 도서관에서 혼자 책만 읽는 외톨이 소녀이다.

'그날'은 문희가 겪은 참혹한 가정사의 표현이다. 청소년소설에서 자극적인 표현이 세심한 작가의 배려가 필요하다면 '그날'의 표현법은 이에 해당한다고 할 수 있다. 엄마에 의한 동반자살 시도에서 문희 혼자 살아남은 사건을 말한다. 이후 문희는 사람들이 자신을 향해 던지는 시선에 마음을 닫고 세상과 담을 쌓지만, 할머니는 손녀딸을 당당하게 지키기 위하여 일과 양육을 병행한다.

할머니의 장례를 치르던 중 같은 날 뺑소니사고로 사망한 배달노동자 이진형의 존재를 알게 된다. 족발집 사장의 도둑 취급에 문희는 누명의 사실 확인을 위해 탐색을 시도한다. 김태주 등의 증언을 통해 물증을 확보하는 과정에서 문희는 휴대폰 문제로 신고가 느려서 목숨을 구하지 못했다고 자책하는 파란패딩 등을 합류시키는데 성공한다. 결국 이들은 이진형이 족발 배달 중 사고를 당했음을 입증한다. CCTV 영상과 신용카드 결재내역까지 확인했지만 사장은 여전히 오리발을 내밀며 오히려 문희를 고소하기까지 한다. 여기에서 김태주와 파란패딩, 오사강도 탄원서를 제출하면서 문희만 고소당한 부당함을 주장하면서 점입가경 법정 싸움으로까지 번진다.

특목고 청소년인 파란패딩은 뺑소니사고를 늦게 신고하는 바람에 이진형을 살리지 못했다며 괴로워한다. 오사강은 태권도 유단자이며 다재다능한 해결사로 통하는 인물이다. 태주는 족발집 배달알바 청소년인데 자신이 무단 결근 하는 바람에 이진형이 배달을 나가 사고를 당했다며 책임감을 느낀다. 청소년 노동자 이진형의 죽음은 모순된 구조 속의 필연이며 그 인과관계를 밝히는 것은 살아남은 자들의 몫이다. 이들 속에 문희가 합류하는 것이다. 사람들은 문희를 불쌍하게 여기면서도 특별한 경우에는 꺼림찍한 속내를 표출하기도 한다. 그 상징적 인물이 족발집 사장 엄마이며 할머니의 지인인 박성자 씨이다.

"증거? 어디 말 같지 않은 소리를 나불거려? 너 경찰서 가서 따지자. 죄 없는 사람 누명 씌우는 거 그거 큰 죄야. 내가 정말, 말을 안 하니까, 그러니까 핏줄은 못 속이는 거야. 제 자식 죽이려 한 어미한테 뭘 배웠겠어. 모르긴 몰라도 그 어미에 그 딸이지. 징글징글하게 독한 핏줄인 거지. 하기야 제 어미 죽는 걸 눈으로 보고도 멀쩡한 거 보면 보통 독한 게 아니지."
　박성자 씨가 무서운 말을 쏟아 내는 순간, 이 행성의 모든 것이 멈춘 것 같았다. 바람도 그쳤고, 소리도 들리지 않았다. 이 행성에 살아 움직이는 것은 단 하나, 제 어미가 죽는 길 눈으로 보고도 멀쩡한 징글징글하게 독한 핏줄, 이 행성에 나를 옭아매고 있던 그 말만 휘돌아쳤다. 나는 그날의 모든 기억이 한꺼번에 몰려들어 눈앞이 흐릿했다. (247-248쪽)
　CCTV로 동선을 추적하고, 신용카드의 증거도 확보했지만 오히려 문희에게 죄를 묻고 있으니 어찌된 영문인지 모른다. 존재하지 않는 부모의 잘못까지 덮어씌우는 건 연좌제의 잔흔이다. 제도와 법과 관습의 힘으로 밀어부치는 어른들에게 속수무책인 청소년의 불리한 입장을 고스란히 보여주고 있지 않은가. 죽음의 진상을 밝히고 함께 다녔던 친구들이 있었지만 배경이 취약한 문희만 고소를 당하는 상황이다. 하지만 문희는 이제 혼자가 아니다.

　나는 글을 쓰고는 SNS 계정 이름을 '무늬'라고 바꿔 적었다. 이제 나는 진희도, 문희도 아닌 무늬가 되었다. 어떤 무늬가 될지 나도 모른다. 그렇지만, 적어도 혼자 있는 무늬는 아니다. 나는 넷을 친구 신청해 놓고 단톡방에 말했다. (291쪽)

　다음은 『열일곱 살의 털』에 등장하는 이발사 할아버지를 만나보도록 하자. 제목처럼 '털'은 인간의 신체 부위 다양한 면모를 연상시키며 특히 사춘기 청소년의 '털'은 더 민감한 상징성이 있다. 소설은 두발을 중심으로 한 청소년 인권을 다루지만 그 이상의 비유를 상상하게 만든다. 교문지도라는 명분으로 행해지는 두발 복장 검열의 현장도 재현된다. 현재는 두발 복장 검열이 운영위원회나 학생회의 의견을 수렴하고 있다. 두발 복장의 갈등 이외에도 속옷, 양말, 스타킹 규제만이 아니라 교복 착용 기간 제한, 교복 상의 위 겉옷 착용, 체육복 등하교 금지 등 복장 규제 전반에 대한 개정 요구는 지금도 진행 중이다. 소설 속의 청소년 인권의 문제는 이발사 할아버지의 등장으로 신구세대의 투쟁이나 학교 측과 학생의 권위적 문제가 아닌 전혀 새로운 방식으로 전개된다.

"저는 종로에서 이발소를 했는데, 우리 이발소에는 그 근처에 있는 학교 학생들이 많이 왔습니다. 그 시절에도 두발 단속이 심했지요. 한번은 대여섯 명이 단속에 걸려 머리를 깎이고 와서는 머리 꼭대기 쪽을 별 모양으로 깎아 달라고 했지요. 물론 제가 해 주지 않았습니다. 아직도 그날 기억이 생생합니다. 한 학생이 그랬지요. 내 자식들 머리는 마음대로 하게 놔둘 거라고요. 아이들 의견을 존중해 줄 거라고 했습니다."(202쪽)

주인공이 정학을 받고 교문 앞에서 피킷 시위를 하는 장면은 익히 보아온 기시감이 짙은 장면이다. 할아버지의 등장 이전까지는 청소년 인권이라는 주제 자체도 참신하다고 볼 수는 없다. 하지만 할아버지가 학생부장이 바리캉으로 민 자국을 별모양으로 다듬는 장면은 특별한 대응법이다.

송명관 할아버지는 이발업에 대물림으로 충실한 인물이다. 그가 깎아주는 333 헤어스타일을 좋아하는 사람은 두발지도 담당 학생부장 오광두와 체육교사 매독이다. 주인공 송일호는 학생들이 혐오하는 인물에게 모범생으로 인정을 받는 것에 대한 모멸감을 느낀다.

이발소 안에서는 꿈에도 생각 못한 진풍경이 펼쳐지고 있었다.

손님에게 맞는 머리를 정성을 다해 이발해 온 할아버지가 한 아이의 뒷머리를 별 모양으로 다듬고 있었다. 나는 아이의 머리에 커다랗게 박힌 별 모양을 보고 놀라 숨이 턱 막혔다. 그 옆에 앉은 아이의 머리에도 별이 떠 있었다. 아니 그 뒤에 머리를 이미 깎은 아이들의 머리에도 별이 새겨져 있었다. 이발소 안은 온통 별 천지였다. 할아버지와 아버지는 놀라운 속도로 별을 깎아 내, 이미 열대여섯이 머리에 별을 이고 있었다. (198쪽)

할아버지의 이발과 관련한 자부심은 두 가지 측면에서 특별한 사건 전개와 결말로 맞물린다. 먼저 증조할아버지 때부터 우리나라 최초의 이발업을 운영하면서 단발령과 관련하여 '나라를 위하여 머리를 깎았다'는 애국심을 표현한다. 다른 하나는 이발 자체에 대한 애정이다. 한번 깎은 손님의 두상은 영원히 잊지 않는다는 건 그가 천부적 이발사라는 암시이다.

오래 전 할아버지는 이런 말을 했다.
"사람들은 머리를 길들일 수 있다고 생각해 가르마를 오른쪽으로 바꿔 달라, 왼쪽으로 바꿔 달라 그러는데 그건 그렇게 쉽지 않다. 머리털은 제가 타고난 대로 제자리를 찾으려고 고집하거든. 아무리 뛰어난 이발사라도 타고난 머릿결 방향을 바꾸지는 못하지. 좋은 이발사는 타고난 머릿결을 살려 이발해주는 거야." (208쪽)

주인공이 피킷 시위를 멈추게 된 이유는 할아버지 때문이다. 문제 해결이 할아버지와 교장 선에서 마무리 짓는 모양새가 아쉽지만 딱 이만큼이 열일곱 살이 감당할 수 있는 경계선으로 조심스럽게 접근한 것이다. 여기에서 '털'과 관련되는 신체의 지점은 성장과 관련되어 민감해진다. 특히 머리의 털은 시대와 문화를 반영하는 표상인데 역설적으로 '단발령'을 소환한 것은 작가의 재기를 보여준다 하겠다.

구한말의 '단발령' 상황을 장황하게 설명하는 의도는 이발업과 관련한 송명관 할아버지의 자부심을 위함만은 아니다. 유신정권 치하에서 장발을 단속하고 치마 길이를 자로 쟀던 시절이 있었던 것처럼 국가가 개인의 머리 길이를 통제했던 오랜 역사를 상기하자는 면도 있을 것이다.

(3) 김중미 청소년소설에 나타난 노동과 가난 문제의 연대적 통찰

김중미의 소설에서 노동의 이야기는 도시화가 진행되는 변두리 인물들을 중심으로 등장시키면서 매우 심도있게 다루어진다. 『괭이부리말 아이들』에서부터 『곁에 있다는 것』[46]에 이르기까지 지금껏 그의 소설은 주변부 가난한 이웃들의 삶을 다룬다. 저임금 노동과 차별적 시선에 놓인 빈곤 속에서 희망의 꽃을 피우기 위해 힘겹게 씨앗을 뿌려서 새싹을 키워내고 있는 것이다. 우리는 빈익빈부익부

---

46) 김중미, 『곁에 있다는 것』, 창비, 2021년. 본문 인용은 쪽수만 적음.

의 문제를 통찰하는 작가적 입장에서 노동자를 향한 따스한 온기를 체득해야 한다.

　김중미의 소설에서 일반화하여 다루어지는 '가난[47]'의 키워드를 '노동'으로 바꾸어 보면 어떨까? 비슷한 맥락이지만 주제의식을 보다 풍요롭게 읽어낼 가능성도 있다. 그런 의미에서 이 글은 『곁에 있다는 것』에 한정지어서 노동이 소설 속에 어떻게 녹아들고 있는가를 찾아보도록 하겠다. 『곁에 있다는 것』은 『난쏘공』(1978년) 이후 40여 년이 지난 현대판이라 할 수 있다. '은강'이라는 공간을 그대로 차용하여 그 70년대 '난장이'의 후손들을 호명한다.

　　내가 사는 곳은 소설 『난장이가 쏘아 올린 작은 공』의 무대인 은강이다. 이제는 서울의 위성도시가 아니라 광역시가 된 인천의 은강구, 그곳에 1970년의 '난장이 가족'과 다름없는 우리 가족이 산다. 1970년대와 달리 2000년대에 은강에는 대학을 나오거나 고등학교를 졸업한 노동자들이 늘어났고, 판자촌 대신 빌라와 아파트가 들어섰지만 그때보다 중심부로부터 더 멀리 밀려났다 (16쪽)

　작품은 1부에서 4부로 '지우 → 강이 → 여울이 → 우리'로 이야기 순서가 전개된다. 지우와 강이 그리고 여울은 이곳에서 태어나서 함

---

[47] 초고 집필 당시 작가가 붙인 제목은 '가난의 시간'이었다고 한다. 「김중미, 공부방 큰 이모로 사는 것이 나의 소망」, 『월간 채널예스』, 2021년 5월호, 5-10면 참조

께 자라서 현재 고3이다. 이들을 중심으로 펼쳐지는 서사는 엄마와 할머니까지 3대에 걸쳐서 전개된다. 아니 1920년대 선미공의 투쟁까지 더듬다보면 그들의 여성노동 역사는 4대까지 거슬러 올라간다. 그래서 지우의 엄마는 은강을 지키는 보이지 않는 버팀목으로 자리잡는다. 지우의 아빠가 하는 일에 비하면 그림자와 같은 존재이며 돌봄노동처럼 드러나지는 않으면서 든든한 지원이 된다.

"근데 엄마는 왜 안 떠났어?"
"포기가 안 되더라고."
"뭐가?"
"가난한 사람들이 목소리를 갖는 거. 지우 너, 은강제분 앞 삼거리 주유소 뒤편 벽돌 건물 알지?"
"응."
"그 건물이 원래 미곡 창고였대. 일제 강점기 때 은강구에 정미소가 많았는데, 거기서 뉘랑 띠끌을 골라내는 일을 하는 여성 노동자들을 선미 여공이라고 했대. 하루종일 쪼그리고 앉아서 쌀을 뒤지려니 얼마나 힘들었겠어? 똑같이 일해도 임금은 남자들의 반도 안 되고, 일본인 관리자들의 착취와 폭력도 심했대. 그래서 거기서 일하던 여성 노동자들이 파업을 한 거야. 1920년대쯤이었다는데 그 시절에 지금처럼 정보가 흔했겠어. 많이 배우길 했겠어? 그런데도 모여서 저항을 했다는데 벅치올랐어. 또 은강방직에서 해고되고 블랙리스트에 올라 다른 데서 일하지 못하면서도 투쟁을 이어 가는 이모의 존재도 내게는 포기할 수 없는 이유였지."
(281쪽)

지우의 이모할머니는 인천 만석동 은강방직 해고노동자로 40년 이상 끈질기게 복직투쟁을 진행하는 현재형 인물이다. 강이와 여울이 엄마 또한 산업체 학교를 다니면서 은강방직에서 일했던 노동자 출신이다. 허구인물이지만 똥물 투척사건으로 유명했던 동일방직 해고노동자가 그 모델임은 부연설명이 필요하지 않을 것이다. 청소년 독자들에게 과거의 사건과 현재 상황을 맞물리게 하면서 집중시키는 역할 부여로 노동문제의 음영을 각인시키는 이 소설의 행간 의미요 백미이다.

나는 이모할머니가 버무린 김치를 함지박에서 플라스틱 통으로 옮겨 담는 동안, 마루 한가득 늘어놓은 쟁반과 그릇을 정리하고, 파와 열무를 다듬고 나온 부산물들은 음식물 쓰레기봉투에 넣었다. 이모할머니는 일어났다 앉았다 할 때마다 에구구 소리를 냈다.

"아유, 정말. 할머니, 이젠 좀 쉬엄쉬엄 살아."
"세상이 그렇게 쉬엄쉬엄 살게 하질 않는다."
이모할머니는 은강방직과 국가에 사과와 배상을 받아내고야 말 거라고 벼른다. 그래야 자신들이 청춘을 바친 그 세월을 인정받을 수 있다고 믿는다. 엄마는 그런 이모할머니의 든든한 지원군이고

응원단이다. (47-48쪽)

2020년대 은강에서 살아가는 청소년들에게 이곳은 가난의 낙인을 안고 살아가면서 서로에게 울타리가 되어주는 공간이다. 그리고 그 연대의 힘을 자각하고 있는 청소년 지우는 이곳의 삶을 기록하면서 작가의 꿈을 키우는 중이다. 지우가 기록한 할머니들의 이야기는 은강방직에서 일하던 시절로 거슬러 올라간다. 할머니가 받아내려는 '배상'은 현재의 젊은이들에게도 권리이자 의무가 된다.

기계가 돌아가는 중에는 화장실도 제대로 못 가서 나중에는 참다못해 기계 옆 마루에다 오줌을 쌌다. 실이 끊어지면 담임한테 혼나니까 창피한 걸 참고 급한 일을 해결했다. 바지에 싸는 것보다는 나았다. 화장실도 제대로 못 가는 판이니 밥 먹는 시간이 넉넉할 리 없었다. 밥을 먹는다기보다 5분 안에 입에 쑤셔 넣고 일을 했다. 한겨울에 반팔을 입고 일해도 온몸이 땀범벅이 될 정도로 더웠다. 발까지 땀이 차 무좀으로 고생하고, 먼지가 많으니 항상 가렵고 얼굴에 뭐가 났다.(중략)

생리대를 갈러 갈 틈이 없으니 걸핏하면 생리혈이 새어 나와 바지에 묻었고, 어쩌다 남자 직원이 그걸 보면 이맛살을 찌푸리며 버러지 보듯 했다. 그래도 회사에 다니는 게 설렁탕집에서 허드렛일을 할 때보다 재미있었다. 무엇보다 또래 친구들과 속 얘기를

하고 어울릴 수 있어서 좋았다. (63쪽)

　이모할머니는 자본의 민낯을 증언하는 해고노동자 출신이다. 그리고 지우의 기록물에는 할머니들이 살던 시대의 비인간적인 노동환경이 고스란히 담겨 있다. 이 흔적이 젊은 세대를 일깨우는 촉매가 되며 여성 노동자 문제와 돌봄 노동에 관한 이야기로 맞물린다. 작가는 그렇게 여성노동자가 당면한 어려움을 시대의 흐름에 따라 이어서 다룬다. 그리고 또 하나 '돌봄 노동'이란 새로운 직업군이 등장한다는 점이다. 돌봄 노동이란 '다른 사람에게 의존을 해야 하는 환자나 노인, 어린이와 같은 사람을 돌보는 모든 활동'을 의미한다. 현재 여성 노동 중에서 많은 비중을 차지하고 있으며 지금도 가장 체계적이지 못한 노동조건 속에서 수행되고 있다. 정민 언니와 지우 엄마가 당면하고 있는 어려움은 우리나라 돌봄 노동의 전반적인 문제라 볼 수 있으며 앞으로 개선되어야 할 과제가 된다.

　정민 언니는 안 물어봤다가는 섭섭했을 것처럼 여러 가지 이야기를 쏟아 냈다. 나는 언니의 말에 충분히 공감할 수 있었다. 얼마 전에 엄마도 한밤중에 전화를 받았다. 돌봄 교실에 다니는 아이 엄마가 자기 아이 손등에 할퀸 자국이 있다고 따지는 연락이었다. 아이들이 서로 다투다 생긴 상처라고 설명해도 그 책임을 돌봄 강사인 엄마에게 떠넘기며 추궁했다. (83쪽)

돌봄 노동은 어려운 사람을 돕는 일이다. 그렇게 사회적 가치가 높은 노동이라는 이유로 지위와 대우가 가장 열악해지는 아이러니한 업종이기도 하다. 문턱이 얕아서 쉽게 입문하러 떠났다가 다시 돌아올 수도 있는 직업군이니 선택이 자유로운 장점도 있다. 돌봄 노동자를 함부로 대하는 분위기는 그 뿌리가 깊다. 경쟁이 약한 만큼 대우가 좋지 않으며 더러는 봉건시대 하인처럼 취급하려던 분위기 때문일 수도 있다. 복지국가가 제대로 자리를 잡기 위해서는 돌봄 노동의 질적 수준이 그만큼 중요하며 지금이 그 전환점에 있다. 작가가 심도 있게 다루는 다음의 예문을 보자.

대학을 졸업한 뒤 온갖 종류의 돌봄 일을 해 온 엄마가 늘 말했다. 우리 사회는 돌봄이 중요하다고 떠들면서 돌봄 일 하는 사람들은 전혀 존중하지 않는다고, 돌봄 일을 하는 사람들이 남성이었다면 사회적 지위가 달라졌을지 모른다고. (…)
언니가 학교에 입학한 뒤에는 아빠도 학원 강사를 하기 시작했지만 여전히 짬을 내서 지역 인터넷 신문 객원 기자, 시민단체 반상근 간사 일을 하며 운동을 계속했다. 그 대신 엄마는 인터넷 강의나 단기 교육 과정을 수료하며 청소년 지도사, 보육 교사, 사회 복지사 같은 자격증을 그러모았다. 그러나 엄마가 딴 자격증들은 아빠의 운동과 다름없이 우리의 삶을 크게 바꾸지는 못했다. 몇 년 전 엄마는 방송 통신 대학교 유아교육과를 졸업했다. 일을 하면서 우리 건사하랴, 공부하랴 잠도 제대로 자지 못했다. 그러나 여전히 엄마의 일자

리는 불안정했다. (84-85쪽)

　돌봄 노동자들은 자칫하면 돌봄 전문가가 아니라 허드렛일을 하는 사람으로 취급당하며 고용불안, 최저임금, 성희롱과 각종 폭언에 시달릴 환경에 처해있다. 따라서 돌봄 노동[48]의 현주소와 앞으로의 방향을 모색하는 문제는 여성노동자 권익과 관련하여 중요한 시점이다. 이 문제의 해결을 화폐가치를 기준으로 하는 정부정책에 기댈 것인가 새로운 복지사회의 밑거름으로 삼을 것인가. 결국 커먼즈 운동의 차원으로 접근할 것인가의 문제제기가 엿보인다는 점에서 흥미롭다.
　『곁에 있다는 것』에 등장하는 노동의 문제는 할머니, 엄마 세대의 여성에 집중된다. 그래서 생계형 청소년 노동자 수찬이의 존재가 반갑다. 균형감각을 준다는 점에서도 중요하다. 소년가장으로 사는 처지이지만 기죽지 않고 당당한 캐릭터로 생동감을 일으킨다. 그러니까 소설의 인물들은 열악한 환경에서 가난하게 살지만 당당하지 못할 이유는 없다고 항변하는 듯하다. 가난이 죄가 아니듯, 밑바닥 노동이 부끄러움도 아닌 것이다.

---

[48] 탈상품화된 돌봄을 추구하고, 그러면서도 국가의 지원에 전적으로 의존하지 않는 방식을 모색하다보면 결국 국가와 시장을 넘어선 공동영역, 다시 말해 커먼즈(commons)가 필요하다는 인식에 도달하게 된다. 실제로 삶의 공동영역으로서 커먼즈가 작동하기 위해서는 화폐화되지 않은 자발적인 돌봄들이 필수적이며, 커먼즈의 핵심에 돌봄이 있다고 보아도 무방하다. 《창비》, 2022 봄호, 백영경, 「돌봄의 커먼즈」 참조.

"배달 일을 무시하지 마. 이것도 전문직이야."
"위험하잖아."
"위험하지. 힘들고. 근데 중졸로 위험하지 않고 안 힘든 일을 어떻게 하냐?"
"그걸 알면서 학교를 관두냐?"
"학교 다닌다고 나을 것도 없어. 어쨌든 우리 가게 좋아." (94쪽)

수찬이의 아빠는 회사에서 노조활동을 하다가 해고된 아픈 이력의 인물이다. 그리고 복직투쟁 과정에서 몸을 다쳐서 정신이상 등 다양한 병으로 오랜 투병생활을 하다가 가정파탄이 난다. 가정폭력과 이혼의 인과관계는 단순하게 정리할 수 없지만 학교 밖 청소년 수찬이를 향한 시선에는 연민이 담겨있다. 보호와 돌봄을 받지 못한 안쓰러움은 어른들이 제 역할을 하지 못했기 때문이지만 다행히 힘차게 사는 캐릭터로 설정된다.

"처음에는 금방 복직할 줄 알았대. 그런데 3년 동안 농성을 했는데 복직이 안 됐어. 그래서 우리 엄마가 식당 일 다니고 그랬어. 그러다 우리 중3 때 회사가 용역 깡패랑 경찰을 동원해서 천막을 덮친 거야. 한 아저씨는 머리를 쇠 파이프로 맞고 쓰러져서 중환자실로 갔는데 한 달 만에 돌아가시고, 우리 아빠는 갈비뼈가 여러 대 부러져서 입원했어. 그때 아빠를 때린 사람이 10년 동안 같이 일한 사람이었대. 우리 집에도 자주 놀러 오던 아저씨거든. 아

빠는 갈비뼈가 부러지고 온몸에 타박상을 입은 것보다 그게 더 아팠나 봐."(100-101쪽)

작가는 수찬이가 학교 밖 청소년이 된 내력을 설명하기 위해 다양한 원인을 제시한다. 다문화, 해고노동자, 용역깡패, 가정폭력, 이혼, 한부모가정과 같이 수찬네 가족의 불행이 종합선물세트처럼 제시된다. 특히 10년간 함께 일한 동료로부터 폭행당하는 장면이 먹이사슬의 인과관계처럼 가혹하다.

특히 은강동에 거주하는 등장인물의 사연은 저마다 고된 노동으로 파김치가 되기까지의 과정이 담겨있다. 민지 언니네 집안은 산재 처리가 되지 않아서 치료비와 재활비를 마련하느라 안산댁 아줌마가 시멘트 독이 오른 손으로 공사장 청소를 해야 하는 무거운 현실이 진행된다. 망가진 몸으로도 노동을 해야 가정이 지탱되는 현실, 그 안타까운 배경이 소설이 된다.

민지 언니는 인문계 고등학교에 다녔지만 고3 때 취업반에 들어가 미용 기술을 배웠다. 그리고 지금은 강남에 있는 프랜차이즈 미용실에서 일하며 고시원에서 지내고 있다. 언니네 아빠는 5년 전에 일하던 식당에서 화상을 입었다. 1년에 걸쳐 치료했지만 양손이 오그라들고 팔뚝에 후유증이 심해 아직 투병 중이다. 공상으로 처리하는 바람에 보상이나 재활 비용을 받지 못해 아줌마가 버는 돈으로 치료비를 대야 한다. 그래서 안산댁 아줌마는 시멘트 독이 올라 손

이 엉망이 되었어도 공사장 청소를 그만두지 못한다. (112쪽)

　유복자로 태어난 강이는 초등학교 저학년 때 엄마마저 갑작스럽게 사망한다. 외할머니와 둘이 어린 시절을 힘들게 보낸다. "욕실은 커녕 화장실도 없는 판잣집"이나 "창문 없는 내 방", "구청에서 나눠 준 구형 데스크톱도 치욕스러웠"지만 더 힘든 건, 조손가정, 그러니까 결손가정을 향한 외부의 시선이다. 게다가 서류상 보호자처럼 존재하는 외삼촌 때문에 수급비를 받지 못한다. 결국 강이는 몸이 불편한 할머니를 돌보며 쉴 틈 없이 아르바이트를 해야 한다. 강이가 일을 하는 건 생존하기 위해서지만 그 속에서 야무지게 세상을 배운다는 건 작가의 희망이 담긴 시선이다. 아르바이트 속에서 생활력을 키우고 세상의 이치를 배울 수 있기를 소망하는 것이다.

　감자탕집에서 일할 때는 사장 할아버지가 일주일에 한 번쯤 나왔는데 격려를 한답시고 어깨를 주무르고 엉덩이를 슬쩍슬쩍 만졌다. 어떤 오빠는 나더러 뚱뚱한 걸 다행으로 알라고 했다. 내가 5킬로그램만 더 날씬했으면 나를 어떻게 했을 거라는 등 떠들면서 말이다. 치킨집 아저씨는 그동안 겪은 사장들에 비하면 양호한 편이다. 청소년을 고용하는 사장들은 어떻게든 시간당 임금을 깎으려고 한다. 그런데 여기는 최저 임금을 깎지 않을 뿐 아니라 근로 계약서도 썼다. 수많은 아르바이트를 했지만 계약서를 쓴 것은 처음이었다. (113쪽)

사기를 당하고 파산한 여울이 엄마 역시 강이 엄마와 함께 은강방직 출신이다. 여울이는 산업체고등학교 출신의 엄마와 명문대 나온 아빠 사이에서 태어났다. 시집 눈치를 보며 살다가 결국은 이혼당한 엄마의 삶을 객관화시켜 볼 수 있는 냉철하고 현실적인 '고3의 눈'이 등장한다. 그리고 여울이는 은강이 평균치 삶에서 낙후된 공간임을 알며 이곳을 벗어나겠다는 목표를 세우고 계획에 충실하다. 우수한 성적을 유지하지만 너무 높은 욕심을 부리지 않겠다고 생각한다. 언제부턴가 자신은 은강 사람들과 상관없는 세상에 존재한다고 믿으면서도 자주 흔들린다.

봄 방학 때 느닷없이 대통령이 북핵 문제와 장거리 미사일 발사에 대응한다며 개성 공단을 중단한다고 했다. 나는 중단 되건 말건 아무 상관이 없다고 생각했는데 거기서 그릇을 만들던 아빠 대학 동창이 부도를 맞아 쓰러졌고, 올해 신입생들은 교복을 한 달가량 입지 못했다. 지우가 늘 말하는 것처럼 세상에 나와 상관없는 일은 존재하지 않는지도 모른다. (203쪽)

지우는 작가의 생각을 대변하는 이상주의적 인물에 가깝다. 반면에 여울이는 입시경쟁에서 살아남아 중산층의 삶을 살겠다고 악을 쓰며 공부에 매달리는 현실적인 고3 청소년이다. 그러니까 지우와 여울이는 각각 이상과 현실의 양면을 보여주기 위해 의도적으로 설정된 인물이다. 여기에서 독자를 지우의 눈높이에 끌어올리기 위해 여울이가 추구하는 현실의 욕망을 충분히 점검할 필요가 있는 것이다.

"사람들은 주변부는 별로 중요하지 않다고 여기잖아. 그런데 그렇지 않다는 거지. 눈길의 가장자리가 더 빛나는 것을 볼 수 있듯이, 우리처럼 가장자리에 있는 사람들이 더 잘 보고 더 빛날 수 있잖아."

나는 지우 말에 대답을 하는 대신 하늘을 올려다보며 별 하나를 골랐다. 그리고 그 별을 곁눈질해 보았다. 정말 별이 더 반짝이기는 했다. 그렇다고 그게 무슨 큰 발견이라도 되는 듯이 신기하기까지 한 건 아니다. (241쪽)

가장자리가 더 빛나는 건 '밤하늘의 별' 이니, 다시 말하자면 드러나지 않는 이상적 공간의 상징이다. 여울이는 지우가 하는 말을 충분히 알아듣지만 그보다는 당장의 현실이 더 중요할 뿐이다. 욕심을 부리는 것도 아니다. 자신의 노력으로 가난을 벗어나겠다는 걸 욕망이라고 할 수도 없다. 지우는 그런 여울이를 인정하고 교대 합격의 꿈을 성취하자 자신의 불합격 소식에도 친구를 진심으로 축하한다.

그런 지우조차 엄마가 가족들 뒷바라지를 위해 했던 돌봄 노동의 중요성을 인정하는 것에는 인색하다. 대학생 때 운동권이었던 엄마에 대한 기대감 때문이지만 가시적으로 드러나는 아빠의 활동과 단순비교를 하며 몰아세운다.

"그런데 엄마는 그 뒤로 왜 아무 일도 안 했어? 아빠는 시민운동도 하고, 인터넷 신문도 만들고 계속 활동했잖아."

"아무것도 안 하긴? 엄마 한 번도 쉰 적 없는데?"

"그렇기는 하지만 그건 먹고살려고 일한 거잖아."

"먹고 살기 위해 하는 일이 얼마나 중요한데. 엄마는 그 일을 지키기 위해 항상 싸웠는 걸? 학원 강사, 학습지 교사, 유치원 보조 교사, 돌봄 강사, 어디에서건 일한 만큼 대가를 받고 권리를 인정받으려면 안 싸울 수가 없었어. 늘 고단하긴 했지."

(281-282쪽)

중요한 것은 일상의 생존이요 밥그릇을 채우기 위한 고군분투에 대한 시선이다. 안타깝게도 엄마의 일이 운동으로서의 역할보다 덜 중요하다고 생각했던 지우와 작가의 관점은 크게 다르지 않아 보인다. 결국 "다문화 엄마들이랑 만날 수 있는 공간을" 계획하면서 지우엄마가 운동으로의 일을 도모함으로써 비로소 가치 있는 일을 하는 사람으로 격상하는 소설적 설정이 안타깝다. "어디에서건 일한 만큼 대가를 받고 권리를 인정받으려면 안 싸울 수가 없었"고 그래서. 힘들게 살아왔다고 말하는 지우엄마가 우리 시대 가장 빛나는 인물이 아닌가. 왜 아무 일도 안 했느냐 묻는 지우의 물음에 대한 각성이 과연 올바른 재단인가를 살펴야 할 필요가 있다. 가치 있는 일이 무엇인가에 대한 성찰의 시선을 가다듬을 수 있어야 한다.

"요즘 동네 책방 시작하는 사람들 꽤 있잖아. 그런데 솔직히 책방은 핑계고 다문화 엄마들이랑 만날 수 있는 공간을 만들고 싶어. 돌봄 교실에서 일하면서 다른 나라에서 온 엄마들을 종종 만나. 우리 동네에도 다문화 가정이 많잖아. 이주해 온 엄마들이 아이를 키우는 게 쉬운 일이 아니야. 말도 문화도 다르고, 부부 관계나 시부모 관계, 거기다가 직장에서 겪는 차별까지 어려운 일이 많은데 그분들이 각자 고립되어 있거든. 우리 동네에 책방이라도 있으면 엄마 모임이나 그런 거 여는 게 좀 자연스럽지 않을까? 애들 교육 얘기도 나누고, 남편과의 관계도 털어놓고."

"와, 그거 좋다." (283쪽)

『곁에 있다는 것』에서 다루는 노동의 문제는 가난과 여성노동자를 동시에 껴안는다. 문제의식을 일깨우고 공동체를 통한 해결을 전망으로 제시하는 것이다. 작가는 지우네 가족을 은강마을 사람들과 더불어 지내는 보통사람으로 설정하면서도 운동권 출신이 걷는 도정의 전형성을 지닐 수 있도록 숙고한다. 지우 아빠는 예전부터 운동권이었고 현재 학원강사를 하면서 "시민운동도 하고 인터넷 신문도 만들고 계속 활동"한다. 지우 엄마 역시 비정규직을 전전하며 생계를 위해 일하면서 끊임없이 싸워온 사람이다. 그리고 지우는 은강마을 사람들의 이야기를 기록하면서 장래 작가를 꿈꾸는 인물이다. 여기에서 가치 있는 노동과 생계형 노동을 분리하는 이분법적 시각은 자칫 오만이 되어 그릇된 운동 방향을 제시할 수도 있다. 80년대 계몽적 그림자가 달라붙는 것이다. 지우엄마의 발언은 생계형 노동이 가치 있는 노동이 되어야 하는 그 시작점을 암시한다는 점에서 의미가 크다.

소설의 마지막은 '우리의 이야기'로 결국 연대의 당위성을 말하고자 함이다. 앞에서 등장했던 인물들이 모여서 은강동 주민들의 가난한 삶을 '관광 자원화' 하겠다는 구청의 행정을 저지하기 위해 힘을 합치는 장면으로 마무리된다. '가난한 사람들의 생태계'를 무너뜨렸던 이들은, 이제 가난한 사람들의 삶을 체험의 일부로 오락화함으로써 삶의 터전을 희화시키려 한다. 이러한 불공정 폭력에 맞서 자신들의 존엄과 생태계를 지켜내겠다는 공동의 의지, 그것이 서로 다른 꿈을 꾸던 주인공들이 '은강 팸'으로 모여 '우리의 이야기'를 말할 수 있도록 만든 원동력이 된다.

은강동은 타인과의 비교가 아니라 타인과의 어깨동무로 살아남았다. 슬픔이든, 기쁨이든, 노동이든, 공간이든, 무엇이든 나누어야만 살아갈 수 있는 곳이 은강동이다. 그 가난을 모르는 이들이 쪽방 체험관 따위의 터무니없는 구상을 만들어냈다. 가난은 진열대 위에 전시할 수 있는 상품이 아니다. (371~372쪽)

은강 주민과의 연대를 통해 '쪽방 체험관'을 막아낸다는 설정은 갈등 해소를 위한 소설적 구조이며 공동체의 힘에 대한 신뢰이다. 『곁에 있다는 것』은 성장이 아닌 분배구조의 이야기를 가난과 노동 그리고 청소년이 주체가 되는 공동체 이야기로 펼쳐내는 것이다. 지금 이곳에 은강을 호출한 김중미는 한동안 우리에게 잊혔던, 하지만 그간 조금도 해소되지 않았던 질문을 새롭게 던지고 있다.

 그것은 '열심히 일해도 가난하게 사는 사람들'이 존재함을 인정하는가의 물음을 대면하면서 출발한다. 일하는 청소년들이 어떻게 공동체의 주체가 될 수 있는가? 그의 질문이 웅숭 깊은 것은 오랜 시간 여러 세대를 거쳐 이어지는 노동자의 생생한 증언들을 일상 언어로 차곡차곡 담고 있는 까닭이다.

위기의 시대, 문학은 무엇을 할 것인가?
채광석

1. 머리말

　채광석을 호명한다. 그는 안면도에서 태어나 대전고와 서울대 영어교육과에서 수학했다. 고등학교 시절 한일정상화 반대 데모를 체험하고 대학생이 된 이후 시대 상황에 본격적인 눈을 뜨면서 민주화 운동의 주동자로 일을 도모한 열혈청년이다. 그가 일깨우려 했던 저항의 문학, 생명의 문학을 오늘날의 의미로 재해석해야 할 이유가 된다. 특히 그의 고향 태안에서의 문학제 개최가 그의 문학정신을 살리는 길이며 앞으로 심도 있게 민중 문학을 조명할 수 있는 가능성이 보이기 때문에 더욱 기대가 되는 것이다. 여기에서 시인의 민중 의식이란 당연히 잠든 세상을 깨우는 역사적 자각에서 비롯된다. 그가 내린 정의도 '시인의 삶과 의식에 뒤엉켜 있는 역사적·사회적 현실의 모순에서 비롯된 비애와 한에 대한 치열한 자각'이라고 했으니 비슷한 맥락이다.
　물론 '위기의 시대 문학이 무엇을 할 것인가'의 물음을 중심 화두로 세우긴 했지만 그 의미는 다양하고 새롭게 재해석되어야 할 것이다.

　70년대가 있었다. 그의 젊은 날이며 민주화 운동의 흐름이 그 이전과 구분되던 그 경계 지점이다. 전태일의 분신 이후 노학연대가 이루어지면서 노동자, 농민 운동이 통일 민중 운동의 통합이 시도되었던 시대인 것이다. 채광석은 대학 시절부터 시대적 위기감을 정확히 인지한다. 1975년 서울대 김상진 열사 추모 시위와 관련한 '오둘둘 사건' 등 시국사건에 연루되어 제적되고 두 차례 구속되었으며 이후 복학의 기회가 있었으나 이를 거부하였다. 그렇게 깨어있는 시인으로 평론가로 불평등, 억압, 독재와 맞서다가 이른 나이에 세상을 떠났다. 안타깝다.

　그는 고교 시절은 물론이고 군대, 교도소에서 보내는 어려운 일상에서 늘 편지를 쓰고, 기록을 남겼다고 한다. 그의 아내뿐 아니라 장모님까지 반하게 만들었다는 깔끔하고 가지런한 필체로 또박또박 쓴 그 미발표 원고가 바로 채광석의 문학적 열정, 시국에 대한 무한한 사랑 자체가 아니겠는가. 예기치 않은 갑작스러운 사망 직후, 라면 박스 2개 분량의 원고를 남겼다는 사실은 참으로 놀라운 일이다.

　2023년은 어느새 채광석 36주년을 맞이하는 해이다. 사실 그의 공식 문학 활동은 4년 남짓으로 매우 짧지만 그 기간에 남긴 발자취는 깊고 강렬하다. 하지만 초등학교 시절부터 장래 희망에 평론가를 적었다는 어느 지인의 회상을 돌이켜보면 어쩌면 이는 당연한 일인지도 모른다. 39세의 갑작스러운 타계 직후 다행히 시집과 평론집을 포함한 전집 5권이 발간되었으며 삶의 행적이 끝없이 회자되면서 오늘에 이르렀다. 그 이유는 무엇보다도 문학에 대한 열정과 좋은 세상 만들기를 위해 일관성 있게 나아갔던 지행합일의 정신이 주는 순결성 때문일 것이다. 그의 추모 36주년이 열혈 청년 채광석을 새롭게 기리는 자리가 되는 이유이다.

물론 그가 지금까지 살아있다면 이 혼탁한 시국에서 어떻게 우리들 팍팍한 가슴에 촉촉한 경종을 울렸을지 가늠할 수는 없다. 단지 그가 아직도 우리를 주변에서 함께 고뇌하고 결단하고 새로운 방향 정립에 깃발을 세우고 있음이 든든할 뿐이다.

그의 삶과 문학세계는 한마디로 정리할 수는 없지만 '사랑, 자유, 밥(혁명)' 이 세 단어가 가장 잘 어울린다. 부제를 붙인다면 '민중을 위한' 이 마땅할 것이다. 당연하지만 그 '민중' 의 의미는 차별받지 않고 좋은 세상을 만들기 위해 일하는 그런 평등한 인간일 것이다.

그는 1983년 2월 김정환의 장편서사시『황색 예수전』의 발문을 쓰고『한국문학의 현단계2』에「부끄러움과 힘의 부재」를 발표하면서 평론을 시작한다. 그리고 무크지『민의』에 시「빈대가 전한 기쁜 소식」을 발표하면서 문단 활동을 시작한 후 1985년 시집『밧줄을 타며』(풀빛)를 발간했다.[48]

그러나 채광석 문학에 대한 본격적인 연구가 아직은 미미한 수준으로 보여진다. 그가 활동한 4년의 기간이 짧은 만큼 작품 분량도 많지 않고 완성된 이론을 정립한 것도 아니라고 말할지 모르겠지만 필자는 그렇게 생각하지 않는다. 그가 떠난 이후 그를 통한 문학 논쟁이 당파성이나 이론을 위한 이론으로 치달았던 점도 있었으리라 여기는 것이다.

돌이켜보면 80년대 치열했던 문학 논쟁과 사회구성체 논의는 오히려 노동자, 농민 현장 중심의 문학에 보이지 않는 벽을 형성하면서 그 확장 가능성이 차단된 부분이 없지 않았다. 당대 진보 지식인들의 지적 오만과 지나친 사상 논쟁 탓도 있다. 게다가 90년대 이후 인터넷이 보급되면서 거대 담론에 대한 관심이 후퇴하면서 자연 소멸된 점도 있다.

2. 위기의 시대, 문학은 무엇을 할 것인가?

채광석 시인은 1980년 5월 이후 신군부에 의해 활동이 정지되었던 '자유실천문인협의회'(자실)의 재창립을 주도했다. 그는 엄혹한 신군부의 위협을 뚫고 '민족문학의 밤', '민족문학 교실' 등을 개최하면서 독재정권의 주시를 받았다. '자실'의 총무간사로서 1980년

---

48) 이밖에 생전에 남긴 저서는 서간집 『그 어딘가의 구비에서 우리가 만났듯이』와 사회문화평론집 『물길처럼 불길처럼』 등이 있다. 그가 남긴 저서와 미발표작을 모아 사후에 전집 5권을 아래와 같이 간행하였다.
『산자여 답하라』(채광석전집1, 시), 채광석, 풀빛, 1988
『유형일기』(채광석전집2, 산문), 채광석, 풀빛, 1988
『그대에게 못다한 사랑』(채광석전집3, 편지), 채광석, 풀빛, 1988
『민중적 민족문학론』(채광석전집4. 평론1), 채광석, 풀빛, 1989
『찢김의 문화 만남의 문화』(채광석전집5-평론2), 채광석, 풀빛, 1989

대 문학의 주류를 '반독재 민족 문학'으로 끌어내는 데 결정적인 기여를 했다.

그러니까 채광석은 1980년대 초중반의 변혁적 문학운동을 가장 강력하게 추동한 중심인물이었다. 그는《창작과 비평》,《문학과 지성》,《뿌리깊은 나무》등 정기간행물 폐간 시대의 틈새를 파고 든 무크지 시대의 동인들을 규합하였다.《오월시》,《시와 경제》,《광주 젊은벗들》,《삶의 문학》,《분단 시대》,《남민시》지역의 동인을 '자실'이라는 단일대오로 묶어 세워 '전두환 군사정권'에 저항하는 문예조직을 진두지휘했다. 아울러 '민예총'의 전신인 '민문협'의 결성과 문익환 목사가 이끌던 '민통련'의 문화예술분과위원장으로서 시대의 어둠을 깨뜨리는 전천후적 활동을 전개했다.

그러한 활동에 힘입어 '자실'이 1980년대 군사정권에 가장 강력하게 저항하는 양심세력으로, 당대 진보 문학인들의 집합체로 자리매김한 것이다. 그 후 '자실'은 1987년 9월 '민족문학작가회의'로 개편된 후 단일대오를 형성했으며 2007년 12월, '한국작가회의'로 명칭을 바꿔 진보적이면서 차세대를 포괄하는 문학단체로 활동을 이어가는 중이다.

채광석은 문학을 운동의 차원과 연계하여 이론과 실천을 겸비한 활동가였다. 따라서 그가 유독 작품의 해석 기준으로 활용한 '자각 지향성 공격성'의 의미는 민중 문화운동의 방향을 확립하는 것에도 유용할 수 있다. 민중 의식을 자각하면서 민중문화 실현을 구체적 목표로 지향하며, 반민중적 요소를 공격할 수 있는 지속적인 실천성이 겸비되어야 하는 것이다.

민중은 총체적 소외의 상황을 자각할 수 있어야 한다. 모순 회복을 위해 노력하고 문화의 독점구조를 부수고 모든 문화적 생산물의 창조와 수용을 민중 스스로 향유하는 주체적 민중문화 실현을 구체적 목표로 한다. 문화적으로 반민중적 요소를 극복하고 이를 민중적인 것으로 하려는 일체의 노력이 여기에 포함된다.

그 구체적 실천은 자기해방을 가능하게 할 이념의 창출, 요구에 답하는 학문적 탐구, 자기 요구를 스스로 표현할 문화형식과 매체의 창출이 있어야 한다. 민중들에게 역사 주체로서의 자기동일성을 갖게 하는 교육활동, 이 모든 것을 민중 스스로 향유하는 일체의 활동 등을 포함한다. 즉 민중을 위한 문화적 노력, 민중 자신의 자주적인 문화적 노력을 통해 드러난다고 하겠다. 그래서 그는 노동자, 농민, 지식인의 민주화 운동이 민중운동으로 통합되어야 하는 필연성을 혼신으로 설파하였다.

70년대에 들어와 '좋은' 60년대가 키워온 제모순이 급속하고 명확하게 드러나자 지배층은 국민적 참여의 확대 대신 비상사태 선언에서 유신에 이르는 권력의 근대화와 이를 바탕으로 한 수출과 외자도입의 적극 강화로 대처했다. 그러나 이것은 근본적 해결책이 아니었기 때문에 경제가 계속 불황을 벗어나지 못함에 따라 사회적 갈등은 더욱 누적되어만 갔다. 이 과정에서 궁극적으로 민주주의와 자립경제의 실현을 지향하는 지식인계층 중심의 사회운동은 산업사회의 제모순의 점증하는 발현에 대응하여 노동운동, 농민운동의 성장과 더불어 민중운동으로 통합되는 양상을 보였으며 이러한 일련의 흐름은 정치적 압박과 대중조작의 강화에 의해 대중으로부터 고립되는 일면도 가졌었다.[49]

 민중 운동의 통합을 위해 작가 스스로 민중 의식을 확고히 무장해야 한다는 것이 그의 일관된 생각이었다. 이와 같이 자기 둥지에 깃든 사회적, 역사적 모순의 구체화된 양상을 끊임없이 파괴하면서 한편으로는 기층민중이 역사적 주체로서의 일어섬을 향한 투신을 독려하고 다른 한편으로는 그 모순을 온존 내지 확대 재생산시키는 진원의 청산에 몸담아가는 것이다. 인간해방, 민주의 사회적 해방, 민족의 참다운 통일의 변증법적 운동의 의식인 것이다.

 이러한 그의 일관성 있는 민중 의식은 결국 정치경제구조의 파행을 막아내고 민중의 인간다운 삶을 살려내는 것이어야 함을 실천으로 역설한다. 지배문화를 '반생명의 문화'라고 보고 새로운 문화를 '생명의 문화' 관점에서 살려내야 한다는 의미로 다음 글을 살펴보자. 오늘날 위기의 시대에 문학이 무엇을 해야 할 것인가 시사하는 바가 크다.

 우리 사회의 지배적 문화 성격은 단적으로 반생명의 문화라고 할 수 있을 것이다. 이는 곧 우리 사회에서의 인간적 삶의 양식과 의식

---

[49] 『한국문학의 현단계2』, 백낙청(엮은이), 창비, 1983, 55-56쪽.

이 주체적 인간의 그것으로 살아 움직이는 것이 아니라 물화된 인간, 객체화된 인간의 그것으로 얽매여 움직이지 못하게 하는 것으로 되어 있음을 뜻한다. 물론 이러한 물화된 반생명의 문화는 우리 사회의 정치경제구조의 파행성과 이에 조응하는 문화구조의 파행성이 상호침투적, 복합적으로 작용하며 창출해내는 것이다.

즉 파행적 경제구조는 대다수 민중의 인간다운 삶의 기반을 비틀고 허물어 생활양식과 의식의 물화를 가져오는 기본적인 바탕을 형성하는 바, 여기서 정치구조는 경제구조의 파행적 전개를 주도하면서 물리적 강제와 각종 교육-문화제도, 기구, 매체를 통한 지배이데올로기의 주입 등에 의하여 민중을 사회적 재생산과정에 종속적으로 편입시키는 지휘부적 역할을 담당하며, 문화구조는 민중의 의식을 지배이데올로기에 길들이고 마춰시키면서, 그들의 생활양식을 파행적 정치경제구조에 순응하는 것으로 매몰시키는 역할을 수행하고 있는 것이다.[50]

그는 이러한 신식민주의적 문화 즉 자기생명력의 발현을 억누르는 반생명의 모든 문화구조가 분단 조국에서 기인한다고 설파하였다. 오늘 우리 사회의 지배문화는 경제의 참 민족경제로부터의 분단 모순이라고 보았다. "정치의 참 민주주의로부터의 분단, 문화의 참 민족문화로부터의 분단에 기초하여 대다수 사회구성원의 참 인간으로부터의 분단을 재생산하는 분단문화"로 해석하는 것이다. 이처럼

---

50) 『찢김의 문화 만남의 문화』(채광석전집5-평론2), 풀빛, 1989, 72-73쪽.

분단모순이 우리사회의 얽히고 설킨 문제의 핵심이라고 파악한 것이다.

그렇다면 채광석에게 문학은 무엇이었을까? 그에게는 '자유와 밥과 사랑'을 향한 야전사령관식의 실천, 그 이상도 이하도 아니었을 것이다. 굳이 수식어를 허용한다면 "우리들의 자유와 밥과 사랑"이라는 가열찬 투쟁이라고 할까. 문학이 분단 시대의 횃불이 되고 밤하늘의 별빛처럼 빛나 이 시대의 길을 찾는 젊은이에게 비춰줄 수 있기를 소망했을 것이다.

문득 채광석에게 '우리들'의 범위는 어디까지인가를 새롭게 떠올리게 된다. 독재정권의 마지막 안간힘이 연달아 이어진 긴급조치로 발동하는 시기에 민주화 운동은 극도의 탄압 속에서 활로를 모색해야 했다. 그가 민중 의식이라고 정의 내렸던 우리 시대 민주화 운동을 주도하거나 물질적 의식적으로 지지하는 모두가 서슬퍼런 탄압에 시달리던 시국이었다. 채광석에게 '우리들'의 범위는 언어로 정의 내리는 민중의 의미를 넘어 보다 큰 확장의 의미를 부여해도 될 것이라 생각한다.

'중생'이라는 표현은 어울릴지 모르지만 그에게 '우리들'이 이념과 파당의 의미로 제한되지는 않을 것이라 생각한다. 그리고 나중 이야기지만 80년대 민주화 운동을 이끈 채광석은 '6월항쟁' 35주년을 맞아 '국민훈장 모란장'을 받았다. 그를 기리는 문학제 또한 그 이상의 의미를 부여할 수 있을 것이다.

3. 찢김의 문화에서 만남의 문화로

채광석은 문학을 운동의 관점으로 확장하면서 그 테두리를 넓히는 작업에 적극적으로 참여한다. '노동자 수기'의 문학 장르 가능성의 문제, 농민들의 집단 공동창작의 문제, 문학 조직의 문제 등을 문단에 던지는 등 1970년대에서 1980년대 내내 현장 작업으로 인한 문단 평론계의 한 축을 형성했다. 민중적 민족문학론을 제기하면서 백낙청, 김사인, 조정환, 임규찬, 정과리 등과 더불어 1980년대 문학 논쟁에 주도적으로 참가했다. 박노해를 발굴하고 전태일을 조명하는 작업은 문학과 문화의 연결점에서 너무도 자연스러운 결과이다. 그의 문화평론 「찢김의 문화에서 만남의 문화로」는 제목 그 자체에서 명시된 행동목적과 방향을 명료하게 보여준다.

물론 문학운동론의 궁극적 목표가 인간해방이지만 목표에 도달하기 위해 당대 사회를 보는 관점에서는 진영논리마다 편차가 나타나 대립하기도 했다. 민족문학론은 우리 사회의 구성체론을 식민지 반자본주의라고 규정짓고 있기 때문에 외세를 물리치고 제국주의적 침탈에 저항하는 것을 우선으로 한다. 모순 해결의 주체로 남북한의 민중을 설정하고 있으므로 민중적 입장에서 분단극복이라는 과제가 중요한 것이다. 그러나 민중적 민족문학론의 사회구성체 인식은 의견이 다르다. 계급모순의 타파가 우선적인 핵심 과제가 되고 있으며 이 점은 노동해방 문학론과도 맥을 함께 한다. 이 경우 노동자계급의 당파성을 핵심적인 미학의 기준으로 제기하면서 노동자계급의 다양한 투쟁에 복무하는 지향점으로 문학정책과 조직적 대안을 제시하게 된다.

그러니까 70년대 초반에 움트기 시작한 중요한 문화적 흐름은, 민족적인 것과 민중적인 것의 합체이다. 즉 가장 민중적인 것이야말로 가장 민족적인 것이라는 인식에서 출발한 전통예술의 형상화 원리, 형식 가치를 창조적으로 수용하려는 일련의 시도였다. 시에 있어서의 전통적 민요의 창조적, 현대적 수용과 마당극으로 나뉘면서 시도되었다. 즉 식민지시대 이래 부당하게 경시되어온 우리의 전통적 민중예술의 형상화 원리, 형식 가치가 오늘에 있어서도 민중의 비애와 해학을 통해 푸는 가장 효과적인 표현장비가 될 수 있음을 새롭게 입증한 것이다. 그게 우리 문화에 튼튼한 민중적 민족적 뿌리를 부여했다.

그래서 70년대의 문화운동은 마당극, 노래운동과 함께 현장의 목소리를 즉각 반영하려는 시도로 움직였으며 민주화운동조직의 연대에도 크게 기여했다. 동시에 시가 소수의 지식인 전문가의 영역에서 벗어나서 노래가 되고 민중의 한을 풀어내는 이야기가 되어야 한다고 여겼다. 민요의 현대적이고 창조적인 수용을 노동운동과 연계해야 한다고 역설했다. 당시 급격히 번지던 벽시 운동 역시 민중문학의 관점에서 지대한 관심을 보였다. 이것이 '문학의 민주화'로 수렴되는 것이다.

채광석은 출판 운동을 통한 민중적 각성을 인지하면서 김남주, 박노해의 시집을 발간한다. 얼굴 없는 노동자 시인 박노해의 시집 『노동의 새벽』을 근거로 하여 "시가 관념적 통박놀음이 아니라 자기 삶의 터전에서 전개되는 대립, 갈등에 주체적, 실천적으로 참여하는 과정의 한복판 바로 거기서 출발해야한다"는 내용으로 문학 생산의 주체 논쟁에 불을 붙였다.

남민전 사건의 '강도 시인'으로 전파를 탄 김남주는 당시 15년을 선고받고 수감된 상황이었으며 민중혁명론을 주창하며 시대의 질곡에 맞선 시인이었다. 그러나 그는 한동안 제도권 문단에서 닫혀있었으므로 독자들과의 만남이 제한되었던 상태였다. 채광석이 아니었다면 1980년대의 '전사시인' 김남주의 시집이 세상에 나오기는 어려웠을 것이다.

채광석은 안정적인 직장인 신용조합에 사표를 낸다. 그즈음 그는 시인이자 평론가로 많은 분량의 원고를 써야 했고 거절할 수 없는 강연이 많았으며 집회 참석과 뒤풀이도 빼먹지 않으니 몸이 열 개라도 부족한 판이었다. 결국 그는 생업을 포기하고 전업작가 겸 활동가로 살았으나 원고료와 강연비만으로는 생계가 어려워지자 결국 아내가 생활비를 책임져야 했다.

그가 활동했던 1980년대는 광주항쟁으로 인한 탄압의 감시 시스템이 강화되던 시대였으니 전국민적 해방의 열기 또한 정점을 향해 고조되었던 시국이다. 이러한 상황에서 조직의 결집이 가장 중요한 사안이라고 여기면서 그가 1984년 자유실천문인협의회 재창립을 주도하였다. 총무간사를 맡았고 집행위원으로 활동했으며 1986년 민중문화운동 협의회의 창립을 주도하며, 실행위원으로 활동했다. 1987년 39세의 청춘으로 아깝게 생을 마쳤지만 그가 남긴 족적은 그만큼 강렬했던 것이다.

4. 우리의 남은 과제

안면도 출신이었던 그는 모든 문화가 중앙집권적으로 움직이는 사태를 민감하게 포착하고 그 문제점을 헤쳐 나가고자 했다. 문학, 문화의 소외는 지역 또한 예외가 아님을 자각한 것이다. 민중민족문학을 지향하면서 주체가 되어야 하는 노동자 농민 등의 민중이 객체화되지 않도록 다양한 방안을 시도했듯이 지역의 문학, 지역 작가가 소외되지 않는 방안을 찾아 동분서주했다. 사람 사는 곳 모두 고유한 중심성을 갖고 있다는 생각으로 지역문학운동의 활성화를 위하여 분투하였다.

민족문학의 야전사령관 채광석이 떠난 지 어느새 36주년을 맞이하였다. 이제 우리는 그가 남긴 '위기의 시대, 문학이 무엇을 할 것인가'의 화두에 답할 차례가 되었다. 그러나 그가 떠난 이후 문민정부가 들어서기도 했지만 역사는 여전히 진보와 보수의 쳇바퀴를 돌고 있을 뿐, 민중의 삶은 고단하기만 하다. '시의 참된 문학성은 당대 사회를 떠받치고 진전시켜 가는 사람들의 삶을 올바르게 반영할 때 획득되는 것'이라던 그의 말을 떠올려 본다.

2023년 현정부는 시민단체 등 진보진영의 지원금을 대폭 삭감했다. 독서 진흥비나 문학단체의 지원금도 위태로운 상황이다. 결국 문학의 문제는 문학만으로 해결할 수 없음을 절감한다. 채광석이 강조했던 '통합'이 불가능한 시대가 도래한 것인가. 그리고 위기의 시대에 문학 그리고 작가는 과연 무엇을 해야 할 것인가 그의 말을 떠올려 본다.

따라서 통합적이지 못할 때 퇴행하게 마련이며, 움직이지 않을 때 운동도 의식도 그 실체를 구체화할 수 없는 노릇이다. 적어도 이러한 움직임과 통합성을 그 전제로서 깊이 인식할 때마다 마당극운동, 노래운동, 무크지운동, 문학운동 등은 밀침과 분열증과 목죔의 문화, 찢김의 문화가 얼싸안음과 튼튼함과 풀음의 문화, 만남의 문화로서의 민중민족문화의 진전에 자기 몫을 다해나갈 수 있을 것이며 앞에서 말한 새로운 방법론들도 제 방향을 찾아갈 수 있을 것이다.[51]

---

51) 『찢김의 문화 만남의 문화』(채광석전집5-평론), 풀빛, 1989, 227쪽.

아름다운 미래를 위하여

1. 왜 쓰는가

아름다운 미래를 떠올리며 잠시나마 행복한 스크린에 빠질 때가 있다. 그래, 우리에게는 아직 희망이 남아있다며 안개 속에서 낙관하고 싶은 것이다. 그러나 낙관주의자는 미래 세상을 주도면밀하게 준비하지는 않는다. 막연한 불안감에 쏠려들지 않기 위해 낙관을 가장하기도 한다. 자연이나 생명체의 범주를 벗어나 엉뚱하게 신이나 우주원리로 확장되기도 한다. 불안을 먹고 성장하는 자본주의 약진이 대개 그런 방향으로 이끌어주기 때문이기도 하다.

먼저 지구 생태계의 질서 자체가 파괴되고 있는 상황에서 가까운 미래에 닥칠 것이라는 위태로움의 현실인식이 중요하다. 그 위험 감지의 감각대가 가장 민감한 부류가 작가세계가 된다. 그리고 한반도의 특수 상황인 분단 모순에 대한 상황 인식과 지구촌 곳곳에서 벌어지는 전쟁과 불평등 구조에도 촉수를 뻗쳐야 한다. 민족과 성별, 빈부와 피부색에 대한 불평등에 대한 문제 제기도 당면한 인식이다.

그래서 작가는 현재와 과거와 미래를 모두 열어놓고 책임 있는 창작활동에 임해야 한다. 작가적 예민함이란 성향에 따라 스펙트럼이 다양해서 지구 생태에 대한 관심이나 정치 경제적 민주화의 문제, 또는 차별의 벽을 향한 직진의 마음이 저마다 다르게 작용할 것이다. 이러한 다양성의 민감함이 사회통합과 변혁의 에너지로 전환할 있는 가능성을 작품이라는 통로를 통해 표출하는 게 작가적 사명이요 의무가 된다.

조지오웰은 「왜 쓰는가」의 글을 통해 화두를 던진 바 있다. 그가 생존했던 당시 마르크시즘, 사회주의 혁명이 민감한 정치적 화두였다면 현재 상황과는 과연 어떤 차이가 있을까? 그가 던진 "정치적인 글쓰기를 예술로 만드는 일"은 당연히 현재도 유효하며 특히 더욱 절실하다는 점은 백 전 강조해도 지나치지 않은 것이다. 따라서 이 글은 현재의 시점에서 예술적 글쓰기를 만들어야 할 정치적인 글쓰기의 화두에 대하여 생각해 보는 자리가 되겠다.

세계화 시대로 범위를 넓히자면 무엇보다 지구환경의 위기를 떠올려야 할 것이다. 하지만 우리 한반도를 떠올리면 먼저 분단시대의 원시적 억압과 폭력의 실태를 감지하는 것이 우선이 될 수밖에 없다. 분단 구조 속에서 남북의 권력자들이 벌이는 비상식적인 독재의 행태는 어떤 식으로든지 그 행보를 멈추기 힘이 든다. 그래서 한반도의 민주화와 통일세상의 지향이 중요하다. 국가권력을 포함한 모든 형태의 권력에 길들여지지 않으면서 더 좋은 세상을 지향하는 것, 우리는 이러한 삶의 태도에 강한 무게감을 정착시킬 수 있어야 한다. 당면한 한국적 사태가 가장 세계적인 주제에 톱니바퀴처럼 맞물릴 수밖에 없는 것이다.

현재진행형으로 진화하는 감시와 통제 시스템인 '빅 브라더'와 '텔레스크린'에 굴복하지 않고 자유와 행복을 나누기 위해 작가로서 작품 활동을 통하여 기록하고, 증언하고, 더 나은 세상을 위한 발언을 이어나가는 것이다. 그래서 '아름다운 미래를 위하여'라는 화두는 당면한 통일의 과제 그리고 생태계에 대한 처절한 자각과 동시에 평등 세상 등의 주제로 압축될 수밖에 없다. 지금은 조지오웰의 『동물농장』이나 『1984』와 같은 작품을 떠올리며 서두를 연다.

이 글에서는 그 정신과 같은 맥락이면서 각기 다른 개성과 다양성으로 만나는 작품을 몇 개 찾아보았다. 정세랑의 『지구에서 한아뿐』, 정지아의 『아버지의 해방일지』 그리고 방현석의 『범도』 같은 최근 작품과, 한 세기 이전 신채호의 『용과 용의 대격전』을 꺼내어 그 정신을 반추해보는 시간이다. 정치적 글쓰기를 새로운 시각으로 그려내는 작품들을 통하여 생태 문제와 분단시대의 비극을 넘어 통일 가능성을 그려본다.

2. 정세랑, 정지아의 소설에는 해방공간이 있다

정세랑은 『보건교사 안은영』, 『피프티피플』 등으로 대중성과 작품성을 인정받은 젊은 작가이다. 그의 소설 『지구에는 한아뿐』은 지구 생태계 공동체를 우주인과 함께 확장 심화하는 사유가 곁들여지는 판타지 연애소설이다. 주인공 한아의 일상을 디테일하게 점검해야 읽는 재미와 함께 작품 의미를 풍부하게 찾아낼 수 있음을 말하고 싶다.

소수의 특별한 경우를 제외하면 우리는 하루하루 생계를 위한 일을 게을리할 수 없다. 문제는 자신이 하는 일을 스스로 선택할 수 있는 행운이 많지 않다는 점이다. 근무조건이나 보수 그리고 노동 그 자체의 소중함에 대한 만족도의 우선순위가 무엇이 되어야 하는지 충분히 생각할 수 있는 여유가 부족한 것이다. 보이스 피싱처럼 오로지 돈을 위한 범죄에 가담한 사람들의 위험한 모험 역시 줄어들지 않고 있는 실태도 그렇게 혼란한 사회를 반영한다. 범죄의 경계선상에서 행해지는 과장 허위광고처럼 최대이윤을 추구하면서 서민의 등골을 빨아먹는 자본의 횡포 또한 나날이 확장되는 추세이다.

자본주의 체제에서 살아가자면 어쩔 수 없이 권력과 결탁하고 그 안에서 부속품처럼 하나의 역할을 맡게 될 수도 있다. 이에 저항하기 위하여 우리는 어떤 생각을 하면서 살아가야 하는가의 화두에 대한 끊임없는 답변을 마련해야 한다. 그런 의미에서 정세랑의 질문과 답변은 생각할 거리를 주는 화두를 넘어 커다란 반향을 만들어낸다. 그의 작품에 담긴 지구 환경문제에 대한 관심이나 자본주의와의 대결 정신은 그 자체만으로도 정치적인 글쓰기의 일환으로 자리 잡는다. 사랑 이야기를 우주 생태계와 연관하는 필력 또한 참신하다. 정치적인 글쓰기가 예술이 되는 스펙트럼에 이끌리게 되는 여백이 빛나는 문장을 만나보자.

손님이 가고 한아가 코트를 손바닥으로 쓸어보면서 즐거워했다. 한아는 자신의 일이 단순히 오래된 옷들의 생명을 연장하며 환경을 보호하는 차원을 넘어서고 있음을 알고 있다. 개인의 기억과 공동체의 문화에 닿아있는 작업이라는 생각이 들 때마다 자부심이 더해졌다. 본격적인 작업의 어려움을 맞닥뜨리기 전에 처음 만난 옷을 오래오래 바라보는 것도 좋아했다. 누군가가 긴 시간 아껴온 옷의 부드러운 결을 감상하는 것이다. 처음에 얼마짜리 옷이었느냐는 중요하지 않다. 빛과 습기와 오염으로부터 소중하게 보호받은 옷이라면, 귀한 옷이다. 여왕의 옷자락을 드는 시동처럼 두근거리며 나무 옷걸이에 옮겨 걸었다. 상하지 않도록 한 솔기 한 솔기 치밀하게 뜯어내는 건 다음의 일이었다.

─ 정세랑, 『지구에서 한아뿐』, 39쪽

한아는 '환생─지구를 사랑하는 옷 가게'에서 일을 한다. "환생은 큰길에서 먼 한가한 지역에 약간 움츠린 듯 보이는 작은 벽돌 건물 일층에 있는 옷 수선집"의 이름이다. 한아는 '환생'이라는 말에 걸맞게 수선이라기보다는 업사이클링이라는 단어에 더 적합한 일을 한다. 업사이클링(Upcycling)이란 디자인을 새롭게 하거나 활용 방법을 바꿔 새로운 가치를 입힌다는 점에서 쓰던 것을 다시 사용하는 리사이클링(recycling)과는 의미가 조금 차이가 있다.

한아를 사랑하는 외계인의 외모는 암석에 가까운 존재인 대신 소통능력이 탁월하다. 한아의 남자친구였던 경민은 한아와 일상을 나누는 것보다는 외부를 동경하는 인물로 여행을 즐긴다. 외계인에게 우주 자유이용권과 자신의 몸과 지구에서 존재한 경민의 모든 것을 교환하여 우주를 탐험하고자 떠난다. 이후 한아와 외계인은 결혼생활을 이어간다.

    한아의 평일은 여전했다. 그저 일에 집중했다. 일은 한아에겐 언제나 우선순위가 가장 높았고, 그 점은 외계인과 결혼했다고 해서 바뀌지 않았다. 주위의 다른 가게들이 다 바뀌어갈 때 한아의 가게는 살아남았다. 그 부근을 설명하는 약도에 항상 포함되었다. 의뢰는 꾸준했고, 매번 의미 있었다. 수입은 크지 않았지만, 국내외 환경 단체에 꾸준한 기부를 할 만큼은 되었다. 평소보다 많이 벌었을 때는 난민들을 돕는 단체에도 기부했다.
    가끔 지구인이라는 게 쪽팔려. 아직도 이렇게나 서로 죽이고 망치고 있다는 게.
    너무 쪽팔려 하지 마. 지구는 아직 평화롭지 않지만, 그래도 위대한 정신들이 자주 태어나는 멋진 별이야.

— 정세랑, 『지구에서 한아뿐』, 난다, 2019, 183쪽

정지아의 장편소설 『아버지의 해방일지』는 분단 반세기 이후의 상흔을 담고 있지만 첫 문장부터 죽음에 대한 유머와 냉소가 오히려 서늘한 울림으로 다가온다.

아버지가 죽었다. 전봇대에 머리를 박고. 평생을 정색하고 살아온 아버지가 전봇대에 머리를 박고 진지 일색의 삶을 마감한 것이다.

만우절은 아니었다. 만우절이라 한들 그런 장난이나 유머가 오가는 집안도 아니었다. 유머라니. 유머는 우리 집안에서 일종의 금기였다. 그렇다고 유머가 없었던 것은 아니다. 누가 봐도 유머일 수밖에 없고 유머여야 하는 순간에도 내 부모는 혁명을 목전에 둔 혁명가처럼 진지했고, 그게 사람들의 웃음을 자아냈다.

– 정지아, 『아버지의 해방일지』, 7쪽

2005년 작품 『빨치산의 딸』은 한반도에서 일어난 분단 비극의 실상을 빨치산 2세의 눈으로 복원한 작품이다. 이 작품으로 작가는 공안정국의 수배를 받았으며 출판사 대표는 실형을 선고받았고 그의 장편소설은 당연히 판매금지 처분을 받았다. 작품 자체가 언론출판 자유와 시대의 모순을 증명한 셈이다.

『아버지의 해방일지』는 그 수십 년 이후의 지난(至難)한 사연을 배경으로 한다. 소설은 과거와 현재를 오르내리면서 힘들게 살았던 아버지의 사연을 새로운 눈으로 반추하는 형식이다. 분단시대가 금지하는 사상을 끝까지 포기하지 않았던 빨치산 출신 아버지의 장례식장에서 펼쳐지는 좌우익 만남의 현장을 다룬다.

빨치산의 낙인 이후 그와 관계된 가족들이 남한사회에서 겪었던 감시와 모멸의 세월을 피해자와 가해자의 입장을 넘어 인간적인 관점에서 객관적인 거리감을 유지한다. 그러니까 '빨치산 아버지'가 아닌 '나의 아버지'에 대한 울림으로 변신하는데 성공한 것이다. 연좌제와 죽음 앞에서 그동안 꽁꽁 싸매두었던 저마다의 내면 사연으로 흐르는 대화의 분출은 그 자체가 분단의 회한이며 우리 모두가 살아가는 보편적 삶의 비애로 공감의 폭이 확장된다.

70-80년대는 독재정권의 감시와 처벌에 맞서 직접선거에 의한 민주정권 수립을 위해 피를 흘리던 시대이다. 그 희생의 대가가 오늘날의 문민정부 수립이라고 단순화시켜 말하기에는 다소 거리가 있다. 또한 오늘날 물리적 고문이 사라지고 노동자 인권이 다소나마 나아진 점이 그 성과라고 말하는 것도 자칫 오류가 될 수 있다. 노동자, 농민의 투쟁이나 민중적 민족주의 구현을 위한 사상논쟁 등의 결과를 내세울 만한 시기가 아직은 아님을 자각하는 것이 중요하다. 남북 분단의 냉전시대 긴장관계가 사라지지 않는 한 감시체계의 시스템은 교묘하게 비틀리며 진화할 것임도.

그러면 통일은 과연 언제 어떻게 가능한 것일까. 어느 날 갑작스럽게 감동적으로 남과 북의 민초들이 얼싸안으며 목 놓아 통곡하는 순간이 올 것인가. 그런 순간의 착시도 몇 차례 있었다. 불과 5년 전인 2018년, 김정은과 문재인, 김정은과 트럼프의 만남으로 전세계의 이목을 한반도에 집중시키기도 했었다. 북한의 김정은과 미국의 트럼프가 공명심으로 엉뚱한 일을 저지를지도 모른다고 반신반의하면서도 혹시 하며 고무된 기대감을 가졌었다. 돌이켜 보면 이때의 통일에 대한 환상은 이성과 논리가 결핍된 감상적인 면이 강하지 않았나 싶다. 왜 우리는 '통일'의 가능성만 보이면 무모하리만치 소용

돌이처럼 매달리는 것일까.

트럼프가 요구하는 북한의 핵포기 선언이 뒤틀리면서 모든 상황이 수포로 돌아갔으며 통일의 가능성이 여전히 어려워졌음에도 소득이 전혀 없는 건 아니다. 아직도 우리에게 통일에 대한 뜨거운 집단적 열망이 잠재되어 있음에 대한 자기 확인만도 커다란 성과가 아니었을까.

그러니까 냉전분위기를 종식하기 위한 다양한 시도가 무엇보다 시급하다. 민간중심으로 각계각층의 다양한 만남이 가능할 수 있는 제도적 장치 또한 당연히 이루어져야 할 것이다. 최악의 경우 분단 시대의 대물림이 이루어진다 할지라도 최소한의 화해 분위기를 위해 부단히 노력해야 하는 게 한반도의 운명이다. 이제는 점진적 통일 혹은 소통의 가능성을 열어놓고 친환경 생태보호가 전제되는 통일, 그리고 경제적 불평등이나 정치적 독재를 막아내는 방안까지 마련하는 분위기가 중요하다.

3. 유토피아는 무엇으로 가능한가

우리가 원하는 현실적 유토피아의 최소 조건은 과연 무엇인가. 먼저 경제적 불평등이 크지 않은 사회를 어떻게 만들어내느냐가 정의 윤리의 첫 단초가 될 것이다. 동시에 민주적이고 생태적으로 건전한 사회 그리고 지속가능한 문명권으로 변환에 기여할 수 있느냐의 질문에 긍정적이어야 할 것이다. 남북 화해, 나아가서 통일을 통하여 만들어내는 새로운 사회가 무조건적인 통일을 위한 이벤트나 그 가능성 자체 또한 경계해야 하는 이유이다. 분단조국 체제에서 누려오던 각종 기득권의 상실 위기에 직면한 보수세력과 동조하는 언론재벌 그리고 아직도 정치권에서 기승을 벌이는 친일 세력들의 반동이 만만찮고 끈질기다.

이종섭 국방부 장관은 흉상 철거와 관련해 "중요한 것은 공산주의 활동"이라고 말한 바 있다. "육군사관학교의 정체성을 고려할 때 소련 공산당 가입 및 활동 이력 등 여러 논란이 있는 분을 육사에서 기념하는 것은 적절하지 않은 것으로 평가됐다"며 사관학교에 설치된 홍범도와 이회영·이범석·김좌진 등 독립운동가 5명의 흉상을 철거하겠다는 주장이다.

홍범도의 전투공간이 김일성 시대와 다르다는 증거도 그들의 귀에는 들리지 않는다. 육사의 홍범도 흉상 철거를 기획한 세력의 뿌리를 추적하면 바로 이들 집단을 분별하는 안목을 키울 수 있을지 모른다. 각계각층에서 권력을 차곡차곡 쌓아왔던 무리들이 이제는 동시다발로 목소리를 낼 때라고 판단한 것이 아닌가 싶다.

역사교과서 국정화 사태 때만 해도 대한민국의 구성원들에게는 애국심에 호소할 여지가 살아있었다. 결국 그 사건이 민초들의 역린을 건드리는 바람에 박근혜 탄핵으로 이어지는 단초가 되기도 했다. 그런데도 홍범도, 김좌진 등 독립운동가의 존재감을 격하시킴으로써 후손들에게 색깔을 입히려는 움직임은 박근혜 정부 당시 역사교과서 국정화 양상과 비슷한 부분이 있다. 전문가들은 "홍범도를 시작으로 독립운동사를 부정하려고 하는 움직임"이 될 수 있다며 우려를 표한다. 기록의 중요성을 역이용하는 발상으로 독립운동사의 의미를 훼손하면서 물타기를 시도하는 것이다.

조지오웰의 소설에서 '빅 브라더'나 '텔레스크린'을 앞세워 자유의지를 싹조차 존재하지 못하도록 감시 통제하면서 기록 행위를 원천적으로 차단하던 내용과 상호 투영된다. 기록 그 자체로 역사의 증언이 되는데 이를 금지하는 것이다. 픽션에서나 가능한 줄 알았던 거대 음모가 기록 조작되면서 진실을 부정하는 행위는 정보화시대의 첨단장치를 이용하여 더욱 수월해지고 있는 실정이 되었다.

그런 의미에서 방현석의 『범도』(2023)와 이동순의 『민족의 장군 홍범도』(2023), 송은일의 『나는 홍범도(2020)』는 기록의 진실을 지키기 위한 의미 있는 역사의 사례가 된다. 진실을 지켜내는 버팀목이 될 수 있음을 증명하는 문학적 시도인 것이다. 증명을 시도하는 끊임없는 노력이 세상의 중심을 세운다.

미국의 트럼프 당선만큼 커다란 충격적 사건으로 다가왔던 대한민국 몇몇 선거 결과 역시 결코 우연이라고 넘어갈 수 없는 중대한 기류임을 부정할 수 없다. 그 변화의 중심흐름에는 혐오에 가까운 정치적 무관심과 공공선 지향과 반대되는 배금주의적 개인 이기심이 당당하게 자리를 잡고 있다. 그 배후에 친일 의식을 가진 자의 세력이 암약하고 있음도 인식해야 한다. 그래서 국가주의 혹은 민족주의가 대안이 될 수 없음에 대한 자각이 필요한 시점이 되었다.

독일에서 현재까지 나찌즘이 살아있음을 어쩔 수 없이 다양한 인간유형학으로 받아들여야 하는 현실이다. 인종 차별을 비롯하여 편견과 불평등의 뿌리 역시 그 역사가 깊고 이와 연관된 각종 이권과 파워 또한 막강하다. 기득권을 뺏기지 않으려는 무리들의 무의식적 공감대가 세상을 지배하고 있음을 잊지 않아야 하는 것이다. 이런 시점에서 홍범도 흉상 철거에 맞서는 논리는 단순한 국가주의 혹은 민족주의를 넘어서는 차원이 되어야 한다. 좋은 세상을 만들기 위해 시대에 맞서서 역할을 감당했던 사람들의 보편적인 삶이 존중받는 과점이 중요한 것이다. 이것이 다시 신채호를 소환하는 이유가 된다.

불과 한 세기 이전의 『용과 용의 대격전』은 신채호의 민중사상과 무정부 사상을 명료하게 드러내는 작품이다. 비록 소설적 구성이나 흐름은 거칠지만 실천하는 지성의 기개가 살아있으며 사상의 정수를 드러내기 위해 직진하는 일관성이 교과서처럼 설득력 있게 다가온다. 민중 승리의 권선징악의 평면적 주제 의식이 고전소설의 틀에서 머물고 있지만 판타지 기법이나 급진적 사상 전개가 놀랍도록 참신하다.

당시 신채호는 임시정부의 이승만 중심 체제를 받아들이지 않고 임시정부와 반대 투쟁을 감행하는 노선에 있었다. 그는 민족주의적 영웅사관에 입각한 조선의 독립운동이 지닌 문제점을 자각하면서 권위와 권력을 부정하는 입장에서의 인간해방론에 심취했다. 『용과 용의 대격전』은 이러한 신채호의 인간해방 사상을 담은 작품이라는 점에서 의미가 있다.

그렇다면 차별과 폭정의 세상이 끝나고 평등하고 평화로운 인간해방의 세상은 어떻게 가능한 것일까. 신채호는 이 문제에 대한 확신으로 소설 형식을 통하여 자신의 사상을 펼쳐보였는데 뜻밖으로 동양의 용 미르가 아닌 서양의 용 드래곤의 존재가 열쇠를 가진 것으로 설정한다.

"천국이 전멸되기 전에는 드래곤의 정체가 오직 「0」으로 표현될 뿐이다. 그러나 드래곤의 「0」은 수학상의 「0」과는 다르다. 수학상의 「0」에는 「0」을 가하면 「0」이 될 뿐이지만 드래곤의 「0」은 1도, 2도, 3도, 4도 내지 십, 백, 천, 만 등 모든 숫자로 될 수 있다. 수학상의 「0」은 자리만 있고 실물은 없지만 드래곤의 「0」은 총도, 칼도, 불도, 벼락도 기타 모든 테러가 될 수 있다. 금일에는 드래곤이 「0」으로 표현되지만, 명일에는 드래곤의 대상의 적이 「0」으로 소멸되어 제국도 「0」, 천국도 「0」, 자본가도 「0」, 기타 모든 지배세력이 「0」으로 될 것이다. 모든 세력이 「0」으로 되는 때에는 드래곤의 정체적(正體的) 건설이 우리의 눈에 보일 것이다."

『용과 용의 대격전』, 『단재신채호전집7』, 단재신채호전집편찬위원회, 독립기념관 한국독립 운동사연구소, 2007, 610쪽. (현재의 맞춤법으로 바꾸어 표기함.)

일제강점기인 1928년 발표작이다. 소설의 처음에 "나리신다, 나리신다, 미리[龍]님이 나리신다. 신년(新年)이 왔다고, 무진(戊辰)년의 신년이 왔다고 미리님이 동방 아시아에 나리신다."부분에서 무진년은 1928년으로 그해 연초에 창작되었음을 나타내는 것이다. 또한 연시몽인이란 필명으로 되어 있는 것으로 보아 공간적으로 북경에서 창작된 것으로 추측할 수 있다. 연시는 북경을 의미하며 몽인은 신채호의 필명으로 북경에서 신채호가 창작하였음을 말하는 것이다. 미리는 독재정권의 하수인으로 민중을 핍박하는 실체이며 드래곤은 약한 민중이 힘을 합쳐서 이들을 물리치는 가상의 상징적 존재이다.

작품에서 반복되는 "왔다 왔다, 드래곤이 왔다. 인제는 쥐의 말일이다."가 현실화되면서 드래곤의 존재감이 후반으로 갈수록 점차 구체적으로 형상화된다. 다시 말하자면 드래곤은 무한소에서 무한대를 오가는 존재이며 이는 혁명을 통하여 그 세력이 확장되는 것이다. 현재의 모든 "지배 세력이 '0'으로 되는 때에 비로소 드래곤의 정체적(正體的) 건설이 우리의 눈에 보일 것이다."라는 암시이다.

미르의 정체가 제도와 구조의 총체적인 존재로서 구체화하여 형상화한 점에 비하면 드래곤의 정체는 매우 형이상학적 상징으로만 표현한다. 물론 그 존재가 의미하는 바가 무엇인지 가능성과 미래의 승리를 의미하는 실체임을 인지하는 데는 전혀 문제가 되지 않는다. 드래곤의 존재가 구체적으로 형상화히지 잃은 이유에 대하여 정확하게 알 길이 없다. 다만 신비화할 수밖에 없는 미지의 세계이며 상상과 기도, 주문(呪文)의 형식으로 완성되는 새로운 세상의 도래를 비유하는 것으로 받아들여야 할 것이다.

결국 『용과 용의 대격전』은 이상주의자 신채호의 아나키즘 사상을 통렬하게 풀어 쓴 이야기라고 볼 수 있다. 소설의 형식에 얽매이지 않으면서 자신의 생각을 거침없이 표현했음에도 허구라는 양식에 저자의 사상을 묻어놓을 수 있었기 때문에 검열에서 자유로울 수 있었음을 짐작할 수 있다. 그러나 신채호는 소설 창작의 시기인 1928년 자금 마련을 위해 행동대원으로 나섰다가 체포된 후 옥사했으니 안타까운 일이다.

그렇다면 이 작품이 창작되기까지의 식민지 시대의 배경으로 작용한 것은 무엇일까. 먼저 1917년 러시아혁명의 성공이 식민지 치하의 지식인에게 새로운 희망으로 작용한다. 무산대중이 역사의 주인공이라는 의식은 마르크스의 프롤레타리아 혁명론에서 비롯하는 것이다. 그러니까 신채호는 1919년 3.1운동 이후 민중의 가능성에 눈을 뜨게 된다. 이전에 민족주의 영웅사관에서 민중사관으로 변화하게 되었으니 민족의 틀에서도 계급적 차별성을 주목한 것이다. 이후 의열단 선언문 작성을 하면서 아나키즘 사상을 펼칠 수 있는 만남이 이루어졌다고 한다. 크로포트킨을 비롯한 아나키스트들은 민중 의식의 폭발적인 힘을 믿는다. 당시 성공한 사회주의에 동조하지 않은 점 또한 조지 오웰의 정신과 상통한다. 그러니까 모든 억압과 권위가 사라진 공동체 세상으로 가기 위해서 민중이 하나가 되어 혁명의 깃발을 휘날리는 날이 올 것이라고 믿었던 것이다.

4. 다양한 스펙트럼으로 만나는 아름다운 미래를 위하여

'아름다운 미래를 위하여 무엇을 할 것인가.' 그 화두는 생각거리를 복잡다기하게 제공한다. 지구온난화의 문제 해결을 위한 저탄소 실천의 일상생활이 지구촌 전체로 확산되어야 할 의식이 중요하다. 소수자가 차별받지 않으며 경제적 불평등이 심화되지 않는 정책을 시도하는 정치의 민주화도 마찬가지이다. 그리고 오랜 세월 발목을 잡고 있는 분단조국의 통일문제에 대한 자각도 놓치지 말아야 한다.

한반도는 현재 휴전 상황이라는 점에서 언제라도 전쟁의 발발 문제가 시한폭탄처럼 위태롭다. 그러나 보수진영 논리의 안보와 진보진영 논리의 통일은 같은 목표를 지향함에도 극과 극으로 대립하는 양상으로 평행선처럼 뻗어 있으니 불안한 일이다. 젯밥에만 눈독을 들이는 권력자들 때문일 수도 있지만 결과적으로 그 폐해는 고스란히 한반도에서 살아가는 민초들의 몫이 되는 것이다.

누구에게나 언제 어떠한 상황에서든지 나의 세계와 연계하여 기록하고 증언해 나갈 역할이 있을 것이다. 작가에게는 그 역할이 조금 더 다양한 스펙트럼으로 존재할 수 있지 않을까.